은행 이자
10배 버는
왕초보의
주식투자

ㅇㅇ처

초보투자자가 실전에서 곧바로 활용할 수 있는 핵심과 전략

은행 이자 10배 버는 주식투자

김상범 지음

이코_북
Eco. BooK

들어가는 글

주식투자자의 입장에서는 투자 수익률이 좋으면 모든 문제가 실타래처럼 잘 풀리게 마련이다. 반면 수익률이 나쁘면 정신적 스트레스뿐 아니라 경제적인 측면에서도 많은 어려움을 겪을 수 있다. 그래서 투자자들은 큰 손실로 인해 곤경에 빠지느니 적게라도 늘 버는 것이 차라리 행복하다고 말한다.

이런 작은 행복을 누리고 싶은 투자자라면 주식 공부를 열심히 해야 한다. 공부라는 말에 처음부터 주눅이 드는 사람들도 있겠지만, '주식투자'는 단순한 요령이 아니라 올바른 '공부'로 이루어지는 것임을 알아야 한다. '작은 행복＝주식 공부'라는 사실을 알았다면 지금부터라도 당장 이를 실천해야 후회가 없다!

많은 투자자들이 주식투자에 실패하는 이유는 무엇일까? 가장 큰 이유는 기본에 충실하지 않았기 때문이다.

주식을 시작한 지 얼마 되지 않은 초보투자자들도 사전 준비나 공부 없이 제일 먼저 주식부터 산다. 사고 나서 다행히 주가가 오르면 그냥 넘어가지만, 하락할 경우에는 무척 당황하여 마음만 바빠진다. 그래서 그제서야 주가가 어디까지 떨어질 것인지, 자신이 무엇을 잘못 판단했는지, 만일 더 하락하면 어떻게 해야 할지 고민하기 시작한다. 고민하다가 서점으로 달려가 주식 관련 서적을 뒤적이기도 하고(지금 당신이 이 책을 펼쳐든 이유도 같은 것인지 모른다), 평소에 유심히 보지 않던 일간지의 경제면에 뭐 특별한 기사가 실리지는 않았나 살펴보기도 한다. 또 틈나는 대로 증권전문 사이트에 접속하여 투자전략과 관련된 글들을 섭렵한다. 그러면서 알게 된 사이버 고수들의 유료 정보에도 적극적으로 매달리게 되는데, 조금씩 사용한 정보 이용료가 한 달에 수십만 원씩 되는데도 주가 손실액보다 적다는 이상한(?) 손익계산을 하면서 자신도 모르는 사이에 '주식 세계'라는 미궁 속으로 서서히 빠져 들어가고 만다.

그런데 문제는 그 어떤 방법으로도 자신이 궁금해하는 사항을 속시원히 해결할 수 없다는 점이다. 초보투자자들도 '고수'라 불리는 사람들이 가르쳐주는 방식이 자신의 '주식 문제'를 정확히 해결해주지 못한다는 것을 금세 알아차리게 된다. 한두 번은 어떻게 넘어가지만 시간이 갈수록 같은 실수가 되풀이되면서 '주식이 어렵다'는 사실을 인정할 수밖에 없는 것이다. 그러면서 투자자들은 실수를 되풀이하지 않으려면 근본적인 원인을 찾아야 하고, 일반 경제 원리나 금리·환율·선물·미국 시장 등을 두루 알아야 한다는 사실을 절실히 깨닫게 된다.

그렇다면 주식투자에 실패하지 않으려면 구체적으로 어떻게 해야 할까? 우선 '주식'에 대해 너무 큰 욕심을 부리지 말고 소박하게 시작하는 것이 중요하다. 그럼 '주식' 과 관련된 어려운 난제들을 생각보다 쉽게 해결할 수 있다. 즉, '대박이 안 돼도 좋아. 하지만 쪽박만은 사절이야' 라는 투자기준을 가진 투자자가 주식 공부를 차근히 해나간다면, 마치 돼지 저금통에 동전을 모으듯 적지 않은 수익을 낼 수 있다.

주식으로 떼돈을 벌겠다는 욕심을 버리고 은행 이자보다 몇배의 이익을 얻는 정도에 만족할 수 있다면 의지를 가지고 도전해보라고 권하고 싶다. 그런 마음 자세가 아니라면 완벽한 고수가 된 뒤에야 시장에 들어오는 것이 안전하다.

뭐든 한번에 이루어지는 일은 없다. 주식투자를 할 때도 단계를 밟아 천천히 자기 길을 간다는 생각으로 시장에 접근해야 손실이 없다. 물론 처음 가는 길이라 많이 두렵고 걱정이 앞설 수 있다. 따라서 이 책이 당신의 투자 길에 좋은 동반자가 되었으면 하는 바람이다(결코 도움이 되지 않는다면 당신 혼자 길을 가도 좋다).

이 책은 주식을 처음 시작하는 사람이나 주식시장에 발을 들여놓긴 했지만 아직도 시장이 어떻게 돌아가는지 잘 모르겠다는 사람들에게 자습서 같은 역할을 할 것이다.

사실 주식시장에서 사용하는 용어가 처음 접하는 사람들에게는 특히 어렵게 느껴진다. 주식에 대해 자세히 알기 위해 너무나 생소한 전문용어를 익힌다는 것은 '주식투자를 한번 잘해보겠다' 는 열정만으로는 힘든 일이다. 물론 그런 용어들을 해설, 설명해놓은 기본 입문서들이 시중에 많이 나와 있긴 하지만, 오랫동안 증권업에 종사한 내가 읽기에도 너무 지루하거나 어렵게 만들어졌다는 문제점이 있다. 그래서 이 책에는 용어 설명뿐 아

니라 많은 사례와 체크 포인트(check point)를 실어 실제 현장의 느낌을 최
대한 살림으로써 누구나 쉽게 이해할 수 있게 했다.

　간혹 투자비법서라고 해서, 주식에서 대박을 터뜨리는 방법이 실려 있다
는 책들을 시중에서 볼 수 있다. 대부분 경험 많은 투자자의 이야기들인데,
초보투자자들은 선배들이 자신들의 경험을 '비법(?)'이라고 알려줘도 잘
따라하지 못한다. 머릿속에만 잔뜩 넣어두고 정작 실제 매매에서는 거의
활용하지 못하는 것이다. 따라서 이 책에서는 실전 매매에서 활용할 수 있
는 방법들 위주로 정리해, 초보투자자들도 별 어려움 없이 이론과 실제를
연결시킬 수 있게 했다.

　이 책이 주식시장에 들어서려는 투자자들에게 훌륭한, 그리고 결코 잊을
수 없는 영원한 동반자가 되길 진심으로 바란다.

2004년 2월

김 상 범

차례

먼저 가장 궁금한 것부터 찾아 읽으세요.

제 0 0 표

CHAPTER 1

주식투자 이것만 알아도 은행 이자 10배 번다

주식투자 마음먹기에 달렸다

01 | 주식투자에 적합한 성격으로 자신을 바꿔야 한다

 주식투자로 안정적인 수익을 올릴 수 있나?

 **주식투자는 '투기적 거래'**

우리는 보통 '주식에 투자한다'라고 말한다. 이 말이 맞는가? '투자'와 '투기'는 분명하게 다른 개념이다. 이에 대해 벤자민 그래함(Benjamin Graham, 1984~1976)은 "투자(Investment Operation)란 철저한 분석을 통해 원금의 안정성, 그리고 적절한 수익성을 보장하는 것이다. 이 요건을 충족하지 못하는 행위는 투기적(speculative) 활동이라 한다"고 하며 투자와 투기를 구별했다.

또 한 가지 짚고 넘어갈 말은 금융시장에서 쓰는 '위험'이라는 단어다. 이때 '위험'은 '어떤 큰일이 일어난 것'이 아니라 '투자자금의 원금을 지키는 일'이 어려울 때 위험하다고 한다.

주식이라는 말 뒤에는 주로 '투자' 라는 말이 붙지만 일단 주식시장에 뛰어들어 거래를 해보면 그 일이 '투자' 라고 하기엔 너무도 많은 위험이 도사리고 있다는 사실을 금세 깨닫는다.

원금을 확실하게 지킬 수 없으므로 '주식투자는 투기적인 거래다' 가 맞다. 주식투자로 안정적인 수익률을 올리는 일이 쉽지 않다. 어느 누구도 안전성과 수익성을 보장 못하니 '투기적 거래' 다.

'투자' 에 대해서도 한번 생각해보자.

사람들은 재테크 방법으로 자기의 재산 중에서 꼭 필요로 하는 자금을 제외한 돈, 즉 잉여자금을 어떻게 활용할 것인가 늘 고민한다. 어떻게든 자금 규모를 늘리려고 한다. 0.1%의 이자율 차이라도 나면 "이걸 빼서 다른 금융상품에 맡길까?" 하며 머리를 굴린다. 그만큼 수익률에 예민하다. 보통 잉여자금으로 투자를 할 때는 땅이나 아파트 같은 부동산에 투자하거나 골동품을 모으기도 하고 귀금속을 사들이기도 한다. 은행권에 예치해 이자를 받기도 하지만 그것은 투자가 아니라 예금이다. 자신의 자금을 투입해 안정적인 이익을 만들어야 투자라 할 수 있다. 투자 대상물은 가격이 쉽게 오르지 않아도 크게 하락하여 손실을 가져다주지 않아야 한다. 손해를 보는 위험이 적어야 한다. 일단 어디에든 '투자한다' 고 하면 원금을 까먹지 않아야 한다. 투자는 안정성이 먼저다. 그리고 다음이 수익이다. 적어도 이익에 대한 신뢰가 높아야 투자라 할 수 있다. 하지만 주식투자로는 어지간해서 이익을 얻기 어렵다. 그래서 투기라고 말하는 것이다.

"왜 손실을 보나?", "쌀 때 사서 비쌀 때 팔면 손해나지 않는 거 아닌가?", "난 주식이 떨어지면 절대로 안 팔아. 오를 때까지 기다리면 손해 안 보잖아" 하며 주식투자의 위험에 반론을 제기하는 사람도 있을 것이다. 하지만 증권시장에서는 주식으로 손실을 본 사람이 훨씬 더 많다. 이런 상황이라면 주식에 손대지 말아야 하는 것이 합리적 사고방식인데 주식시장에 참여하려는 사람이 더 많아지니 이상한 노릇이다. 이유는 간단하다. "이번만큼은 잘할 수 있다", "내일 상한가 치면 금방 본전 찾는데……" 하는 환상이 있기 때문이다.

하루에 주가 등락폭이 최고 30%에 달하므로 잘만 한다면 큰 수익을 얻을 수 있을 것으로 믿는다. 반대로 최악의 거래를 했다면 하루에 원금 1/3이 날아갈 수 있다는 말이다. 그래서 주식투자는 '투기적 거래'다.

주식시장과 피라미드 판매조직

세계적으로 유명한 경제학자인 폴 크루그만은 최근 언론 기고에서 "주식투기는 피라미드 사기와 같다"고 지적했다.

피라미드 판매조직은 가입자가 계속해 들어오지 않으면 반드시 무너진다. 주식시장도 그렇다. 기존의 투자자가 계속해서 더 많은 돈을 투자하거나 새로운 투자자가 들어오지 않으면 시장은 침체된다. 주식시장 자금은 일단 주가 전망이 어두워지면 다른 종류의 수익성 있는 금융자산을 찾아 대탈주를 벌인다. 그리고 그 다음에는 누구도 통제할 수 없는 사태가 온다. 주가가 하락하기 시작할 때 쉽게 대응하면 안 되는 이유가 여기에 있다. 주가가 상승 기운이 다하고 하락하는 상황으로 바뀌면 그 주식을 떠받치고 있던 사람들이 하나 둘씩 떠나가면서 주가가 급락한다. 하락 속도가 상승 속도보다 더 빠르다.

 주식투자로 수익을 내기 힘든 이유가 따로 있나?

 **주식거래는 직접 돈이 오가지 않는 '게임'이다**

자금을 운용하는 데 가장 커다란 적은 '자기 돈을 지키지 못하는 것'이므로 주식투자에는 '위험'이란 말이 심리적으로도 적합한 것 같다. 자기 돈을 지켜내려면 먼저 주식투자가 왜 위험한지를 알아야 한다. 주식투자의 좋은 점보다 나쁜 점을 먼저 배우고 시작해야 실수를 줄일 수 있다. 부풀려진 사실을 아는 것보다 실체를 정확하게 알고 덤벼들어야 위험이 줄어든다. 무엇이든 잘 되지 않는 이유를 따져보는 것은 문제해결의 실마리가 된다. 주식투자의 위험 수위를 한번 생각해보자. 왜 그렇게 이익을 내기 어려울까?

첫째, 주식거래는 직접 현금을 주고 받는 거래 행위가 아니다. 주식거래는 계좌에 돈을 입금하고 사고 싶은 주식을 얼마에 매수해달라고 주문하면서 시작되는데, 투자자에게는 '주식을 얼마에 매수했는가?'가 중요하다.

물론 주식은 싼 가격에 사서 비싸게 팔면 이익을 본다. 그러나 주가가 하락하면 투자자 자신의 자금 손실 규모보다 자신이 보유한 주식 값에만 정신이 팔려 얼마만큼의 손실을 보고 있는지 실감하지 못한다. 하루에도 몇 번씩 사고 팔면서도 얼마가 남았는지 얼마를 손해보았는지 정확하게 인식하지 못한 채 거래하기 십상이다.

만약 주식을 살 때마다 현금을 직접 상대방에게 지불한다면 겁이 나서 아주 신중해지겠지만, 매매 내역의 숫자만 오고 가기 때문에 마치 숫자놀음처럼 느껴진다. 크게 손실을 보고 난 후 자신이 거래한 내역을 보면 "어떻게 내가 그렇게 과감하게 주문했을까?" 하며 아연실색해한다.

그러므로 주식투자자는 투자원금에 대한 개념을 확실히 해야 하며 주식을 얼마에 사서 얼마에 팔았는가보다 현재의 '재산 상태'에 더욱 신경 써야 한다. 주가 변동에 민감하게 반응하지 말고 현재 주식 보유가격으로 평가금액을 확인하는 습관을 들여 몸 전체로 '손실'과 '이익'을 느껴야 한다. 그래야 수익과 손실에 재빠르게 대응할 수 있다.

주식은 언제나 오르고 내린다. "평가이익은 이익이 아니다"라는 말이 있다. 아무리 자신이 가지고 있는 주식이 크게 올랐다고 해도 팔아서 현금화하지 않으면 아무런 소용이 없다는 뜻이다. 주식은 주식일 뿐이다. 돈이 아니다. 재산의 가치를 가지려면 주식을 팔아 현금화해야 하는 것이니만큼 평가익과 평가손을 언제나 따져보는 습관을 들여야 한다.

 ## 한번 손실을 보면 만회하기 힘든 '머니게임'이다

주식투자는 한번 손실을 보고 나면 원금 회복이 힘든 게임이다. 간단히 생각해보면 주식거래는 혼자가 아닌 쌍방 사이의 거래이므로 50%의 수익이 가능해야 한다. 반드시 누군가 주식으로 돈을 벌었다면 그 돈을 잃은 사람이 있어야 한다. 정확하게 알 수는 없지만 돈을 번 사람과 잃은 사람의 비율이 '확률 50%의 게임'이다. 어떤 투자가에게 전문적인 지식이 있든 없든 상관없이 1천만 원의 원금이 있다고 하자. 한 번 이익, 한 번 손해를 봤을 경우를 예상할 수 있다. 그가 주식을 매수하자마자 33%의 손실을 보았다고 하면, 남은 돈은 670만 원이다. 330만 원을 손해본 것이다. 그럴 경우 투자자는 심기일전해 머리를 싸매고 어떻게든 본전을 찾으려고 애쓸 것이다.

여기서 다시 남은 돈(670만 원)을 가지고 투자했을 경우, 이전의 손실률과 같은 33%의 이익을 올린다 해도 891만 원이 되므로 원금 1천만 원에서 109만 원이 모자란다(670×1.33=891만 원). 같은 확률의 수익률로 손실과 이익을 반복하면 결과적으로 손해가 된다. 이 돈은 수수료는 생략한 것이므로 손실은 수수료만큼 더 늘어난다. 이렇듯 잘하지 않으면 늘 손해를 볼 수 있는 시장에서 매매하고 있다는 사실을 인식해야 한다.

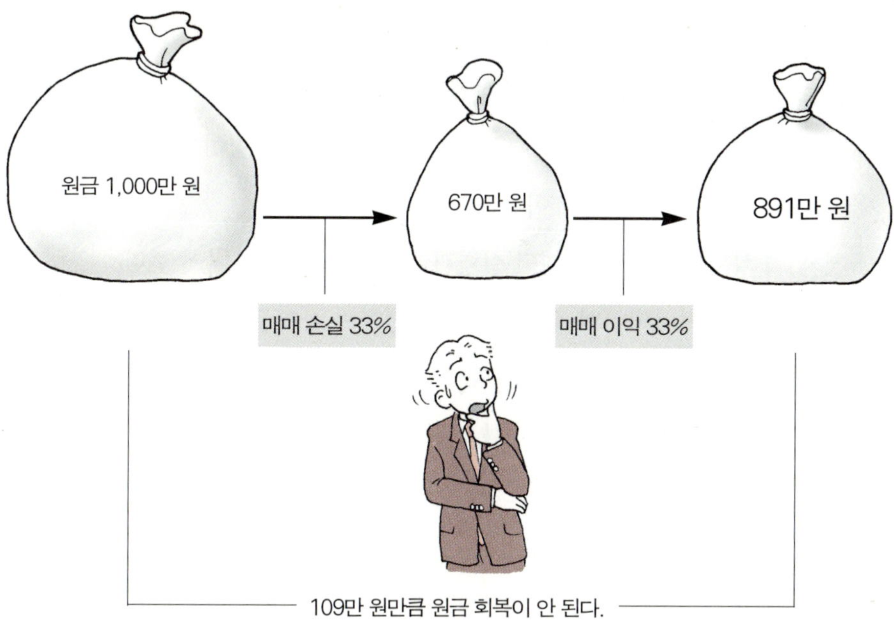

Check Point

위험을 줄이려면 손실을 최소화해야 주식투자를 하려고 하면 첫 번째 매매에서 수익이 나도록 노력해야 한다. 이익을 본 상황에서는 정상적인 자금운용이 가능하지만, 손실이 나면 심리적으로 불안해진다. '수익과 손실이 같은 비율로 지속적으로 발생된다'라고 가정하면 투자자는 늘 손해가 된다. 이를 극복하려면 수익률과 손실률을 다르게, 즉 '이익은 크게 손실은 작게' 해야 한다. 즉 손실을 최소화하는 전략이 '위험'을 줄이는 최선의 길이다. 손절매(loss-cut)를 강조하는 이유가 여기에 있다.

 주식이 위험하다면서 어떤 매력 때문에 그렇게 관심이 많나?

 **운칠기삼?**

‘운칠기삼(運七技三)’ 이라는 말을 들어본 적이 있는가? ‘주식으로 돈을 벌려면 운 70%, 기술 30%가 필요하다’ 라는 뜻이다. 주식투자를 하는 사람들이 마음대로 되지 않는 주식의 흐름을 보고 한탄하면서 만든 말이리라.

말로는 ‘주식은 위험하다’ , ‘주식에 손대면 망한다’ 라고 하면서도 사람들은 주식에 대한 관심의 끈을 놓지 않는다. 왜 그렇게 당하고도 주식시장을 떠나지 못할까? 나름대로 이유가 있을 것이다.

첫째, 주식투자로 돈을 벌려면 실력과 운이 모두 따라주어야 한다.

주식시장을 ‘머니게임의 장’ 이라 한다. 실력과 운이 없으면 돈을 잃는 냉정한 시장이다. 도박 성향이 높은 게임일수록 운에 따라서 성공 여부가 많이 갈린다. “주식은 오로지 실력(技)으로 승부해야 한다”고 전문가는 말할 것이다. 그러나 내면을 보면 전문가가 수익을 올리는 비법(?)에도 운(運)을 완전히 빼놓지 못한다. 전문가는 ‘운칠기삼’ 보다 기술 비중을 둬 ‘운삼기칠’ 로 승부한다. 전문가와 비전문가의 차이는 운이 차지하는 비율 이 어느 정도이냐에 따라 달라질 뿐이다. 기술이 없으면 운이 따라야 하고, 운이 모자랄 때는 기술로 관리해야만 수익을 낼 수 있다. 주식시장에서는 운만 따라준다면 수익을 낼 수 있는 기회가 누구에게나 언제든지 찾아온다. 주식에 대해 잘 알지 못해도 관심을 가지는 까닭이 여기에 있다.

주식에 관한 모든 것을 속속들이 꿰뚫었다고 해서 다 돈을 버는 것은 아니기 때문에 기회가 있을 때 누구든지 도전해보려는 심리가 생긴다. 실력

과 무관하게 이익을 볼 수 있는 상황이 많이 발생하기 때문에 주식투자가
대중화된 것이다. 누구나 "잘(?)만 하면 꽤 수익을 낼 수 있을 거야" 하며
기대감을 가질 만한 여건이 충분히 조성되어 있는 셈이다. 자신이 아주 '운
좋은 사람'이라고 생각하면 기술이 없어도 무방하다. '억세게 운 없는 사
람'이라고 생각하면 언제라도 헤쳐나갈 기술을 연마하면 된다. 주식투자에
서 기술은 쉽게 얻어지지 않지만 공부하고 연구하는 사람에겐 실전 경험만
으로도 기술을 축적할 수 있으니 걱정할 필요는 없다.

 ## 누구에게나 공평한 조건의 시장

둘째, 주식시장은 모든 사람들에게 같은 조건으로 참여할 수 있도록 공
개되어 있다. 예를 들어 백화점에서 선착순으로 사은품을 준다고 하면 일
찍 도착해 앞에 선 사람부터 혜택을 받는다. 그런데 주식시장은 시장에 참
여하는 순서에 따른 혜택도 특혜도 없다. 보통 주식시장에 뛰어드는 것을
진입(entry)이라 하는데, 종목을 잘 선택하는 일보다 진입 시기를 결정하는
일이 더 중요하다. 그렇기 때문에 먼저 시장에 들어왔다고 더 좋을 건 없다.
적절한 시기라고 판단하면 모든 사람이 참여할 수 있다. 늦게 시작한 사람
이 불이익을 받는다면 대부분 참여를 꺼릴 것이지만 지금 당장 시작해도
먼저 시작한 사람보다 불리한 조건은 하나도 없다. 그만큼 개방적이고 평
등하다.

 ## 잘만 하면 적은 돈으로 큰돈 번다

셋째, 적은 돈으로 큰돈을 만들 수 있다. 물론 '잘만 하면'이란 단서가 붙어야 하지만, 주식투자로 돈을 번 사람은 꽤 있다.

1천만 원의 잉여자금이 생겼다고 하자. 그 돈을 어떻게 굴릴 것인가? 뭐든 투자하려면 자금이 있어야 한다. 내집 마련을 위해 아파트를 사고 싶어하는 사람을 대상으로 한 조사(2003년)에 따르면 "아파트 마련을 위한 종자돈으로 1억 원 정도가 필요하다"고 답한 것으로 나타났다. 그만큼 부동산에 투자하려면 많은 돈이 필요하다. 1천만 원 정도의 돈으로 재테크를 시작하는 경우라면 부동산 투자는 사실상 어렵다. 또 은행에 1천만 원을 넣어두고 이자를 받아본 적이 있는가? 지금과 같은 저금리시대엔 은행에 예금해도 별다른 이자를 받지 못한다.

하지만 주식은 몇백만 원으로도 시작할 수 있다. 그보다 적어도 된다. 금액에 상관없이 거래할 수 있다. 소액으로 주식에 눈을 돌리는 사람이 많아진 이유다. 마음에 차지 않는 적은 이자를 안전하게 받는 것보다 손해만 보지 않는다면 조금의 위험을 감수하고서라도 주식에 투자하는 것이 약간의 투기적 성향을 가진 사람들 체질에 맞다.

적은 돈으로 단기간에 몇 배의 수익이 나는 재테크(?)는 도박을 제외하고 거의 없다. 그러나 주식투자로는 합법적으로 가능하다. 투자금액의 몇 배를 버는 경우도 더러 있다. 주식시장에서는 매일 급등 종목이 생긴다. 상한가를 기록하면 하루 12~15%의 상승을 기록할 수 있기 때문이다. 잘만하면 종자돈을 몇 배로 불리는 데는 주식이 최고(?)다.

주식을 경마와 비교하는 사람이 많은데 경마는 한 번 순위가 결정되면 그것으로 끝이다. 이른바 '말 한 번 달리고 나면 그것으로 상황 종료'다. 다음 기회는 없다. 기다려봐야 회복이 안 된다. 경주 한 판으로 모든 승부가 결정된다. 자기가 선택한 번호가 맞으면 대박, 틀리면 휴지조각이 된다.

주식은 그렇게 '단판 승부'로 가려지지 않는다. 종목이 많아 선택 폭도 넓을 뿐 아니라 장기간에 걸쳐서 몇 배씩 상승하는 종목이 즐비하다. 만약 종목 선택에 실패해도 손실이 났을 뿐이지 여전히 주식은 자기 계좌에 남아 있다. 평가손이 날 뿐이다. 부도 나는 회사 주식을 매수한 경우를 제외하곤 경마에서처럼 주식이 휴지조각으로 변하지는 않는다.

 ## 아무리 벌어도 양도세를 내지 않는다

넷째, 세제(稅制)에서 다른 투자대상보다 유리하다.

주식투자는 세금 부담이 매우 적다. 주가 변동에 따라 벌어들인 시세차익에 대해 세금을 내지 않아도 된다. 부동산은 일정한 기간을 보유하지 않고 매매할 경우 시세차익에 대해 양도소득세를 물어야 하는데, 주식은 아직까지 매매 이익에 대해 양도소득세를 물리지 않고 있다. 능력껏 낮은 가격에 사서 높은 가격에 팔아 수익으로 챙긴 이익에 대해 세금을 내지 않아도 되니 세금에 민감한 사람에게는 입맛에 맞는 투자수단이다.

또 부동산은 구입할 때 취득세 · 등록세를 부담해야 하고, 보유하는 기간 재산세를 내야 한다. 은행 예금이자도 소득세를 물어야 한다.

이에 반해 주식투자는 배당을 받을 때만 소득세를 낸다. 이런 경우에도 은행에서 받은 이자나 배당소득을 포함한 개인소득의 합산액이 일정 금액을 넘으면 금융소득 종합과세 대상이 돼 추가로 세금을 더 납부하나, 배당금으로 수천만 원씩 받는 사람은 주식 보유량이 1십만 주 이상인 대주주에게나 해당하므로 크게 걱정할 일은 아니다.

 ## 주식투자에 적합한 성격이 따로 있다?

 ## 변화에 유연한 사고와 행동

특별한 사람이 주식투자로 수익을 내는 것은 아니다. 누구나 가능하다.

주식의 원리를 이해하고 그에 순응하는 사람이 주식시장에서 살아남는다. 주가 흐름은 도도한 물결과 같다. 큰 파도와 같이 거세게 휘몰아치다가도 곧바로 잔잔한 모습을 보인다. 이렇듯 주식은 변화무쌍하다. '주식은 말없이 오르내린다'는 사실을 생각해보면 주식을 대하는 마음이 냉정해질 수 있을 텐데, 그게 잘 되지 않는 걸 보면 주식은 사람을 끌어당기는 마력이 있나 보다.

투자자가 가장 극복하기 어려운 것 중 하나는 주가에 대한 자신의 주장이 강해 시장이 변해도 끝까지 고집을 피우는 일이다. 투자자가 할 수 있는 일은 주가가 어떻게 움직일까 예측하는 일이다. 예측한 바대로 주식을 사거나 파는 두 가지 행동으로 나타내면 그만이다. 그런데 주식을 자기 생각에 맞추려 하면서 문제가 생긴다. 미래 일을 알 수 없는데 '이 주식은 만 원까지 오를 거야', '지금 급락하고 있지만 여기서는 반등할 거야'라고 미리 시나리오까지 작성하기도 한다. 물론 예상이 맞을 수 있지만 주가는 예상을 넘어서거나 못 미쳐서 움직이기 십상이다. 만일 주가 변화를 확실하게 예측하는 투자자가 있다면, 그는 '신의 존재'임에 틀림없다. 신념이 강한 사람은 자기 주장을 바꾸기 어려워한다. 대박을 노리기 때문에 변화에 민첩하게 대응하기 더 힘들다. 그래서 실패를 본다.

변화에 능동적이지 못하는 고집스런 사람은 '어, 이상하네. 조금만 더 기다려봐야지. 이제 곧 하락이 멈출 거야'하면서 상황이 수없이 변했는 데도 자신을 바꾸지 못한다.

이런 부류의 투자자는 주식투자에 적합하지 못하다. 겸허한 자세로 시장 흐름에 따라 자신의 투자방향을 잡는 사람은 실패가 적다. 자신이 어떤 성격을 가지고 있는가 냉정히 바라봐야 한다.

또 '성격이 화끈하다' 고 부적합한 것은 아니다. 유연한 사고와 행동을 하는 사람이 좋다. 주식은 제멋대로 가려 하는 이상한 속성을 가지고 있으므로 투자자는 주식이 가려는 방향으로 발맞추어 행동하면 된다. 적극적으로 앞장서는 사람보다 약간 뒤에서 잘 따라다니는 보수적인 사람이 주식투자에 적합하다. 자신의 힘으로 주식 흐름을 바꿔놓을 수 없다면 겸허하게 시장을 바라봐야 한다. 투자에 들어가기 전에 마음을 비우고 주식을 바라볼 줄 알아야 한다.

 ## 기다릴 줄 아는 여유

그 동안 주식공부를 많이 하지 않았더라도 누구든지 주식에 관심을 가지기 시작하면 자기도 한번 주식을 사보고 싶은 마음이 저절로 생긴다. 주식투자로 돈 벌고픈 욕심이야 인간으로서 자연스러운 현상이니 그런 생각이 들었다고 해서 괜히 쑥스러워할 이유는 없다. 주식시장에는 다 돈벌려고 달려드는 사람들뿐이니까.

어떤 일이든 연습을 백번 하는 것보다 실전으로 경험해야 그 일의 쓴맛, 단맛을 알게 된다. 일단 발을 들여놓아야 그 세계를 알 수 있지 바깥에서 만날 떠들어봐야 아무런 소득이 없다. 그러나 주식시장에 들어서기 전에 마음을 가다듬고 생각해야 할 부분이 있다.

스스로에게 도박 성향이 어느 정도 있는가 물어보라.

로또복권으로 대박을 터뜨리기 위해선 복권을 반드시 사야 한다. 주식으로 수익을 내려면 주식을 반드시 매수해야 한다(선물·옵션 거래는 양방향 투자지만 주식은 한 방향 투자다. 공매도가 있어야 양방향 매매를 할 수 있다. 따라서 주식을 싸게 사서 높은 가격에 팔아야 하는 방법밖에 없다).

주식과 복권은 어쨌든 '사야 한 건(?) 할 수 있다' 는 점에서 같은 원리지만, 주식을 복권처럼 '뭐 어찌되겠지, 안 되면 말지, 뭐' 와 같은 쉬운 마음으로 접근해서는 실패할 가능성이 크다. 요행을 바란다면 차라리 로또복권을 사는 게 훨씬 낫다.

주식거래에서는 '머피의 법칙' 이 자주 적용된다. 왜 그렇게 나만 피해가 느는 것일까? 자신의 기대와 딴판으로 주식이 움직이는 경우가 허다하다. 주식을 사고 파는 일은 그리 만만하지 않다. 그것도 잘 사고 파는, 즉 수익을 내는 일은 더 어렵다.

실제로 곁에서 훈수(?)를 둘 때와 달리 직접 주식을 매매해보면 머리가 복잡해진다. 어깨에 힘이 잔뜩 들어가 타이밍을 놓치기 일쑤다. 요리조리 잘도 피해가는 주식과 자신의 심리와 서로 궁합(?)을 맞추어야 수익이 날 수 있는데, 그러려면 '매수하지 않으면 아직까지는 본전' 이라는 느긋한 자세로 주식에 서서히 접근하는 여유가 있어야 한다. 주식이 멀리 도망가지 않도록 다독거리고 그 실체를 차츰 알아가면서 조금씩 주식의 오묘하고 따끔한 맛(?)을 느낄 느긋함이 필요하다. 복권 사듯 무심하게 주식을 산다면 오래 버티지 못한다.

성격이 무조건 덤벼들고 보는 급한 사람은 마음의 매무새부터 고치고 주식시장에 들어가야 한다. 주식과 함께하는 기간을 오래하려면 느긋한 자세로 호시탐탐(?) 기회를 노리는 여유가 필요하다. 나는 자신에게 돈이 좀 많다고 해서 아무 주식에나 투자해 짧게 수익을 올리려다 실패한 사람을 많이 보아왔다.

냉정하고 사악(?)한 성격

주식투자를 처음 해보는 사람은 실전연습이 반드시 필요하지만, 일부러 수업료(?)를 낼 필요는 없다. 일단 주식을 사면 되파는 일은 여간해서 쉽지 않다. 그래서 매도보다 매수에 더 신경을 써야 한다.

주식을 사자마자 곧바로 되팔면 본전에 팔아도 수수료를 물어야 한다. 거기에 손절매를 해야 한다고 하면 수수료에 세금까지(매도시에는 농특세 · 교육세 등을 낸다) 내야 하니 여간 부담스러운 것이 아니다.

주식을 사기 전에는 '떨어지면 간단히 손절매하지 뭐' 하며 편하게 마음먹고 매수에 가담했더라도 조금 손실을 보면 언제 그런 생각을 했냐는 듯 초조해진다. 더 떨어질 것 같아 곧 불안에 휩싸인다. 하지만 자신에게만 그런 현상이 나타나는 것은 아니다. '왜 나는 이렇게 못할까? 반대로 해야 한다는데, 잘 안 되네' 하면서 자신을 너무 탓하지 않아도 된다. 누구에게나 같은 일이 벌어지니 걱정 마라. 전혀 잘못되지 않았다. 그러한 불안한 마음이 생기는 것이 지극히 자연스러운 일이다. 왜냐하면 보통사람들은 순수하고 맑은 깨끗한 영혼의 소유자들이기 때문이다.

잘 참지 못하는 성격과 다혈질과 뜨거운 정열을 가진 투자자들이 많다. 매사를 뜨거운 가슴으로 대한다(대부분이라는 얘기이지 모두가 그렇다는 것은 아니니 오해는 마라). 정신이 순수한(?) 사람에게는 주식을 싸게 사서 비싸게 팔 기회가 주어지지 않을 따름이다. 남보다 더 사악(?)하고 간교해 자신의 마음을 극복할 줄 알며, 상대방의 심리를 이용할 줄 알아야 주식이라는 게임에서 이길 수 있는데 천성이 착하다면 어쩔 수 없다.

상대를 잘 이용하지 못하는 사람은 일부러 '게임에서 이기기 위해 상대방과 심리전을 펴야 한다' 라고 마음먹고 덤벼들면 조금씩 나아진다. 그러면 더 철저하고 냉정하게 주식을 대할 수 있게 된다. 자기 주식이 올라도 웃음을 참을 줄 알고, 차익이 났을 때 비로소 웃을 수 있는 비정함을 마음속에 간직해야 한다.

 ## 과감한 행동

　사실 주식을 통해 큰돈을 벌기란 어렵다. 가능은 하지만 어렵다는 뜻이다. 대다수 소심한 투자자들은 주식을 팔아야 하는 시점에서도 손실이 두려워 팔지 못하고 결국 감당하지 못할 파국에까지 이른다. 또 막상 적극 매수해야 할 시점에서는 과감하게 행동하지 못해 나중에 애통해하며 땅을 치고 후회하는 경우가 많다.

　주식투자는 일년 내내 수십 번을 사고 팔아도 큰 수익이 나는 기회를 몇 번 잡지 못하면 승부를 내기 어려우며, 기회가 왔을 때 온 힘을 다해 집중투자해야만 그나마 성공할 수 있다.

　주가가 대세 상승기에 진입했는데도 조금의 위험에 겁이 나서 매입 시기를 놓치거나, 자기의 좁은 안목에서 비롯한 그릇된 시세관으로 인해 장세를 잘못 판단할 때가 있다. 자기의 생각이 적중하고 있을 때는 과감하게 판단하고 행동해야 하고, 시세가 불투명할 때는 자신의 행동에 신중을 기해야 투자에 성공할 수 있다. 결국 실패를 너무 겁낸다면 아무것도 할 수 없다. 증권투자의 속성에는 투기적인 요소도 있다는 사실을 명심하고, 의사결정은 신중하게 하되 결정했으면 과감히 행동으로 옮겨야 한다.

 **경험, 용기, 자신감**

과감해지려면 '경험'과 '용기', 자신의 실력에 대한 믿음에서 나오는 '자신감'이 있어야 한다. 무턱대고 과감한 것은 용기가 아니라 만용이다.

"젊어서 고생은 사서도 하라"는 말처럼 주식 입문 전에는 일부러 매매 경험을 만들어야 한다. 그런데 비싼 수업료(?)를 물지 않고 경험을 쌓아야 실속이 있다. 꼭 돈을 잃어가면서 투자방법을 깨달아야 하는 것은 아니지만 주식시장에 처음 입문한 뒤 실패해보지 않고 고수가 된 사람은 거의 없다. 손실을 최소화하고 조금씩 실력을 키워나가야 한다는 말이다.

주식투자를 언제나 잘할 수는 없다. 다만 실패 확률이 점차 줄어들고 손해를 보더라도 작게 보아야 하며, 투자하고 있되 크게 수익을 올릴 수 있을 때까지 자금관리를 잘해야 한다. 그때가 오면 낚아채 수익을 내고 나머지 기간에는 잘 운용하는 것으로 만족하는 것이 좋다.

손해 보고도 과감하게 팔라는 손절매는 어떤 사람도 잘하기 힘들다. 훈련으로 되는 것이지 마음을 굳게 먹는다고 해서 잘할 수 있는 매매 방식은 아니다. 그러니 매매에서의 실패 횟수를 줄여나가는 방법을 닦는 것이 훨씬 쉽고 투자자로 하여금 더 의욕을 가지게 한다.

한화증권의 수익률 게임에서 1위를 한 어느 친구는 인터뷰에서 "주식시장에 입문한 지 1년 반 정도 되었다"라고 말하면서 "오기가 나서 열심히 공부했다"는 말로 자신감을 피력했다. 사실의 진위를 떠나서 경험이 많거나 주식에 입문한 기간이 길다고 잘하는 것이 아니라는 사실을 말해준다. 적어도 1년 정도의 연습은 꼭 필요하지 않을까? 사람 능력에 따라서는 차이가 조금 나겠지만.

실전연습에서는 마음이 동요되지 않을 만큼의 자금으로 조금씩 나누어 투자하면서 경험을 쌓아가는 방법이 제일 안전하다. 그렇지 않으면 가상매매를 하되 일지를 적으면서 실제 상황의 기분을 느껴야 한다. 가상경험을 현실에 적용할 만큼 실력을 키워야 하는데, 아무래도 실전 매매보다 긴장감이 떨어진다.

가상매매에서는 가능성이 있다고 판단되는 여러 종목을 모두 선택하게 되고, 실제에서는 손이 잘 나가지 않는 이름도 잘 모르는 개별 중·소형주를 매수했다고 가정하게 되어 단순히 연습으로만 그치는 경우가 많다. 연습매매에서 아무리 수익률이 높아도 실전과는 또 다르다. 진짜 돈을 계좌에 넣고 매매할 때와 많은 차이가 나므로 적은 돈이라도 실전에서 매매하면서 실패와 성공을 몸으로 익혀야 한다. '실전연습이 최고의 스승'이지만 자신이 없다면 가상연습이라도 반드시 하고 투자를 시작해야 한다. 자신의 실력을 검증해보고 어느 정도 자신이 붙으면 그때 투자 규모를 늘려나가는 방법을 써야 한다. '그렇게 귀찮은 일거리를 만들면서까지 무슨 주식투자를 하냐?' 반문할 수 있겠지만 주식투자는 하루아침에 잘되는 일이 아니다. 증권회사에 입사한 신입직원들에게도 증권저축 계좌에 자신의 월급을 넣고 매일 실제상황으로 연습을 시키기도 하니까.

자신감이 생길 때까지는 꾸준히 연습을 해야 하는데 '이제 조금 주식을 알 것 같다'고 생각하면 조심스레 매매 규모를 늘려나가는 것이 좋다. 실패 원인을 알고 점차 실패 횟수를 줄여야 용기를 가질 수 있다. 매매에서 실패를 많이 한 사람일수록 주식을 잘할 것 같은데, 꼭 그렇지는 않다. 계속 실패하다 보면 '아, 더 이상 수익 내기가 어렵구나' 하면서 오히려 자기가 원하는 방향대로 제대로 매매하지 못한다. 잦은 실패로 패배의식이 생기면 투자

방법에 적극적이지 못하게 되고 자꾸 위축되어 '바닥으로 향하는 주식', 즉 '소외주와 저가주'만 쳐다보는 잘못을 범한다. 주식은 진행 방향, 즉 추세가 매우 중요하기 때문에 한 번 방향이 설정되면 쉽게 꺾이지 않는다.

　자신감으로 과감한 베팅을 해야만 수익을 낼 수 있다. 주가 하락에 대한 두려움을 가지고서는 상승하는 종목에 편승할 수 없다. 도망 다니는 듯한 소심한 매매로는 수익을 내기 힘들다. 위험과 수익률은 비례하지만, 위험이 큰 것과 자신감은 차원이 다르다. 그러니 연습을 하되 연습과정에서도 '실패를 줄이는 연습'을 해야 한다. 어느 정도 승률을 올릴 수 있어야만 자신의 실력을 믿을 수 있고 자신감이 생긴다. 어느 정도의 승률을 올릴 수 있느냐에 관심을 가지고 60%의 승률을 기록할 수 있다고 할 때 투자 규모를 늘려도 늦지 않다. 승률 50%면 무조건 손해다.

■ 주식투자에 적합한 성격 ■

이렇듯 용기는 종목에 대한 꾸준한 연구와 실패하지 않을 수 있다는 자신감이 바탕이 될 때 생긴다.

스스로에게 물어보라.

"자신이 택한 종목이 앞으로의 주식시장을 주도할 수 있는가?"

"적어도 60% 이상의 승률을 올릴 수 있는가?"

 초보투자자는 어떤 마음가짐이 필요한가?

 **주가에 영향력을 발휘하는 사람 따라하기**

주식은 배우고 배워도 끝이 없다. 그것들을 어떻게 다 경험해보고 알 수 있겠는가? 한번 손실을 볼 때마다 비법이 하나씩 체득된다면 모든 재산을 다 바쳐도 최고수가 되긴 힘들 것이다. 뭐든 생각대로 안 되면 머리가 아프다. 한번 큰 손실을 보면 자신감이 떨어진다. 주식투자에서 걱정을 덜려면 단순한 게임의 룰이 있다는 사실을 이해하면 편해진다.

주식거래엔 '사자(buy)'와 '팔자(sell)' 두 가지 행동 유형만 있다. 주가가 움직이는 속사정을 이해하기 어려워도 투자자가 겉으로 표현하는 방식은 이렇듯 아주 간단하다.

왜 오르는지 몰라도 '오르고 있다', '내리고 있다' 라는 사실만 알면 된다. 그 주식을 사는 사람이 많은지 파는 사람이 많은지는 어떻게든 알게 된다. 주가가 오를 만한 좋은 고급정보를 누군가 알고 있다면 그의 행동은 분명 '사자' 일 것이고, 어느 회사가 부도 날 위기라면 그 정보를 제일 먼저 알고 있는 회사 관계자의 행동은 '팔자'일 것이다.

주가에 영향을 미치는 사람들의 행동을 따라하기만 하면 실패는 없다. 그 사람들은 주가가 움직이는 원인과 내용을 속속들이 알고 있기 때문에 자신있게 움직인다. 투자자는 자신의 정보가 부족하다는 사실을 인정하고 그 주식을 사거나 팔려는 사람이 어떤 부류인가를 찾으면 된다.

'내가 그걸 어떻게 알 수 있나?', '나한테까지 그런 정보를 알려주겠어?' 하며 미리 포기해버리기 쉽지만 주가에 영향력을 발휘하는 사람들의 행동은 곳곳에 나타난다.

경제신문이나 TV를 통해 기관투자가의 매수 · 매도 종목, 외국인 투자자의 집중매수 타깃, 대주주 지분의 변동, 특정 증권사의 매매 움직임 등이 바로 그것이다.

큰손이나 기관투자가, 외국인 투자자 중 어느 한쪽에서만 매수를 해도 주가는 크게 움직일 수 있으니, 일반투자자는 적어도 상승 종목을 누가 사는지를 알아내는 수고를 해야 한다. 주요 매수처를 파악하는 일이다. 그러고 나서는 제일 간단한 방법으로 전문가를 따라한다. 이런 행동마저 거드름 피우면서 피곤해한다면 성의 부족이다. 수익과 곧바로 직결되므로 한번 시도해볼 만하다.

다만 아무리 좋은 재료를 가지고 있는 주식이라도 등락은 있기 마련이므로 누군가가 산다고 해서 무조건 쫓아가서는 안 된다. 종목을 선정한 후 적절한 매매 타이밍을 다시 고민하고 결정해야 한다.

 ## 다른 사람의 의견을 존중할 줄 알아야

"수익을 올리려면 내가 산 주식을 다른 사람이 높은 가격으로 사주어야 한다"는 평범한(?) 진리를 잊고 투자하는 사람들이 많다. 아무리 회사 재무구조가 좋고 매출액이 늘어도 주가가 오르지 않을 때는 그 이유를 찾아보면 다른 것이 없다. 자기 혼자만 그 주식이 좋다고 우기기 때문이다. 다른 사람이 관심을 가질 때까지 오래 보유하다 보면 오르는 경우도 있지만, 지금 당장 누군가가 자신이 보유한 주식을 사주지 않으면 주가는 절대로 올라가지 않는다. 주가가 올라가길 바라며 내 주식을 비싼 가격으로 올려서 더 살 수는 없지 않은가. 따라서 자신만이 좋다고 여기는 주식에 투자하지 말고, 다른 사람들이 관심을 가지는 종목이 무엇인지에 더 관심을 가져야 한다. 이 말을 이해한다면 시장에 영향력을 발휘하는 사람의 애기에 귀 기울이고 싶어진다.

그들은 직접 자신이 사놓은 주식을 비싼 가격으로 사주거나 다른 사람들에게 적극적으로 매수하기를 권유한다. 매사에 모든 일을 자기 혼자서 다 한다면 너무 힘들다. 전문가들의 머리를 빌리고 외국인 투자자나 큰손처럼 자금력이 풍부한 사람들의 행동을 따라하는 겸손함이 있으면 실패는 거의 없다.

자신을 죽이고 시장에 참여할 일이다. 그래야 자기가 선택한 종목이 다른 사람들에게는 관심이 없다라는 사실을 알았을 때 그 주식을 쉽게 버릴 수 있다.

 ## 생각을 실천할 줄 아는 지행일치가 필요

홈트레이딩이 일반화되면서 성공적인 주식투자 방법을 찾아내려고 밤잠을 설치며 주식 연구에 몰두하는 사람들이 많다. 서점에 가보면 주식투자 방법을 알려주는 책들이 즐비하다. 책을 찾는 사람들의 관심은 하나다.

"주식투자를 가장 잘하는 방법은 무엇일까?", "실패하지 않는 투자비결은 무엇일까?" 등의 내용이다. 그만큼 답을 알아내기 힘들다는 뜻이다. 주식투자는 시간이 갈수록, 또 배울수록 더 어렵다는 것을 느끼기 때문에 비법(?) 하나에도 무슨 특별한 것인 양 귀를 기울인다. 어떻게 해서든 '싸게 사서 비싸게 파는 방법'만 안다면 큰 수익을 얻을 수 있다고 믿고 여기저기 관심을 보이는 것이다. 하지만 밤새워 공부했다고 성적이 갑자기 올라가지 않는 것처럼 주식도 갑자기 수익률이 좋아지지는 않는다.

그럼 어떻게 해야 할까?

투자자들이 가장 많은 관심을 가지는 이 질문에 많은 선배들이 답을 주었다. 하지만 너무도 많은 법칙과 이론을 남겼기 때문에 다 기억하기는 힘들다.

처음 입문한 초보투자자에게는 당연하겠지만 몇 년 투자한 경험 많은 투자자들에게도 아직 낯선 얘기들이 많다. 차트는 왜 그렇게 종류가 많은지. 주식투자에 실패하면 '주식시장에 널려 있는 이러한 이론들을 몰라서 그런 것이 아닐까?' 하고 자신의 무식함(?)을 탓해보기도 하지만, 사실 속을 들여다보면 실패 이유가 반드시 이론을 몰라서 생기는 것이 아님을 경험으로도 알 수 있다. 제일 중요한 것은 여러 이론에 있는 것이 아니라 '생각을 실천하는 마음'에 있다.

"무조건 욕심을 버려야 한다"는 말은 투자자의 관점에서 보면 어디까지가 욕심인지 명확하지 않기 때문에 다소 추상적이다. "투자하기 전에 미리 실행 계획을 세우라"는 말이 더 실전적이다. '얼마에 사서 얼마의 이익을 보고, 얼마까지 손해를 보면 가차없이 팔겠다' 는 '계획 매매' 를 실천에 옮겨야 욕심을 줄일 수 있다.

자신의 기준에 현실적인 수치를 대입해서 활용하면 효과적으로 욕심을 줄일 수 있다. 적어도 자신의 생각한 바를 실천할 줄 아는 사람이 투자자로 적합하다. 결과를 운으로 돌리지 않고 실력으로 평가받으려면 생각을 행동으로 옮길 줄 알아야 한다.

 ## 기본을 다져야 한다

처음부터 잘할 수 있는 일은 없다. 아이가 자전거를 타려면 수십 번 넘어지고 나서야 중심을 잡을 수 있는 것과 같다. 뭐든 잘하는 사람을 따라하는 것이 가장 빠르게 배우는 길이다. 주식투자도 마찬가지다. '고수' 의 방식을 익혀서 따라하는 것이 좋다. 먼저 기본을 익히고 고수들이 하는 방식을 따라하면 된다. 그러나 고수들의 방식만을 익히면 실패한다. 왜냐하면 매매 기술만을 익혀서는 자신의 것으로 제대로 만들지 못하기 때문이다. 그저 따라하기만 해선 한두 번은 성공할지 모르나 지속적으로 성공하기 위해서는 '고기를 낚는 방법' 을 깨달아가면서 배워야 진짜 자기 실력이 된다. 고수라고 특별한 방법을 가지고 있지는 않다. 그들도 기본적인 내용에 충실하되 어떤 방식으로 투자하는 것이 효과적이라는 것을 경험을 바탕으로 깨닫고 실천할 줄 아는 특별한(?) 사람일 뿐이다.

주식시장이 열린 이래 많은 선배들이 수익을 위한 '신비의 비법'을 찾기 위해 무던히도 애를 썼지만 '딱히 이거다' 하는 방법은 없다. '완벽한 투자 방식은 없다'는 뜻인데, 아마도 언제 어디서라도 최고의 수익을 낼 수 있는 비법이 있다면 그 누구한테도 가르쳐주지 않았을 것이다. 그러므로 현재 주식시장에서 배울 수 있는 기본적인 사항을 충분히 머릿속에 넣고 자신이 실제 경험하는 것처럼 익히면 그것이 최선의 선택이 될 수 있다.

주식은 살아서 움직이는 생명체와 같다. 그래서 주가의 변화무쌍한 움직임에 그것을 바라보는 마음까지 같이 흔들리기 쉽다. 주식투자하는 사람은 실천해야 수익을 낼 수 있으므로 아는 것만으로 부족하다. 다른 사람의 장점을 받아들이고 자기 성격의 장·단점을 분석해 몸에 맞는 투자방법을 만들어야 한다. 자기 스스로 기초를 튼튼히 해 흔들림 없는 실력을 갖추되, 경험을 통해서 익힌 선배들의 애기를 귀담아들으라는 말이다. 증권시장에서 많은 경험을 한 다른 사람의 애기를 귀담아들으면서 자기에게 필요한 것만을 활용하면 된다.

고객 가운데 특별한 비법(?)을 찾아 여러 주식 강좌를 좇아다니는 사람들이 있다. 처음 그들을 보고 '왜 그렇게 시간을 낭비할까?', '전문가라고 뭐 특별한 사람인가?', '귀를 솔깃하게 만들어서 투자자를 유혹하는 거 아닌가?'라며 자기 스스로 알아서 해야 한다고 권유하기도 했는데, 시간이 지나고 보니 전문가 수준 이상으로 성장(?)해 있었다. 수익도 짭짤하게 내면서 자기 일은 일대로 주식은 주식대로 같이 잘해내는 것을 보고 그 사람들의 생각이 틀리지 않았음을 인정하게 되었다.

이 책을 읽는 사람이나 증권강좌를 열심히 듣는 사람이나 유료정보를 받는 사람 모두 자신이 겪지 못한 경험을 얻고자 하는 노력의 하나니 '배우려는 자세' 하나로 보면 주식으로 성공할 수 있는 기본은 갖추고 있는 셈이다. 이런 방법은 스스로 경험을 터득하는 데 들어가는 비용(?)과 시간을 절약할 수 있다.

그러나 가르치는 사람의 마음을 정확하게 받아들이는 데는 한계가 있다. 특히 글로 표현해 전달하는 데 한계가 있다. 고수들은 잘 가르쳐주지 않는다. 직접 체험하지 않으면 마음에 와닿지 않고 알게 되더라도 실천하기 힘든 게 주식이니까.

아주 미묘한 것이 주식의 세계다. 고수에게 방법만을 배워서는 모자란다. 그들이 주식을 대할 때 가지는 감성과 느낌도 아울러 얻어야 소득이 있다. 고수들이 투자수익에 대한 의욕을 실천할 때의 마음과 자세를 알아야 한다. 겉으로 드러난 결과만을 따지지 말고 어떻게든 자신도 스스로 생각하고 몸으로 행동할 수 있을 만큼 되도록 훈련하는 것이 투자를 잘하는 지름길이다.

 ## 기준을 만들어 지켜야

어떤 상황이 전개되더라도 자신의 생각을 그대로 실천할 수 있도록 기준을 만들고 기준대로 움직일 수 있어야 한다.

보통 주식시장에선 "기계적인 매수·매도를 할 수 있어야 한다"고 표현한다. 인간은 기계와 다르지만 매매를 잘하기 위해서는 판단은 인간답게 머리와 가슴으로 하고, 그렇게 해서 결정한 매매는 기계적으로 행동할 수 있는 냉정함을 가져야 한다는 말이다.

인간의 탐욕은 끝이 없다는 것을 전제로 하여 노력하면 보다 완벽에 가까운 매매 기법을 익힐 수 있다. 왜냐하면 자신도 인간이고 그러므로 실수도 할 수 있으며 마음이 흔들릴 수 있다는 사실을 인정해야 기준대로 매매가 가능하다. 무엇이든지 다 잘할 수 있다고 생각하는 순간부터 교만해지고 더 큰 욕심으로 화를 불러일으키게 된다. 거래에 참여하는 이름 모를 상대방도 탐욕으로 가득 찬 인간이며 자신도 다를 바 없다는 사실을 염두에 둔다면 자신을 조절할 수 있다. 모든 사람이 같은 스타일로 매매한다면 매매 자체가 형성되지 않을 것이다. 조금만 달라도 상대보다 잘할 수 있다. 고수의 기술과 그 기술을 이루는 기본적인 원리를 이해하고 실천할 수 있는 자제력이 있다면 실패보다는 짜릿한 성공의 재미를 맛볼 수 있다.

- 주식시장에서 영향력 있는 사람을 따라한다.
- 다른 사람의 의견을 존중한다.
- 결심했으면 실천에 옮긴다.
- 열심히 공부해서 기본을 다진다.
- 자신만의 기준을 만든다.

■ 초보투자자가 가져야 할 올바른 자세 ■

먼저 주식과 주식시장을 배우자

02 실전투자를 하기 전에 이론으로 기초를 다져야 한다

 증권과 주식은 어떻게 다른가?

 **주식은 증권의 한 종류**

주식을 눈으로 직접 보지 못한 사람이 많을 것이다. 주식은 실물을 서로 주고받으면서 거래하는 것이 아니므로 주식이라는 실체를 이해하기 힘들지 모른다. 한번 실물로 보면 쉽게 이해가 된다.

주식과 증권을 혼동하는 사람들이 많다.

우연하게 만난 옛 친구들과 차 한잔 하면서 나누는 얘기 중 "너도 증권투자 하냐?"는 말을 이따금 듣는다. 또 주위에서 가끔 "증권투자로 돈 좀 벌었어" 하며 자랑하는 사람을 만나기도 한다.

'증권＝주식' 이라고 생각해 말한 결과다. 하지만 이는 맞는 말이 아니다. 증권이 주식보다 훨씬 넓은 말이다. "너도 주식투자하냐?"고 물어봐야 맞는 말인데, 대부분 다 증권이란 말을 주식으로 받아들이니 아무런 문제없이 대화가 된다. 증권이란 말에는 증권회사에서 매매할 수 있는 주식과 채권까지 모두 포함되어 있다. 주식도 증권이고 채권도 증권이다. 증권회사에 가서 "증권에 투자하고 싶다"는 말보다 "주식에 투자하고 싶다" 또는 "채권에 투자하고 싶다"라는 표현을 써야 맞다.

증권회사에서 거래되는 주식이나 채권 이외에도 증권에는 여러 종류가 있다. 어음, 수표도 증권이다. 어음이나 수표를 화폐로 바꿔달라고 청구할 수 있기 때문에 '화폐증권'이라 한다. 백화점 상품권도 증권에 포함된다. 백화점 상품과 교환할 수 있기 때문에 이를 '상품증권'이라 한다. 자동차 보험에 가입하고 난 다음 가입회사로부터 계약 내용이 담긴 보험증권을 받아본 적이 있는가? 이 보험증권도 증권이다. 왜 여기에 증권이란 말을 썼을까? 보험증권에는 보험료를 납입하면 사고가 발생할 경우 보험회사가 얼마만큼의 보험료를 지불하겠다는 약속을 증명해주는 내용이 담겨 있다. 보험증권도 권리와 의무관계를 증명하니 어떤 의미로든 증권이 된다. 이를 '증거증권'이라 한다. 주식과 증권을 같은 말로 혼동해서 사용하지 않아야 한다.

아무런 전제 없이 "너도 증권투자하냐?"라고 물으면, "너도 어음에 투자하냐?" 또는 "너도 상품권에 투자하냐?"라고 물어보는 의미로도 해석될 수 있으니 유의할 필요가 있다. 주식은 증권의 여러 종류 가운데 하나인 유가증권의 하나라는 것을 상식으로 알아두자.

증권의 종류를 정리하면 다음과 같다.

- 화폐증권 : 수표, 어음
- 상품증권 : 백화점 상품권

- 증거증권 : 보험증권, 차용증서, 매매계약서, 영수증
- 유가증권 : 주식, 채권

증권(證券) 문서에 권리나 의무가 표시된 것을 말한다. 주식과 채권은 증권에 가격이 명시된 유가증권이다.

유가증권(有價證券, Wertpapier) 재산의 가치를 가지는 사권(私權)을 표시하는 증권을 말한다. 증권거래법의 유가증권의 범위는 다음과 같다.

주권(신주인수권증서 포함), 채권, 수익증권, 일정한 요건을 갖춘 기업어음(CP, commercial paper), 유가증권예탁증서(Korean DR), 증권거래소가 정하는 기준과 방법에 따라 거래되는 유가증권 옵션, 외국법인이 국내에서 발행한 증권 또는 증서로서 위의 증권이나 증서의 성질을 구비한 것, 주가지수선물거래에서는 무형의 '유가증권지수' 는 실물이 발행되지 않지만 투자자의 권리를 보호하기 위해서 법률상 유가증권으로 본다.

 ## 주식의 '주' 는 뭔가?

 ## 주식은 화폐단위와 같다

먼저 주식에 대한 사전적 의미를 살펴보자. '주식(株式)이란 주식회사의 자본을 이루는 단위. (준말) 주(株)' 로 되어 있다.

주식회사란 말을 자세히는 몰라도 뭐 여러 사람이 투자한 회사가 주식회사 아닌가? 자본이라는 것은? 돈? 투자한 돈? 그렇다면 '단위' 라는 말은 어떻게 해석해야 하나? 돈 세는 단위? 무게를 다는 단위?

여기서는 '화폐' 와 같은 의미로 보면 쉽다. 화폐단위라는 말과 비슷하게 쓰인 말이다. 다만 화폐처럼 실생활에서 통용되지 않고, 주식만이 거래될

수 있는 시장이 따로 존재한다는 사실을 알아야 한다. '주식은 주식시장에서만 통하는 화폐'라고 생각하면 된다. '거래소'니 '코스닥'이니 하는 시장이 바로 주식이 거래되는 시장이다.

 ## 주식을 보유하기만 하면 주주로서의 자격이 생긴다

회사를 만들려면 돈이 필요하다. 회사 설립에 필요한 돈을 자본이라고 한다. 사회가 발전하면서 회사 규모가 커져 사업하려는 사람 혼자 회사를 만들기 힘들게 되었는데, 사업주가 자신의 생각에 동의해 같이 투자할 사람을 모집해 만든 회사가 주식회사다. 이때 사업주는 '주식'을 발행해 그 회사에 투자한 사람들에게 투자한 만큼을 나눠주면서 그 회사 자본에 투자했다는 사실을 증명받을 수 있게 한다. 그런 방법으로 여러 사람이 자기가 투자한 만큼의 주식을 나눠 소유하게 되는데, 이렇게 주식을 가지고 있는 사람을 '주주'라고 말한다.

주식을 법이 정한 비율에 따라 많이 가지고 있으면 대주주이고 그 기준에 미치지 않는 사람은 모두 소액주주라 한다. 일반투자자는 거의 대부분 소액주주이다. 2002년도 1만 주 미만의 주식을 보유한 소액주주가 93%에 달한다고 하니 주주가 되었느냐 안 되었느냐에 기준은 자기 명의로 된 주식을 가지고 있느냐 없느냐이지 특별한 사람이 주주가 되는 것은 아니다.

 주식을 보유하면 어떤 이익이 생기나?

주주가 갖는 가장 큰 권리는 배당

주식을 가지고 있으면 어느 회사의 자본에 일정한 지분만큼 참여하고 있다는 사실을 보장받는 셈이다. 따라서 권리도 생긴다.

주식에 투자하는 소액주주의 입장에서 보면 가장 큰 권리가 배당받을 수 있는 자격이다. 예전에는 배당을 주주총회에서 결정했지만 이사회의 결정으로 바뀌었다. 배당은 보통 현금으로 주지만 주식을 새로 발행해서 주주에게 나눠주기도 한다. 회사의 이익을 주주에게 돌려주는 것인데, 한 해의 영업실적에 따라 배당률이 달라진다. 배당을 받는 기분은 받아본 사람만이 안다. 잃어버렸던 지갑을 찾은 기분이랄까. 결산기(보통 12월말 기준)가 지나 두세 달 안(보통 3~5월 사이)에 배당금 지급이 이뤄진다.

주주는 주식배당을 받을 때 새로이 발행되는 주식을 수령할 권리가 있고, 현금배당일 때는 지급되는 배당금을 수령할 권리가 있다. 배당을 받을 수 있느냐 없느냐는 결산 마지막 전날까지 주식을 보유하고 있느냐 없느냐로 결정된다.

일년 내내 주식을 팔고 사면서 주주의 변동이 많기 때문에 결산기 마지막까지 주식을 보유한 사람을 대상으로 한다. 결산기가 지난 후에 배당을 받으려면 일년 내내 주식을 가지고 있거나 그 해 결산기 마지막에 주식을 다시 매수해 보유하면 된다.

결산기 중간에 배당을 실시하는 중간배당도 있다. 재정경제부에서는 (2003년 7월 18일 발표) 1년에 4회까지 분기별로 배당이 가능하도록 제도를 개선해 주식투자자가 배당을 노리고 주식을 매수하도록 해 주가상승을 유도하고자 했다. 중간배당을 하기 위해서는 직전 결산기의 대차대조표상 이익이 나야 하고, 당해 결산기에도 이익발생이 예상되어야 하는 까다로운 조건이 있어 우량한 회사만이 가능하다. 중간배당은 현금배당만 가능하다.

또 배당금에 관한 사항 중 잊어서는 안 될 것 하나. 배당금을 수령할 때 회사로부터 얼마를 받을 수 있다고 통지받은 금액과 차이가 나서 당황한 경험이 있을 것이다. 주주가 받을 수 있는 실제 배당금은 세금 공제 후 금액이므로 혹시 배당금으로 긴요하게 자금을 쓸 계획이라면 세금을 뺀 금액만큼만 해야 한다. 증권회사에서 배당소득에 대한 세금을 원천징수하기 때문이다. 소득세(2003년 기준 15%)와 주민세(2003년 기준 1.5%)를 뺀 나머지 금액을 받는다.

■ 주주가 되면 얻을 수 있는 권리 ■

참고로 주주가 되었다가도 주식을 금세 다른 사람에게 팔아버리면 누구에게 배당을 주어야 하는지 혼동될 때가 있다. 그런 경우 주식을 발행한 회사는 자기 회사의 주주명부에 주소와 이름을 기입하도록 해 확실하게 배당을 주어야 할 주주를 구별하는데 이를 명의개서라 한다. 보통 주식은 증권회사를 통해 거래되는데 명의개서를 증권회사에서 대행해주니 걱정할 일은 아니다. 실물로 가지고 있는 사람은 발행회사에 가서 명의개서청구서에 필요한 사항을 기재해야 주주로서 권리를 보장받을 수 있다.

 ## 증자와 주식매수청구권

주주의 또 다른 권리에는 증자를 받을 권리와 주식매수청구권이 있다. 증자는 자본금을 늘리는 것을 말하는데 유상증자와 무상증자가 있다.

유상증자는 주식 한 주에 적정한 가격을 내야 받을 수 있고, 무상증자는 주주가 보유한 주식 수의 일정 비율만큼 무상으로 주식을 받는 것이다. 그래서 유상증자를 '청약한다' 고 하고, 무상증자를 '수령한다' 고 말한다.

회사가 증자를 하면 일반적으로 주주에게 먼저 권한이 있다. 주주라는 자격 하나로 그만큼 혜택을 받는 셈이다. 일반공모방식이라 해 불특정다수를 대상으로 하는 경우도 있으나, 대부분 회사는 주주에게 배정하는 방식을 택한다. 최근에는 재무구조가 부실한 코스닥기업들이 신규자금을 유치하기 위한 고육책으로 제3자 배정방식을 택하기도 하는데, 이는 특별히 경영에 문제가 있을 경우 주주총회의 결의에 의해서 할 수 있다. 이런 기업은 어려운 자금사정을 해결할 방법으로 유상증자를 활용하므로 투자에 주의해야 하는데, 제3자 배정 유상증자 결의 후 이를 취소 및 변경하기도 해 주가가 하락하는 경우가 많아 투자자들이 피해를 보는 사례가 있다. 제3자 배정은 일단 조심해야 한다. 유상증자를 한다면서 왜 내게 주식을 배정하지 않느냐고 물어보는 투자자가 있는데, 이때는 제3자 배정방식으로 하기 때문에 주주라고 해서 모두 증자를 받을 자격이 있는 것이 아니라는 사실을 알아야 한다.

실권주는 주주 배정방식에서 주주가 증자에 참여하지 않은 나머지 주식을 말한다. 실권주 청약은 주주가 아니더라도 싼 가격에 주식을 매수할 수 있는 좋은 기회이기도 하다. 다만 경쟁률이 치열한 경우가 많아 원하는 만큼 주식을 확보하기 어렵다. 증자하고 남은 주식에 대해 증자하는 가격(유상증자는 20~30% 할인된 가격으로 한다)에 살 수 있다. 주주가 아닌 사람은 증자 때 주주보다 우선순위에 밀리는 것이다.

주식매수청구권은 대주주의 독단적인 의사결정에 반대하는 소액주주를 위해서 만든 제도다. 한 회사가 다른 회사와 합병한다거나 경영에 중대한 영향이 미치는 결정을 할 때 소액주주는 이 권리를 행사할 수 있다. 현재 경영진의 경영방법이 마음에 들지 않으니 자기가 가지고 있는 주식을 회사한테 사달라고 요구할 수 있다. 주식매수청구권을 행사할 때 주의할 점은 일단 주식매수 청구의사를 회사에 밝히면 더 이상 보유한 주식을 매매할 수 없다는 점이다. 회사에서는 제시한 매수청구 가격에 주식을 출고해가고 청구주식에 해당한 만큼의 돈을 입금해준다. 주식매수청구권을 행사할 일이 있으면 매수청구 가격을 결정할 때 투자자에게 유리하게 하도록 되어 있으므로 일단 행사하고 다시 생각하는 편이 투자자 입장에서는 유리하다.

주주 배정방식	신주인수권을 기존 주주에게 배정하는 방식이다.
제3자 배정방식	주주의 신주인수권을 배제하고 제3자에게 배정하는 것으로 정관상 주주의 신주인수권 배제에 관한 규정이 있거나 주주총회 특별결의로서 특정의 제3자에게 신주인수권을 부여하는 경우에만 가능하다.
일반공모방식	주주에 대한 신주인수권을 배제하고 불특정 다수인에게 공개 모집하는 것으로 주간 증권회사에서 증자 총액을 인수하여 일반인에게 공모하며 공모 결과 실권주가 발생하면 주간 증권회사에서 인수하게 된다. 이 경우에도 정관상 주주의 신주인수권을 배제할 수 있다는 규정이 있어야 한다.
주주우선공모방식	신주인수권을 기존 주주와 우리사주조합에 우선 배정한 후 실권주가 발생하면 일반인을 대상으로 공개 모집하며, 일반공모 후에도 미달이 발생하면 주간 증권회사에서 인수하는 방식이다.

■ 유상증자 방식의 종류 ■

Check Point   유상증자에도 여러 방식이 있으므로 유의해야 한다.

자신이 보유한 주식(또는 주주로 참여하고 있는 기업)의 회사에서 유상증자를 한다고 해서 무조건 증자에 참여할 수 있는 것이 아니다. "나도 주주인데, 왜 내게는 증자받으라는 통보가 안 오지요?"라고 묻는 투자자가 많다.

제3자 배정방식으로 유상증자를 할 경우 주주라고 해서 모두 증자에 참여할 수 있는 자격이 주어지는 것은 아니다. 증자를 결정하기 전에 누가 증자에 참여할 것인가를 미리 결정하는데, 제3자 배정방식은 유상증자를 확실하게 성공시키기 위한 방법으로 자금 조달이 절실히 필요한 기업에서 활용하는 경우가 많다.

 감자는 뭔가, 주가에 어떤 영향을 미치나?

 ## 증자의 반대 개념으로 감자가 있다

자본금을 늘리면 증자, 자본금을 줄이면 감자다. 감자는 주주의 이해관계에 변화를 주고 회사 채권자의 담보가 감소하므로 주주총회의 특별결의를 거쳐야 하며, 또 채권자 보호절차를 밟아야 한다. 과거에 발생한 누적 결손금을 회계 처리하는 과정에서 자본금이 잠식되어 회사 재산이 자본금에 미달하는 경우 자본금의 결손을 보전하기 위해서 감자를 하는 것이다.

회사의 합병이나 분할, 투자자금을 유치하기 위해서도 감자를 하는데 자본금을 줄인 상태에서 새로운 자금이 들어오면 전보다 더 많은 지분을 확보할 수 있어 자본 참여의 의욕을 불러일으키는 효과가 나타난다.

감자는 주식 병합, 액면절하매입 등 여러 가지 방법으로 하는데, 예를 들어 20 대 1의 감자를 하기로 결정한 회사 주식을 2,000주 가지고 있다면 주식 보유자는 새로운 주권을 교부받을 때(증권회사에 위탁한 사람은 증권회사에서 이를 대행해주므로 신경 쓰지 않아도 된다) 2,000주의 5%인 100주를 받는다. 이론적으로 감자를 하기 전과 후의 주식평가액은 같다.

왜냐하면 2,000주의 가격이 500원이었다면 주식 평가금액은 1,000,000원이지만 감자 후 100주의 가격은 10,000원에서 시작하므로 평가금액이 같게 된다. 그렇다면 감자를 하나 하지 않으나 주식의 평가금액이 같다면 주식을 매도해야 할 이유가 없다는 결론이지만 감자로 인해 엄청난 피해를 본 투자자들이 많다. 주가가 감자로 인해 급락하고 감자한 후에도 재차 하락하는 경우가 발생되기 때문이다.

외환위기 때 시중 은행과 현대건설, 하이닉스 등 부실한 회사가 감자를 시행하면서 큰 폭의 하락을 보이면서 감자를 한다는 사실만으로도 주가에 부정적인 요인이 되었다. 그러므로 감자 가능성이 있다고 예상되는 회사 주식은 보유하지 않는 것이 좋다. 차라리 감자를 하고 나서 자본금과 이에 따른 유통 주식 수가 적어진 후 어떤 재료가 있거나 재무구조가 개선되는 회사는 탄력 있게 상승하기도 하므로 감자 후의 주가 변화에 신경을 쓰는 편이 더 좋다.

 ## 기타 주주의 권리

회사가 파산하면 재산을 분배받을 수 있는 권리가 있지만 파산 이후 남은 재산이 거의 없는 경우가 많으므로 별 의미가 없다. 기타 법적 권리가 있으나 소액주주가 행사할 기회가 많지 않다는 말이다. 알아두면 도움이 되는 정도다.

- 이사, 감사 등의 불법행위에 대한 대표 소송제기권
- 주주총회에서의 의결권, 주주총회 소집권, 기업의 서류나 장부 열람권
- 회사의 재산 상태 등을 조사할 수 있는 선임 청구권
- 피합병, 자본감소, 액면변경, 상호변경 등의 경우에는 권리가 추가 발생하는 것이 아니므로 교체되는 주권을 수령할 권리

 주주가 되려면 어떻게 해야 하나?

 ## 주주가 되려면 먼저 주식을 사야

어떻게 주주가 될 수 있을까? 하늘을 봐야 별을 딸 수 있듯 주식을 '사야' 주주가 된다. 여러 가지 방법이 있지만 주주가 될 수 있는 가장 일반적인 방법으로는 증권회사에 계좌를 개설하고 현재 거래되고 있는 다른 사람의 주식을 자신의 명의로 매수하는 방법이다.

증권회사에 주문을 내면 증권회사에서 매수·매도를 대행해준다. 이를 '위탁 매매'라고 한다.

위탁의 의미는 고객이 직접 하기 어려운 일을 증권회사가 대신해준다는 뜻이다. 주식을 주식시장에서 사주거나 팔아주는 일, 배당금을 회사로부터 받아준다든가 주식을 보관해주는 일 등을 증권회사가 고객으로부터 위탁받아 대신해주는 일이다.

고객이 위탁했다고 하더라도 증권회사에서 고객이 주문하기 전까지는 주식을 사거나 팔아주지 않는다. '알아서 거래를 해달라'며 맡기는 것을 일임이라 하는데, 위탁과 일임의 의미를 혼동해서는 안 된다.

 ## 기업공개를 이용하면 싸게 주식을 살 수 있어

다른 방법으로는 '기업공개'를 이용하는 방법이다. 기업공개가 언뜻 그 기업의 경영상태나 감춰진 자산을 공개하는 것처럼 들리지만, 실제로는 회사 주식을 일반 대중에게 공개하는 것을 말한다.

몇 명 대주주가 소유한 주식을 일반 사람들에게 분산해 증권시장에서 거래되도록 하는 것을 말한다. 기업공개를 하면 증권시장에서 거래가 쉬울 뿐 아니라 주식 가격의 상승, 세제 등에서 혜택을 보기 때문에 대주주의 입장에서 보면 많은 이익을 보게 된다. 그런 이유로 기업공개를 하려는 기업이 늘어나고, 점점 더 기업공개 요건이 까다로워지고 있다.

기업공개를 하면 거래소에서 거래가 허용되는데 이를 '상장(上場)'이라 한다. 상장은 거래소시장에 올린다는 뜻이다. 시장에 주식이 올려져 거래를 할 수 있도록 한다는 말이다. 다만 코스닥시장에 올리는 것은 상장이라는 말 대신 '등록'이라고 한다.

또한 회사가 새로운 자금을 모아서 회사의 재무구조를 개선하려 할 때도 기업공개를 하는데 이를 공모주 청약이라 한다. 이때 청약하면 주식을 받을 수 있다. 물론 청약하는 사람이 많아지면 청약 비율로 나눠 받는다.

 공모주를 받으려면 어떻게 해야 하나?

 **공모주는 주식시장과 코드가 맞아야**

공모주는 청약을 받기가 매우 어렵다. 그만큼 수익을 얻을 수 있다는 얘기인데, 공모주에 대해 더욱 적극적인 관심을 가져볼 만하다.

코스닥 열풍이 불던 1999년 사람들이 코스닥에 등록하려는 회사의 공모주를 받으려고 눈에 불을 켰던 시절이 있었다. 공모주에 청약할 수 있는 계좌를 수십 개씩 만들어 공모주 청약을 하러 증권사를 돌아다니는 아줌마부

대가 등장하기도 했다. 당시 "공모주로만 몇 억을 벌었다"고 자랑하는 사람도 보았으니 꽤 짭짤한 수익을 가져다줬다는 증거다. 그때는 코스닥에 등록하려는 회사도 많았으며 등록 이후 공모가보다 수십 배 상승했으니 공모주를 받기만 하면 말 그대로 '돈'이 되었다.

최근에는 공모 가격이 현실화되고 등록 요건이 까다로워져서 공모주 청약 기회가 점차 줄어들었다. 또 청약하려는 사람이 몰리면서 경쟁률이 높아 청약을 해도 몇 주 배정받지 못하게 되자 열풍이 한풀 꺾인 상태다.

거기에 1999년 11월부터 코스닥시장의 활성화를 위해 공모주 물량의 55%를 하이일드펀드(고수익위험펀드) 등 기관에 몰아주면서 일반 청약자가 배정받을 수 있는 물량이 더 적어졌다(거래소 주식은 45%를 기관에 배정한다).

심지어 청약 자격도 각 증권회사마다 기준을 따로 둬 주식계좌나 수익증권계좌를 가진 사람에게 국한하기도 한다. 하지만 아직까지는 주식을 전혀 모르는 투자자에게 좋은 수익원으로 남아 있다. 주식매매를 직접하지 않고 값싸게 주식을 사 주주가 될 수 있는 방법이기 때문이다.

공모주의 장점은 수익을 많이 가져다주기보다(배정받는 주식 수가 적으므로) 낮은 가격으로 주식을 받을 수 있어 그만큼 투자위험이 적다는 것이다. 공모가에 비해 20~30%는 기본이고 심지어 몇 배씩 상승하는 종목도 많다. 그러나 모두 그런 것은 아니며 공모가 이상 상승하지 못하는 종목도 있으니 선별해서 투자해야 한다. 기업 실적이나 성장성을 검토한 후 청약해야 한다. 무턱대고 공모만 한다고 해서 수익이 나지 않는다는 것을 알아야 한다.

업종별로나 테마별로도 수익 차이가 다르다. 성장 가능성이 큰 업종인 인터넷 · 반도체 · 기계장비 · 디지털 · 제약업종이 공모가 대비 주가 상승률이 높고, 이에 비해 유통 · 일반전기전자 · 섬유 및 의류 · 건설 · 출판매체 · 기타서비스 · 기타제조 · 정보기기 · 금속 등의 업종은 등록 이후에 공모가보다 주가가 탄력 있게 상승하지 못하는 경향이 있다. 업종 내 종목들도 주가의 차별이 크게 나타나므로 주의해야 한다.

 공모주의 가치를 어떻게 평가하나?

 **자산가치와 수익가치를 따져**

공모주를 받고자 할 때 어떤 회사를 선택해야 할까? 회사의 수익성과 안정성을 보라고 하는데 일반투자자는 판단하기 어렵다. 그래도 우리가 알수 있는 정보는 회사가 무슨 제품을, 얼마나 팔아서 얼마만큼의 이익을 내느냐에 관심을 가질 수밖에 없다. 회사의 가치를 판단할 때 본질가치가 어느 정도 되느냐고 말하는데, 그 내용이 무엇인지 살펴보자.

코스닥 등록시 공모가격 결정은 '본질가치' 가 어느 정도 되는가에 따라서 달라진다. 일반적으로 본질가치는 자산가치와 수익가치를 각각 4 대 6의 비율로 합산해서 산출한다. 여기서 자산가치란 주당 순자산가액을 의미한다. 이는 기업이 가진 재산을 모두 팔았을 경우 각 주주들에게 돌아갈 수있는 돈을 말한다.

수익가치는 회사의 장래 수익력을 현재 가치화한 가액을 의미한다. 장래수익력은 향후 2개 사업연도의 경상이익을 추정해 계산한다.

만약 자산가치가 1만 원, 수익가치가 2만 원이면 이 회사의 본질가치는

16,000원(10,000원×0.4+20,000원×0.6=16,000원)이 된다. '지금 존재하는 가치'와 '미래 가능성을 현재화한 가치'를 4 대 6 정도로 가중 평균해 그 주식의 값어치를 산출한 것이다.

그런데 공모하려는 회사 입장에서는 비싼 가격에 공모를 하면 그만큼 많은 돈이 들어오므로(액면가보다 비싼 가격으로 공모하면 공모주식을 액면가로 계산한 금액보다 더 많은 현금이 유입된다) 어떻게든 본질가치를 높이려 하는데, 본질가치를 정하는 기준에서 보면 수익가치가 높아야 공모가가 높아진다. 수익가치는 향후 2년 경상이익 추정치에 달려 있기 때문에 추정이라는 의미로 보면 분석하는 사람의 입장에서 높아질 수도 있고 낮아질 수도 있다.

그래서 공모가가 높다는 의미는 회사가 수익모델을 가지고 있으면서 적어도 향후 2년 동안 실적이 양호하다고 인정되는 회사다. 이런 회사가 나중에 크게 상승할 수 있다. 공모가로 주식을 선정할 때 일단 가격이 비싼 것은 수익성이 높은 회사라는 것을 증명하는 것이다.

 주식마다 액면가가 다르다니 무슨 뜻인가?

 **회사마다 주식의 액면가가 다르니 먼저 확인해야**

주식에는 가격이 표시되어 있어서 유가증권으로 분류된다. 수표처럼 얼마짜리라고 표시되어 있다. 이를 액면가라고 하는데, 보통은 1주당 액면가액이 5,000원이지만 500원짜리와 1,000원짜리도 있다. 심지어 100원짜리도 있다. 주식을 보유하기 전에 반드시 그 주식의 액면가액이 얼마인지를

확인해보아야 한다.

액면가 500원짜리 주식 100주를 가지고서 5,000원짜리 주식을 가지고 있는 듯 좋아해서는 안 된다. 그렇게 혼동되는 경우도 자주 발생한다. 단순히 주가가 싸다는 이유로 매수했다가 액면가가 100원짜리임을 알고 난감해할지 모른다.

액면가액이 얼마이냐가 중요한 또 다른 이유는 주주로서 배당받을 권리를 행사할 때 대체로 액면가액을 기준으로 하기 때문이다. '시가배당'이라고 해서 액면가와 무관하게 주가를 기준으로 배당하는 경우도 있지만 대부분의 회사는 액면가를 기준으로 배당한다.

예를 들어 배당을 10% 받는다고 할 때, 액면가 기준으로 5,000원짜리면 10%인 500원을 자기가 소유한 주식 수만큼 받는다. 액면가 500원짜리면 배당 10%라고 하더라도 주당 50원의 배당밖에 받지 못하므로 엄청난 차이가 있다.

 ## 액면분할이 되면 액면가는 낮아지고 주식 수는 늘어

'액면분할'이란 말이 언론에 자주 나온다. 이는 할인점에서 수박을 쪼개 파는 원리와 비슷하다. 액면분할이 호재가 되어 주가가 급등한 적이 있다. 1999년 코스닥 열풍이 불던 시기였다. 당시에는 코스닥이 활황세를 나타내면서 대부분의 주가가 몇만 원대 이상으로 올라 투자자들에게는 비싸 보였기 때문에, 액면분할을 통해 싸진 주식을 일반투자자들이 선호하게 되어 매수가 집중될 것이라는 기대감이 작용했다. 액면분할이 유행처럼 지나갔던 시절의 얘기다.

액면분할은 자본금은 그대로 놔두고 발행된 주식 수를 늘리기 위해 액면가를 적게 하는 일이다. 엄밀하게는 주식 가격을 싸게 해 시장에서 원활하게 거래되도록 하는 것이니 회사 실적이나 자본금 규모와는 아무 상관이 없다. 그런데도 유동성이 높아져 주가가 상승하기도 한다. 이는 심리적인 요인으로 주가가 상승했을 뿐 기본적인 회사의 경영상태가 좋아진 것이 아니므로 다시 하락하는 것이 보통이다. 그래서 액면분할에 큰 기대를 해서는 안 된다. 평소 거래가 활발하고 기관투자가들이 선호하는 기업들은 주가가 비싸더라도 이미 시장에서 제대로 평가를 받고 있기 때문에 액면분할 효과가 그리 크지 않다.

액면분할을 한다고 할 때 만일 '액면분할 5배'가 실시되면 기존에 5,000/2,500/1,000/500원이던 종목들의 액면가가 각각 1,000/500/200/100원으로 변경된다. 상장 주식 수가 100만 주인 회사가 5,000원짜리를 1,000원으로 낮춘다면 상장 주식 수는 500만 주로 늘어난다.

이때는 액면가가 변경되기 전의 주식(구주, 舊株)을 제출하고 신주(新株)를 새로 받아야 한다. 만약 액면가 5,000원의 주식을 10주 가지고 있었다면, 이를 제출하고 액면가 1,000원의 주식 50주를 새로 받는다. 액면가 5,000원짜리를 500원으로 액면분할하면 50,000원인 주가가 5,000원으로 조정되고, 주식 수는 10배로 늘어난다. 이때 자신의 보유한 주식 전체 평가 금액에는 변함이 없다.

 ## 액면병합은 액면분할의 반대 개념

액면병합은 주가가 액면가에도 못 미칠 경우 저가주라는 인식을 없애기 위해 몇 주의 주식을 하나로 합치는 것을 말한다.

액면분할의 반대 개념이다. 이때는 액면가가 몇 배로 오르는데, 예를 들어 '액면병합 5배'가 실시되면 기존에 100/200/500/1,000원이던 종목의 액면가는 각각 500/1,000/2,500/5,000원으로 변경된다. 이때도 액면가가 변경되기 전의 주식(구주, 舊株)을 제출하고 신주(新株)를 새로 받아야 한다. 만약 액면가 500원의 주식을 10주 가지고 있었다면, 이를 제출하고 액면가 2,500원 상당의 주식 2주를 새로 받는다.

 우선주는 무엇인가, 사도 괜찮은가?

 ## 배당을 많이 주는 회사의 우선주라면 안심

주식의 종류를 여러 가지 기준에 따라 나눌 수 있는데 권리의 우선순위에 따라 보통주와 우선주로 구분한다. 보통주는 말 그대로 보통 거래되는 주식이다. 아무런 설명 없이 '주식'이라고 말한다면 보통주를 말하는 것이다. 그런데 증권회사 전광판에 00회사(우)라고 적혀 있는 것을 보았을 것이다. 우선주는 보통주보다 이익 배당이나 잔여재산 분배 등에 우선적으로 자격을 인정해주는 주식이다. 우선이라는 의미가 다른 뜻이 아니라 단지 보통주보다 우선한다는 것이지 특별한 뜻이 있는 건 아니다. 우선주가 있

는 회사가 있고 없는 회사도 있다. 왜 그렇게 만들었을까?

우선주는 의결권에는 관심이 없고, 배당에만 신경 쓰는 사람의 자금을 모아서 회사 자본으로 활용하기 위한 것인데, 속내는 우선주에 투자하는 주주에게는 의결권을 주지 않음으로써 경영권을 보호하면서 배당을 더 준다(보통 1%)고 약속한 것이다.

우선주에도 순서가 있는데 1우, 2우, 3우 하는 식으로 순서를 매긴다. 그 가운데 1우가 최우선으로 배당받고, 순서대로 배당을 준다는 뜻으로 번호를 매겼는데 보통 우선주가 발생되는 시기에 따라 순서가 매겨진다(일반적으로 전환사채에서 전환되는 주식을 우선주로 하는 경우가 많다).

그런데 우선주 가격이 보통주 가격보다 1/3 정도 싸다. 왜 그럴까? 배당을 우선적으로 받게 된다면 더 비싸야 할 텐데 그렇지 않다. 왜냐하면 배당은 주식 수에 따라 달라지는데, 소액투자자인 일반투자자에게 그 차이는 아주 미미해 관심을 끌지 못하기 때문이다.

그러나 배당을 많이 주는 우량 종목 가운데 외국인 투자자가 호감을 갖는 회사 우선주는 외국인 투자자가 적극적으로 매수해 보통주가 상승할 때 같은 비율로 상승세를 유지하기도 하므로 걱정 없이 매매해도 상관하다. 단 조건은 배당은 잘 주는 회사인가, 유동성이 풍부해 거래하기 쉬운가, 우량한 회사인가, 외국인 투자자가 지분을 보유하고 있는가 등을 검토한 후에 매매해야 한다.

 주식시장에는 어떤 종류가 있나?

 **거래소시장과 코스닥시장**

보통 '주식시장'이라고 하면 거래소시장과 코스닥시장을 말한다. 주식시장은 여러 개의 시장으로 구성된다. 시장의 이름이 다를 뿐 그 안에서 거래되는 물품이 주식이라는 것은 똑같다. 모두 '주식이 거래되는 시장'인데 '거래소시장'과 '코스닥시장'만이 증권시장으로 공인된 시장이다.

1956년 처음 우리나라에 증권거래소가 생긴 이래 줄곧 하나의 시장에서만 주식거래를 해왔는데 그것이 거래소시장이다. 증권시장 개설 당시에는 주식회사가 보편화되어 있지 않아 10종목의 주식이 거래되었다. 현재의 1천여 개 종목과 비교해보면 커다란 차이가 난다.

그 이후 거래소시장만 있다가 1996년 7월 새로운 주식거래시장을 하나 더 만들었다. 그 시장 이름이 '코스닥시장'이다.

'코스닥시장'은 미국의 신경제를 이끌고 있는 첨단기업인 마이크로소프트웨어, 시스코 등과 같은 기업에게 자금 조달원의 역할을 하는 '나스닥시장'을 벤치마킹해 설립한 시장이다.

영어로 'KOSDAQ, Korea Securities Dealers Association Automated Quotations'인데 이를 직역하면 '한국증권업협회에 등록한 자동화된 시세 통보시스템'이란 말이다. 전자거래가 활성화하면서 만들어졌는데 미국의 나스닥, 우리나라의 코스닥, 일본의 자스닥 등이 같은 부류의 시장이다.

시장 구분	내　용	거래 시간
거래소 (KOSPI)	현재 증권거래소에 상장되어 있는 주식과 채권, 수익증권을 매매하는 시장	월~금요일 09:00~15:00 호가접수 : 월~금요일 08:00~15:00
코스닥	증권업협회에 등록된 장외등록법인의 주식(KOSDAQ종목)을 매매할 수 있는 시장	
제3시장	증권거래소 상장 또는 코스닥 등록 요건을 충족하지 못하여 제도권 시장에 진입하기 어려운 비상장, 비등록 기업들이 발행한 주식이나 등록·상장이 폐지된 주식들을 매매할 수 있는 시장	월~금요일 09:00~15:00 호가접수 : 월~금요일 거래시간과 동일

■ 주식시장의 구분과 내용 ■

 ## 코스닥시장의 등록 기준은 따로 있다

　김병현과 최희섭이 활약하는 미국 프로야구의 구성을 보자. 내셔널리그와 아메리칸리그로 나뉘어 경기를 벌인다. 미 프로야구의 양대 리그로, 서로 약간의 제도 차이가 있지만 야구라는 같은 종목의 운동경기를 한다. 내셔널리그가 먼저 결성되었는데 야구가 대중에게 인기를 끌면서 프로야구에 가담하고 싶은 사업주가 많아지게 되었다. 그러나 내셔널리그에 참여할 수 있는 방법이 너무 까다로워서 같은 뜻을 가진 사업주끼리 아메리칸리그라는 별도의 리그를 구성했다. 거래소에 상장하기 어려운 기업을 거래할 수 있는 별도의 시장인 코스닥이 생긴 과정과 비교해보면 재미있다. 인기 있는 야구단을 가지고 싶은 사업주의 의지나 성장성 있는 주식이 거래될 수 있도록 요구하는 사업주의 의지가 일맥 상통한다. 또 야구를 좋아하는 사람은 어떤 리그의 경기라도 재미있게 관전할 수 있는 권리가 있는 것처

럼 주식에 투자하고자 하는 사람은 거래소시장이든 코스닥시장이든 선택할 수 있다. 두 시장 모두 주식을 거래할 수 있는 시장이므로.

코스닥시장에서는 거래소시장에서 거래할 수 있는 자격 기준(상장 기준)에 합당하지 않더라도 고부가가치 산업이거나 벤처기업이라면 직접적으로 자금을 조달할 수 있는 창구를 열어주기 위해 별도의 자격 기준을 만들어 거래하도록 허용했다. 이를 등록 기준이라 한다.

거래소시장과는 제도적인 면에서 약간의 차이가 난다. 특히 자격 기준이 다르다.

'등록'과 '상장'이라는 말은 각 시장에서 거래될 수 있도록 허가하는 것을 말하는 같은 개념이다. 다만 코스닥에서는 '등록한다'는 말을 쓴다는 것이니 혼동하지 마라.

■ 주식시장의 3형제 ■

그리고 코스닥시장을 거래소시장에 상장되기 위한 전 단계로 알고 있는 사람도 있으나 독립적인 별개의 시장이다. 다만 자격 기준에 합당하다면 코스닥시장에 소속되었다가 거래소로 갈 수도 있다.

구 분	현 행		개 선 안	
	일반기업	벤처		
설립연수	3년	–	현행 유지	–
자본금	5억 원	–	10억 원	5억 원
경영성과	최근 사업연도 경상이익 실현	–	최근 사업연도 경상이익 실현	
감사의견	최근 사업연도	적정 또는 한정	최근 사업연도 적정	
ROE	–	–	최근 사업연도 10%	최근 사업연도 5%

■ 코스닥 등록 조건(2004년 기준) ■

Check Point　코스닥에 등록하기 위해서는 최근 사업연도에 경상이익을 내야 한다. 많은 벤처기업이 수익을 내기 힘들기 때문에 2004년 이후로는 코스닥 등록이 상당히 까다로워졌다. 특히 벤처기업은 코스닥 등록에 제한이 없었으나 점차 등록요건이 강화되는 추세다.

ROE(자기자본수익률)는 경영자가 기업에 투자한 자본을 이용하여 이익을 어느 정도 올리고 있는가를 나타내는 기업의 이익창출 능력을 말한다. 산출방식은 기업의 당기순이익을 자기자본으로 나눈 뒤 100을 곱한 수치다.

예를 들어 자기자본수익률이 10%라면 주주가 연초에 1,000원을 투자해 연말에 100원의 이익을 냈다는 뜻이다.

 ECN은 무엇인가?

 **ECN은 야간에 활용할 수 있다**

주식투자하는 사람치고 장이 끝난 뒤 "아, 오늘 팔고 넘어갈 걸……", "오늘 샀더라면 좋았을 텐데……" 하는 아쉬움을 가져보지 않은 사람은 없을 것이다. 이렇게 주가 상승을 기대하고 야간에라도 주식을 사겠다는 투자자와 장중 이익실현 시기를 놓친 투자자의 욕구를 채워주기 위해서 만들어진 매매 시스템이 'ECN'이다. 표현이 영어여서 약간 낯설지만 어떤 매매 시스템인지 살펴보자.

말 그대로 풀이해보면 '전자거래망'이다. '장외전자거래시장'이라고도 한다. 구체적으로는 '대체거래시스템(ATS, Alternative Trading System)의 일종으로 정규 증권시장 이외의 장소에서 주식 매매를 중개하는 전자장외증권거래시스템'이다. '장이 끝난 야간에도 주식을 거래할 수 있는 시장'으로 통칭 'ECN시장'이라고 부르지만 본뜻에는 '시장'이라는 의미가 없다. 제3시장과 마찬가지로 '증권시장'이 아니라 '거래시스템'이기 때문이다.

기존의 증권거래소와 코스닥과 구별하기 위해 '증권시장' 또는 '증권거래소'라는 말을 사용하지 못하도록 법으로 규정하고 있다. 증권거래소나 코스닥시장이 아닌 장외시장의 형태다. 주식시장이 마감된 이후에도 거래할 수 있도록 한 것이니 하루 종일 주가가 어떻게 움직였나 보지 않고도 거

대체거래시스템 거래소에 상장된 종목을 중간매개자의 도움 없이 매매 쌍방 거래자가 직접 거래하는 시장을 말한다.

래할 수 있다.

ECN을 이용하기 위해서는 먼저 증권 계좌가 필요하다. 기존 계좌가 있다면 해당 증권사가 제공하는 홈트레이딩시스템(HTS)을 활용해 주문을 낼 수 있다.

ECN에서는 호가접수시간을 포함한 매매 거래시간이 16시 30분부터 장 종료시점(20:55~21:00)까지다. 4시간 30분 동안 거래할 수 있다. 그 날의 종가 대비 상하 5% 이내로 주문을 낼 수 있는데, 예를 들어 직전 정규시장에서 A주식이 1만 원에 마감했다면 ECN에서는 9,500~10,500원 사이에서만 움직일 수 있다.

거래대상은 KOSPI200 구성종목과 KOSDAQ50 구성종목으로 제한되어 모든 종목을 거래할 수 있는 것은 아니다. 현재 매매 가능한 종목은 총 250종목이다. "왜 자신이 보유한 종목이 ECN에서 매매되지 않느냐?"고 항의하기 전에 거래가 가능한 종목인지 확인해봐야 한다.

ECN은 단일가 매매체결시스템을 활용하는데 일반 시장의 체결시스템과 조금 차이가 난다. 장 종료시점이 20:55~21:00 사이로 불특정한 이유

ECN ECN시장에서는 KOSPI200 구성종목과 KOSDAQ50 구성종목만이 거래된다. 당일 상한가를 기록한 종목을 대상으로 거래가 많이 이루어진다. 다음날 동시호가보다 싸게 살 수 있거나 비싸게 팔 수 있다고 판단할 때 많이 활용한다.

랜덤엔드 체결방식 허수호가를 이용한 시세조정 방지 및 투자자 보호를 위해서 체결시점이 정해져 있지 않고 일정한 체결구간(약 25~35분 체결단위에서 마지막 5분간) 내에서 컴퓨터가 난수를 발생시켜 체결이 이뤄지는 방식이다. 예를 들어 ECN 개장(오후 4시 30분) 후 첫 번째 주문체결은 오후 4시 55분~5시에 이뤄진다. 이어 두 번째 체결은 5시 25~5시 30분 컴퓨터 난수를 통해 체결시간이 결정된다. 이와 같은 방식으로 ECN에서 하루 매매 체결은 오후 4시 55분~5시, 오후 5시 25~5시 30분, 오후 5시 55분~6시 등 총 9회 이뤄진다.

는 ECN 단일가 매매에서 체결이 랜덤엔드(Random-end) 방식으로 이루어 지기 때문이다.

ECN 같은 대체결제시스템은 미국에서 증권거래의 사이버화가 급진전 되면서 최초로 만들어졌고, 2001년 현재 미국에서는 10개의 ECN(Instinet, Island, Bloomberg, Tradebook, Archipelago, REDIBook, Attain, Nextrade, MarketXT, Brass Utility〔BRUT〕)이 있으며 나스닥과 뉴욕증권거래소 거래량 의 약 30%와 6%(2001년 기준)에 달할 만큼 활성화되어 있다.

 제3시장은 무엇이고 어떻게 거래되는가?

 **제3시장은 호가중개시스템이다**

거래소, 코스닥 이외에 또 다른 시장인 '제3시장'이 있다. 제3시장은 '시 장'의 개념이 아니라 증권회사를 통한 '거래'다. 법적으로의 '증권시장'이 아니며 제3시장보다 '호가중개시스템'이라는 말을 더 많이 사용한다. 영어 로 OTCBB(Over The Counter Bulletin Board)라고 한다.

제3시장은 거래소나 코스닥에 등록되기엔 자격이 미달되어서 '먼 미래 에나 등록될' 꿈을 가진 회사 주식이나, 상장 또는 등록이 폐지된 주식들에 대해 유동성을 부여하기 위해서 만든 '거래만을 위한 시장'이다.

거래소시장과 코스닥시장은 '제도권 내의 시장'으로, 제3시장은 '제도권 밖의 시장'으로 생각하면 쉽다. 제도권 밖이라고 하더라도 증권회사를 통 해서 거래할 수 있도록 편의를 제공한 시장인 셈이다.

　주의할 사항은 제3시장에서 거래되는 회사에 대해서는 누가 검증해주지 않는다는 점이다. 그래서 그 회사에 대해서 자세히 아는 경우에만 거래하는 것이 좋다. 아는 사람이 추천했다고 쉽게 매수했다가 다시 팔지 못해 발을 동동 구르는 사람이 많다. 그럴 경우 평소 원하지 않던 주식을 오랫동안 보유할 수밖에 없다. 투자자의 책임이 특히 강조되는 시장이다.

　제3시장에서는 거래 가격이 정확히 일치해야 거래가 이뤄진다. 많은 사람들이 주문을 내는 '경쟁 매매'가 아니라 상대가 있을 때만 거래가 성립되는 '상대 매매'다. 주식을 매수했다가 팔고 싶어도 사겠다는 사람이 있어야 팔 수 있다는 말이다. 환금성에 문제가 있으니 조심할 일이다. 매수·매도 가격이 일치해도 분할 매매 조건이 아니라 전량거래 조건이면 거래가 성립되지 않는 단점이 있다. 거래소와 코스닥과 달리 가격제한폭(±50%)이 커서 주가가 급등락할 가능성이 높다. 그런 제도를 이용한 주가조작이 자주 일어난다. 그만큼 위험성이 크다. 심지어 매수 주문가격이 매도 주문가격보다 높아도 거래가 성립되지 않는 기현상이 종종 나타난다.

　제3시장에서 거래되는 주식은 비상장주식에 해당되기 때문에 대주주나 소액주주 구별 없이 양도 주식에 대해서는 양도세가 과세되는 점도 거래소·코스닥과 차이가 난다. 양도소득세는 대기업 주식은 매매 차익의 20%, 중소기업 주식은 매매 차익의 10%를 내야 한다. 세금 신고는 주소지 관할세무서에 투자자가 거래일 2개월 안으로 자신 신고하면 10%의 세금을 공제받는다. 종합소득세 신고기간(5월)에 신고해도 되지만 2개월이 지나면 세금공제를 받지 못하며, 자진신고를 하지 않으면 가산세 10%를 내야 한다.

증권기사를 돈으로 만드는 방법

03 | 최적의 정보를 빠른 시간 안에 얻고, 주가에 미치는 영향을 분석한다

 어디에서 주식에 관한 정보를 얻을 수 있나?

 **경제신문에 답이 있다**

일반투자자의 정보취득 방법에는 한계가 있어 TV 뉴스와 신문, 그리고 증권사이트가 대부분이다. 그 가운데 시간이 많이 들지만 내용을 깊이 파악할 수 있는 방법은 신문을 보는 것이다. 신문은 사람을 유식하게도 만든다. 아무래도 방송으로 들은 내용은 흘려듣기 쉬운데 활자로 보면 깊이를 느끼게 된다. 바쁜 사람은 신문의 제목만 봐도 경제의 흐름을 이해하는 데 도움이 된다.

일본의 주식투자가 고레카와 긴죠는 "경제 신문에 모든 답이 있다"고 하면서 하루 종일 신문을 뒤적이며 생각을 정리했다고 한다. 그는 "나는 주식투자에 필요한 모든 정보를 신문에서 얻는다. 신문의 모든 기사를 빠짐없

이 읽고 그 기사가 주는 의미를 생각한다"고도 했다. 의미 있는 말이다.

하지만 주식투자에 필요한 정보가 무엇인지 또 정보를 취득한다고 해도 그것이 얼마나 시장에 반영될 것인지 판단하는 일은 쉬운 일이 아니다.

신문에 실린 내용은 누구에게나 알려진 공개된 정보다. 미공개된 알짜배기(?) 정보가 있다면 그것은 회사와 관련한 몇몇 사람에게 국한된다. 정부는 내부자 정보를 이용하지 못하도록 강력하게 규제하고 있으나 "돈 앞에 장사 없다"는 말처럼 눈앞에 보이는 이익을 그냥 놔두지 못하는 것이 인간 심리다. 암암리에 자기와 관련 있는 회사 정보를 주식투자에 이용하려는 사람은 항상 존재하기 마련이다. 그런 증거는 증권 당국이 내부자 정보를 이용해 부당 이익을 취득하는 것을 강력하게 규제하고 있음을 봐도 알 수 있다. '강력한 규제를 한다' 는 것 자체가 내부자 정보를 이용하는 세력이 많다는 것을 말해준다.

내부자 정보를 일명 '고급(?) 정보' 라고 하는데 일반투자자가 '고급 정보' 를 신문을 통해서 얻는다는 것은 불가능하다. 정보를 얻고 그것을 주식투자로 연결할 수 있는 시간적인 여유를 가질 수 없어서다. 그래서 일반투자자는 적기에 매수하지 못하고 늘 내부자(회사 정보를 알고 있는 사람) 뒤를 쫓아다니게 된다.

누구나 아는 정보는 더 이상 '정보' 가 아니며 '죽은 정보' 가 된다. 혼자서만 뒤늦게 취득한 정보를 그대로 시장에 적용해서는 승부에서 뒤처질 수밖에 없다(여러 사람이 같이 그 정보를 취득했다고 하더라도 매수하기 늦은 시점에서 정보를 얻고 투자에 뛰어든 비슷한 유형의 사람은 많겠지만 기대와는 달리 주가가 떨어지면 투자자의 마음은 혼자인 것처럼 쓸쓸해진다).

혼자만의 관심으론 주가가 오르기 힘들다. 어떤 작전세력은 주가를 올리기 위해서 일부러 별다르게 특별하지도 않은 내용을 '기사에 실어달라'고 증권담당 기자에게 부탁하는 경우도 있다고 한다. 주가가 오를 만한 재료도 없이 주가를 끌어올리기 위한 편법을 쓰는 것인데, 물론 불법적인 방법이지만 신문 기사만 되면 정보에 목말라 하는 많은 투자자들의 매수 타깃이 되고 있다는 것을 알게 한다.

 ## 정보를 선별할 줄 아는 눈이 있어야

증권사이트도 세인의 관심을 끌어 주가를 조작하는 통로로 이용되기도 한다. 주식동호회에서 자금을 모으고, 투자 게시판에 종목을 추천해 관심을 끈 뒤 주가가 상승하면 미리 사둔 주식을 매도하는 수법까지 등장하기도 했다.

이렇게 활자화된 정보는 주가에 영향을 미친다.

'고급 정보'를 아는 사람들이나 작전을 하려고 미리 주식을 매집해둔 사람들이 매도 시기로 이용하는 때이기도 하므로 주의해야 한다. '매도할 수 있다'는 것은 반대로 '누군가가 그 주식을 산다'는 뜻인데, 자기가 작전세력이나 내부자 정보를 이용하는 세력의 물량을 받아줘야 할 어떤 이유도 없다(자신만은 매도 물량을 받지 않아야 한다).

그러니 '고급 정보'를 얻기 힘든 일반투자자일수록 일상적으로 신문이나 뉴스에서 얻은 정보의 가치를 따질 수 있는 안목을 길러야 한다. 옥석을 가릴 안목을 키워야 하는데, 이것이 자신 없다면 대신 정확한 매매 시점을 잡는 일에라도 전력 투구해야 한다.

"가장 편한 것이 가장 좋은 것이다"라는 말이 있다. 보통 상품 가치를 평가할 때 이런 얘기를 하는데, 우리가 어떤 일을 할 때 요령껏 편하게 그것도 확실하게 하는 방법을 안다면 편한 것이 가장 좋을 수 있다. 주식투자도 편하게 해야 좋다.

 테마분석 기사와 기획 기사에 관심을 가져야

가장 쉽고 편하게 주식투자를 하려면 시야를 넓히고 경제지식을 키워야 한다. 이에 가장 좋은 방법이 '경제신문을 정독하는 일'이다. 특히 시장이 어떤 방향으로 흘러갈 것인가를 포착하는 일은 주식의 성패를 가른다. 제대로 하면 수익이 크게 나고 반대로 짚으면 손해 볼 확률이 커지니까. 문제를 푸는 길은 경제신문에 있다. '테마분석' 등 주제를 정해놓은 분석 기사

에 특별히 관심을 가져야 한다. 나도 가끔 기자들이 쓴 기획기사를 보고 놀란다. 증권회사 직원도 아닌데 어찌 이런 흐름을 알까 싶은 경우도 많다. 보유 주식만 쳐다보다가 대세를 놓치기 쉬운데 기자는 큰 흐름을 잘도 짚어낸다. 한 발짝 떨어져서 시장을 보는 기자는 시장 참여자보다 오히려 냉정하고 합리적인 기준으로 시장을 보기 때문이다. 남의 생각을 자기 것으로 만들고 싶다면 신문을 열심히 보고 의견을 존중해준다. 어떤 사건 발생이나 계약 체결, 사업자 선정 등과 같은 일시적 관심을 끄는 기사보다 시장의 테마를 분석한 내용을 자세히 읽어야 한다. 그래야 향후의 경기동향이나 산업 흐름을 알아차리고 주식투자에 대한 올바른 전략을 세울 수 있다.

신문의 이곳 저곳을 훑어보다가 '환율 급락, 우리 경제 어떻게 될까?' 라는 제목의 심층 분석 글을 보았다면 당신은 어떻게 생각했을까?

환율 문제가 우리 경제에 어떤 영향을 미칠 것인지 알아야 한다. 만약 환율이 급락하면 경기회복이 지연되고 상장 제조업의 영업이익이 축소되며 순이익도 아울러 줄어든다. 또 경제성장률도 하향으로 조정된다. 이때 전문적인 용어는 지나치더라도 줄거리를 찾아야 한다. 나라 걱정에 그치지 말고 주식투자자의 입장에서 어떻게 해석할 것인가를 생각해야 한다. 그것도 신문에서 찾아야 하는데 숨은 그림 찾기처럼 신문 구석구석에 숨어 있다.

수출 채산성이 악화되면 수출 관련주에 대한 투자를 피하고 경기와 무관하게 오를 수 있는 경기 방어주를 택해야 하며, 환율에 민감한 회사보다 환율 변동에도 버텨낼 수 있는 우량기업이 좋겠다는 생각을 할 수 있다면 적어도 70점 이상은 된다.

반대로 '경기바닥을 치고 경기호전 가능성 비쳐' 라는 제목의 글을 보았다고 해보자.

경기호전으로 인해 업황이 좋아지는 산업을 찾아야 하고, 그 속에서 경제성장의 혜택을 입는 실적호전 회사를 찾아야 한다. 테마분석 기사에서는 실적이 좋아지는 회사의 이름도 구체적으로 언급한다. 투자 관심대상을 결정하는 데도 테마분석이 요긴하다.

어떤 기사가 주식투자에 도움이 될까? 사례를 들겠다.

〔환율태풍 집중진단〕항공株 웃고 전자株 울상, 『중앙일보』 9월 2일(화)

환시장 '불안한 고요' 엔화 2대 변수 '주목해야', 『머니투데이』 9월 23일(화)

'환율 쇼크 수혜－피해주' 하루 천하, 『연합뉴스』 9월 24일(수)

亞 증시 G-7 회담 반응 지나쳤다, 『한국경제』 9월 24일(수)

1차 통화전쟁, 잠시 '휴식 중' 장기전 대비, 『이데일리』 9월 24일(수)

수출주 단기 하락폭 심했다, 『헤럴드경제』 9월 24일(수)

환율 장세, 단기 경기방어주－중기 경기민감주 유망, 『헤럴드경제』 9월 24일(수)

경기방어 및 低베타주 비중 확대, 보험 · 유틸리티 · 유무선통신 · 음식료업종 등 투자유망, 『서울경제』 9월 24일(수)

환율 급락해도 콜금리 인하 없을 듯, 『이데일리』 9월 24일(수)

한국 IT, 환율변화만 영향받는 것 아니다. 매수, 『한국경제』 9월 24일(수)

이와 같은 기사를 열심히 찾아서 읽어보면 하나의 문제로 일어날 수 있는 여러 상황을 다각도로 이해할 수 있고, 자신이 미처 깨닫지 못하는 생각들을 기사를 통해서 알 수 있다.

요즘 신문 기사에는 전날 급등락한 종목에 대한 분석기사가 많이 실리는데, 이들 종목 중에서 선두에 서서 장을 이끌어가는 선도종목이 자주 발견된다. 무심코 지나친 종목 중 최고의 주가 상승률을 기록한 경우도 가끔 있다. 최고의 수익률을 낼 수 있는 기회를 신문이 우리들에게 친절하게 알려주는 데도 워낙 많은 종목이 신문에 오르내리니 그걸 찾지 못하는 것이다.

전일 또는 최근 급등한 종목이 신문에 추천되었다면 그때부터 관심을 가져도 늦지 않다. 회사의 발전 가능성과 업황, 과거의 영업실적, 반기 또는 분기실적 비교 등 구체적으로 성장할 수 있는지 여부를 고민해보고, '이 상황에서 펀드매니저라면 어떤 생각을 할까', '내가 외국인 투자자라면 어떻게 할까' 하는 질문을 던져보는 습관을 들여 합리적인 실천방향을 세워야 한다. 그래야 자신의 일방적인 주장을 굽힐 수 있고, 다른 사람의 눈을 통해서 시장을 보게 된다. 신문을 통해서 전문가의 조언을 귀담아들으면 실패확률이 줄어든다.

 공시는 어떻게 활용하나?

 **정보를 빠르게 얻으려면 전자공시시스템을 활용해야**

신문의 증권란 맨 아래쪽에 보면 '거래소 공시', '코스닥 공시'라고 쓰인 것을 봤을 것이다. 주식투자자에게는 회사의 정보를 얻는 일이 무엇보다 중요한데 공시를 이용하는 것이 그 한 방법이다. 그런데 왜 증권란 맨 아래쪽에 있는지 모르겠다(정보를 제공한다는 점에서 독자들이 잘 볼 수 있는 곳에 배치

해야 할 것 같은데).

공시란 상장회사의 경영에 대한 중요 사항이 발생할 때 주주, 채권자, 소비자 등 기업 관계자들이 기업 가치를 정확하게 평가하고 진단할 수 있도록 해당 기업과 관련한 정보를 공개적으로 전달하는 제도다. 일반인들에게 회사 정보를 공개적으로 발표해 투자자의 피해를 줄이기 위해서 만든 것인데, 주식투자를 하려는 사람은 주식을 매수하기 전에 적어도 관심 있는 회사가 과거에 어떤 공시를 발표했는지 미리 알아보는 것이 좋다. 그래야 그 회사의 경영 방향과 발생한 사건 등을 이해할 수 있다.

하지만 신문의 공시를 보고 매매하는 것은 적절하지 않다. 신문에는 전날 나온 공시를 보도하기 때문에 시간적으로 조금 늦게(하루 정도) 보도되므로 그 공시를 보고 재료가 될 것 같다고 무턱대고 투자해서는 안 된다.

그렇다면 '주식투자자는 매일 수십 건씩 쏟아져나오는 공시를 다 알아야 하는가?', '재료에 따라서 주가가 움직인다면 재료성이 있는 공시를 빨리 알아야 하는데 실제로 그게 가능한가?' 와 같은 의문이 생길 수 있다. 답부터 말하면 첫 번째 의문에는 "공시에 너무 지나치게 집착할 필요는 없다"라고 말해줄 수 있다. 공시로 발표되어 나오는 얘기 중에 자신이 관심 있는 내용만 찾아보면 되는 것이지 공시를 모두 검색하는 것은 비효율적이다.

두 번째 의문의 답은 "감각 있는 투자자에게만 가능한 일이다"라고 말할 수 있다. 매매 타이밍이 중요한 주식거래에서 재료를 포함한 공시를 빨리 취득해야 하는데, 장중에 금융감독원의 전자공시시스템(http://dart.fss.or.kr)이나 증권거래소의 전자공시시스템(http://kind.kse.or.kr)에 접속해놓고 수시로 확인하는 것이 가장 좋은 방법이다. 물론 증권회사 사이트를 확인해도 좋지만 그것은 이들 전자공시시스템에서 자료를 받아 게시하므로 조금이라도 늦다고 봐야 한다.

전자공시시스템은 상장법인 등이 공시서류를 인터넷으로 제출하고, 투자자 등 이용자는 제출 즉시 인터넷을 통해 조회할 수 있도록 하는 종합적 기업공시시스템으로 공시된 내용을 더욱 빠르게 투자자에게 제공되도록 만든 것이다. 이런 시스템을 이용해서 재료 있는 공시를 낸 회사 주식에만 관심을 가지면서 단타를 노리는 데이트레이더가 따로 있다. 재료가 될 만한 공시가 발표되는 순간 주가는 급등했다가 다시 원점으로 돌아오는 경우가 많은데 이를 초치기로 따먹으려는 투자방법이다. 특별히 동물적(?) 감각이 있는 사람에게만 가능한 일이므로 매매에 자신이 없다면 공시를 매개로 추격 매수하는 행동은 자제해야 한다.

 ## 직접공시, 간접공시, 조회공시

공시에 대해 구체적으로 알아보자.

공시는 직접공시와 간접공시, 조회공시로 구분한다. 직접공시는 회사 부도, 합병, 주식배당 등 회사 존립이나 주가에 결정적인 영향을 미치는 사건이 발생할 때 하는 공시다. 간접공시는 사업목적의 변경이나 기술도입 계약, 자산재평가 등 회사의 경영환경에 큰 영향을 미치는 사건이 발생할 때 하는 공시다. 조회공시는 풍문이나 루머에 대해 증권거래소가 투자자들을 대신해서 확인을 요청하는 것으로 조회공시를 요구받은 기업은 요구받은 다음날까지 소문의 사실 여부를 공시해야 한다.

그러면 공시는 어떤 식으로 활용해야 할까?

유상증자나 무상증자의 일정, 배정비율 등 이미 확정된 회사의 사업내용을 다시 한번 정확하게 확인하고 싶을 때 공시를 활용하면 좋다. 자기가 보유한 종목의 회사가 공시를 내었는가 확인하면서 특별하게 주가에 영향을 미칠 내용이 있는지 검토하는 선에서 그치는 것이 좋다. 자금 악화와 같은 좋지 않은 내용이나 대주주의 주식 처분과 같은 내용이 실렸다면 일단 보유 주식을 처분하는 것이 낫다.

공시를 이용한 매매는 되도록 삼가는 것이 좋다. 공시 내용이 회사 이익에 어느 정도 영향을 미치는지 따져보고 나서 매매해도 늦지 않다. 왜냐하면 어느 날 재료가 될 만한 내용이 공시로 발표되었다고 하더라도 그 공시를 준비하기 위해서는 최소한 일주일 이상 회사측에서 준비했다고 봐야 한다. 그 기간에 내부 정보를 입수한 사람은 주식을 미리 사두거나 팔 수 있기 때문이다. 자신이 공시를 통해서 어떤 회사의 고급(?) 정보를 알았다면 제일 마지막으로 그 정보를 접했다고 생각해야 한다.

 신문의 시세표 보는 법은?

 **시세표**

그렇다면 경제신문을 어떻게 봐야 할까? 경기, 금리, 실적 등 경제의 전반적인 흐름 속에서 주식시장을 이해하는 방법은 2장에 소개해두었으니 마음 급한 사람은 책장을 빨리 넘겨 뒤에서부터 읽어보면 된다.

신문에는 주식 시세를 알려주는 시세표를 매일 싣는데 혹시 모르는 사람을 위해서 한마디. 시세표에는 전일의 주가변동을 모두 담고 있는데 그것을 훑어보는 사람은 시간이 많은 사람이다. 자신이 보유한 주식 가격을 알아보려면 증권회사 HTS에 접속하거나 인터넷 검색사이트에서 회사 이름을 눌러보거나(실시간이 아니므로 주의해야 한다. 거래된 시간보다 10분 이상 늦게 나온다) 휴대전화나 PDA로 수시로 확인할 수 있는데, 다음날 신문 시세표를 뒤적이는 사람은 정말 맘 편한 투자자다. 아예 주식을 묻어두고 오르면 팔겠다는 심산인 사람이다. 하루에도 같은 종목의 가격을 거래량과 함께 몇 번씩 확인하는 고객도 많다. 증권회사 입장에서는 귀찮은 일이지만 고객 서비스 차원에서 친절히 가르쳐주니 수시로 전화해서 문의하면 쉽게 알 수 있다.

하지만 시세표를 모르고 주가를 제대로 알 수 없다. 시세표로 시장 변화를 알고 주식 종목을 선택하는 도구로도 활용한다. 시세표를 통해 가장 많이 하락한 종목을 찾고 싶을 때 연중 최고가와 최저가, 52주 최고가와 최저가를 활용하면 편하다.

 **일반종목**

시세표가 어떻게 구성되어 있는지 상식이라 생각하고 알아두자.

시세표에는 거래소와 코스닥으로 크게 나뉘어 있지만 그 안을 들여다보면 거래소는 일반종목 · 증권투자회사부 · 부동산투자회사부 · ETF · 관리종목으로 구분되어 있고, 코스닥은 벤처종목 · 일반종목 · 증권투자회사부 · ETF · 투자유의종목 · 관리종목으로 되어 있다(2003년 9월 22일 기준). 종목 수만 보더라도 1,500개가 넘는다. 시가총액으로는 거래소가 315조 원, 코스닥이 40조 원쯤 된다. 시가총액은 상장된 주식을 시가로 모두 살 경우에 들어가는 비용이다.

일반종목은 말 그대로 거래소나 코스닥에서 보통 거래되는 종목이다. 코스닥에서는 벤처종목이 먼저 나온다. 일반종목과 벤처종목은 등록기준에서 차이가 있을 뿐이다. 눈으로 보기만 해도 어떤 것인지 알 수 있을 테니 생략하기로 한다. 우리가 잘 모르는 증권투자회사부, 부동산투자회사부, ETF, 관리종목, 투자유의종목 등에 대해서 알아보자.

 **증권투자회사부(뮤추얼펀드부)**

증권투자회사부는 뮤추얼펀드들이 편입되어 있다. 차라리 '뮤추얼펀드부'라고 하면 될 것을 굳이 한글로 표기하면서 혼동만 생겼다. 아무튼 뮤추얼펀드 중에서 자본금 8억 원 이상의 펀드는 거래소에, 그 미만인 펀드는 코스닥에 등록돼 있다. 그러니 증권투자회사부에 들어가 있는 것은 회사 이름이 아니라 펀드 이름이다.

2003년 9월 현재 거래소에는 한강기금, 코스닥에는 미래코리아1-MF · 굿라이프10-MF 등이 있다. 대부분 주당 5,000원으로 투자자를 모집하지만 무액면주인 경우도 많다. 한강기금과 미래코리아1-MF는 무액면주다. 이 펀드는 만기까지 환매되지 않는 폐쇄형 뮤추얼펀드인데, 주식시장에서 사고 팔 수 있도록 거래를 허용하기 위해 상장 또는 등록한 것이다.

뮤추얼펀드는 펀드의 '순자산가치(NAV)'로 평가한다. 순자산가치는 기업이 가지고 있는 재산을 모두 팔았을 경우 각 주주들에게 돌아갈 수 있는 돈의 액수를 말한다. 펀드의 순자산가치는 투자신탁협회에서 매주 발행하는 주간 「투자신탁가격정보」에 자세히 나와 있다. 이때 순자산가치와 시장

가치가 크게 차이가 난다면 저평가되었다고 봐야 한다.

한강기금을 예로 들겠다. '한강기금'은 원래 '한강구조조정기금(펀드)'이 바른 이름이고, 미국의 세계적 자산운용회사인 스커더켐퍼사가 운용하는 리스트럭처링펀드로 지난 1999년 12월 15일 국내 22개 금융기관이 출자해 만든 뮤추얼펀드다. 우리나라 외환위기 이후 국내 구조조정 추진 기업의 재무안정을 위해 조달한 재원인데 현재 1억 2,666만 주가 상장되어 있다. 1999년 한강기금의 공모가는 주당 122,242원이었다. 이후 2000년 3월 20분의 1로 주식분할을 단행, 1주의 금액을 5,526원으로 낮췄다. 한강기금은 국내 거래소 및 코스닥은 물론 비상장기업 중에서도 구조조정에 성공해 회생 가능한 기업의 주식과 회사채 전환사채 등에도 투자한다. 결산(3월) 때 배당금도 지급하는데 현금배당이지만 배당락이 있다.

2003년 9월 18일 현재 1,630원, 9월 14일 장내 공시된 '한강기금'의 주당 순자산가액은 2,623원이다. 매주 월요일에 펀드 주당 순자산가액이 공시되는데(공시를 확인해야 알 수 있다) 이 펀드가 만기되는 날, 즉 청산일인 2004년 9월 30일까지 주식을 보유할 경우 주당 순자산가치만큼 받을 수 있다는 뜻이다. 물론 창산일까지 이 펀드의 주당 순자산가액이 현재가치를 유지할 경우에 해당된다. 주당 순자산가액은 펀드가 투자한 내용에 따라서 변하므로 참고해야 한다. 주당 순자산가치와 현재 가격이 차이가 많이 날 경우 만기까지 보유할 생각으로 매수한다면 좋다. 만기가 남아 있다면 주가가 순자산가액보다 낮아야 하는 것이 정상인데 그 차이가 클 때, 즉 청산가치가 높을 때 매수해도 좋다는 뜻이다. 매매 차익을 노리고 매수했다면 수익을 내기 어렵다. 혹시 모르고 샀다 하더라도 시장에 즉시 되팔 수 있으니 걱정하지 않아도 된다.

'부동산 뮤추얼펀드' 또는 '리츠' 라고 말한다. 리츠는 'Real Estate Investment Trusts' 의 약자로 '부동산투자신탁' 이라는 뜻이다. 주식을 발행해 투자자로부터 자금을 모은 뒤 건물이나 백화점, 상가 등 수익형 부동산에 투자해 거둔 수익을 배당하는 펀드의 한 일종이다. 수익증권과 같은 개념인데 투자대상이 부동산일 뿐이다. 다만 상장시장에서 거래 가능한 주식 형태로 배당권과 지분 소유권을 갖는 것이 특징. 실제 성격이 조금 다르지만 부동산시장의 뮤추얼펀드로 인식하기도 한다.

만기는 3년 이상이 대부분이며 5년 정도 운영하고 만기 뒤엔 보유한 부동산을 매각 청산한 후 주주에게 매각 대금을 나눠준다. 일반인도 소액 자금으로 부동산에 간접투자할 수 있고 주식 형태로 거래되기 때문에 언제든지 투자자금을 회수할 수 있어 환금성을 높였지만, 주가 움직임이 거의 없고 거래량도 적다. 투자대상 물건에 대해 사전에 수익성을 충분히 검토한 뒤 투자하기 때문에 원리금을 보장받는 상품은 아니지만 비교적 안전하다.

리츠는 일반리츠와 CR(기업 구조조정 목적)리츠로 구분한다. 현재 국내에서 운영 중인 리츠는 교보메리츠 1호, 코크렙 1호, 크렙 2호, 리얼티코리아 1호, 케이원, 유레스, 코크렙 3호 등 7개. 모두 CR리츠다. 이 가운데 6개가 상장됐다. 구조조정 목적으로 내놓은 부동산에 투자하려는 펀드다.

CR리츠의 경우 보통 6개월 단위로 배당하는데 금리보다 훨씬 높은 배당수익률이 나온다.

6개월 단위로 배당하는 교보메리츠 1호의 경우 첫 번째와 두 번째 배당에서 각각 9.62%(연율 기준), 7.52%의 배당수익률을 기록했다. 코크렙 1호

구 분	회사 수	종목 수	상장주식 수 (천 주)	자본금 (백만 원)	시가총액 (백만 원)
일반	617	775	19,750,219	74,536,228	311,437,197
관리	64	81	1,845,266	5,596,691	3,355,834
뮤추얼펀드	1	1	126,660	700,025	206,455
REITs	6	6	91,400	456,999	467,384
합계	688	863	21,813,546	81,289,926	315,532,745
2002년 말	683	851	26,463,384	109,786,871	258,680,756
ETF	4	4	59,900	0	557,862

■ 거래소시장 시세표의 종목 구분 및 내용, 2003년 9월 증권거래소 ■

도 첫 번째 배당에서 10.25%의 수익을 냈다. 매입 방법은 공모에 참여하거나 시장에서 매수하면 된다. 공모에 참여할 때는 최소 50만 원으로 투자를 시작할 수 있다. 다만 CR리츠에 최초 출자한 사람은 지분을 매각하면 양도세를 내야 하는데, 일반 주식의 경우에는 지분율 3% 이상인 사람에게양도세가 부과된다.

리츠는 설립 형태에 따라 회사형과 신탁형으로 구분한다. 회사형은 뮤추얼펀드와 마찬가지로 주식을 발행해 투자자를 모으는 형태로 투자자에게 일정 기간 단위로 배당하며 증권시장에 상장해 주식을 사고 팔 수 있다. 신탁형은 수익증권을 발행해 투자자를 모으는 형태로 상장이 금지되어 있다. 주로 은행이나 제2금융권에서 판매한다.

 **ETF**

증권 용어에는 왜 그렇게 영어가 많은지 모르겠다. 먼저 ETF의 뜻부터 보자. 이는 상장지수펀드(ETF)라고 한다. 영어로 'Exchange Traded Fund'의 약자다. 이는 주가지수 움직임을 그대로 연동해 만든 펀드로 이 펀드에 투자하는 것은 주식시장 전체를 사는 것과 같은 효과를 가진다. ETF는 주가 상승기에 상승분만큼 수익을 고스란히 챙길 수 있고 직접투자에서 발생할 수 있는 리스크를 최소화한 펀드다. 거래소나 코스닥에 상장해 일반 주식처럼 거래된다. 주가지수(KOSPI200, KOSDAQ50)와 같이 움직이도록 만든 것이 ETF이고 이 펀드를 거래한다고 보면 된다.

거래소에서는 KODEX200이 대표적이며 KOSPI200과 유사하게 움직인다. 코스닥과 연계된 상품도 있는데 KOSDAQ50을 기준으로 한 'KODEXQ'가 있다. KOSFE50, KODEX50과 같은 펀드도 있지만 거래가 적으면 상장 폐지될 수 있다. 만약 종합주가지수가 상승할 것이라고 예상하는데 종목에 자신이 없고 선물에 대해 위험을 느끼는 투자자는 이 KODEX200을 사면 된다.

개별 주식에 투자하면 주식시장 전체 움직임에 따른 위험과 개별 종목이 지닌 위험까지 부담해야 하지만 KODEX200은 주식시장 전체 위험만 지면 되므로 종합주가지수에 강한(?) 사람에게 적합하다.

또 주식시장 전체에 투자하는 것과 똑같은 효과가 있으므로 소액투자를 통해서도 높은 위험분산 효과를 거둘 수 있다. 개별 주식을 팔 때는 증권거래세가 부과되지만 KODEX200을 팔 때는 거래세가 없는 장점도 있다. 또 실시간으로 거래되기 때문에 언제든지 원하는 가격으로 사고 팔 수 있다.

주식과 같이 신용거래도 가능하다.

 **관리종목**

관리종목에만 투자하려는 사람도 있다. 다른 종목에는 전혀 관심이 없고 '오직 관리로 승부한다'가 그들의 투자철학이다. 관리종목에 포함된 모든 회사의 경영방침과 재무상태 등도 완전히 파악하고 매일 각 회사에 전화를 걸어 동향을 물어본다. 하지만 몇 년 동안 관리종목에 투자한 결과는 어떠했을까? 원금의 10분의 1 정도밖에 남지 않았다. 관리종목은 그 회사가 어떤 점에서든 상장 요건에 부적합해 관리로 편입된 것이라 대체로 움직임이 부족하다. 하지만 이따금 특별하게 급등하면서 한탕 하려는 투자자의 마음을 흔들어놓아 그 맛(?) 때문에 계속 관리종목만 거래하게 만든다. 관리종목을 좋아하는 사람은 자신의 자금관리에 더 신경 써야 한다.

관리종목은 어떻게 구성될까? 관리종목에 포함된 회사는 영업정지나 부도 등이 발생한 회사가 대부분이다. 상장폐지 기준에 해당하면 증권거래소는 일반투자자에게 주의를 줘 투자에 참고하도록 하는데 이를 모아놓은 주식이 관리종목이다.

현재 관리대상 종목은 주로 부도 발생 등으로 인한 은행거래 정지, 회사정리 절차개시, 부정적인 감사의견 또는 영업활동 정지 등의 사유로 지정되고 있다. 또 거래량으로도 지정 사유가 발생하는데 현행 규정은 각 분기의 월 평균 거래량이 100억 원 미만 법인은 상장주식 수의 2%, 100억 원 이상 법인은 1% 이하일 경우 관리종목으로 지정되며, 이후 다음 분기에도 거래량이 미달하면 상장이 폐지된다. 관리대상 종목은 미수나 신용거래가 불가능하다.

　부도가 발생하면 관리종목으로 편입되는 것은 이해되는데 거래량이 모자라는 이유로 관리종목이 된다는 것은 조금 의아스럽다. 하지만 거래소에서는 시장에서 주식이 유통되지 않는 기업들은 "기업공개의 의미가 없고 상장 자격도 부족하며, 회사 사정에 따라 다르겠지만 주식의 환금성을 높일 대책을 세워야 한다"고 말하면서 주주를 보호할 책임이 회사에 있음을 강조한다.

　거래량이 자주 미달하는 기업들은 분기별 거래량 요건 기준일 직전에 대주주끼리 자전거래를 통해 관리종목 지정에서 벗어나기도 하고, 자사주신탁을 만들어 거래량을 늘리는 방법을 쓰기도 한다.

 ## 투자유의종목

　투자유의종목에 속한 회사는 대체로 퇴출대상 회사들이다. 감사의견 부적절 및 의견거절, 연간 2회 불성실공시, 사업·반기·분기 보고서 미제출 등이 투자유의종목 편입 사유가 된다. 또한 재무상태는 건전하더라도 주식분산기준 미달 사유가 1년간 계속되거나 월 거래량이 1,000주 미만인 상태가 6개월간 계속되는 경우에도 지정받는다. 지정 사유를 해소할 경우 곧바로 일반종목으로 편입될 수 있다.

 ## 감리종목

　관리종목과 발음이 비슷해 혼동하기 쉽다. 감리종목은 주가가 단기간에

급등해 일반투자자의 주의가 필요하다고 판단될 때 지정해 주의를 요하는 주식이다. 증권거래소에서 지정하는데, 상승기간·상승률 및 전체 시황 등을 감안해 최근 6일간 주가 상승폭이 가격제한폭(상한가) 5배를 초과하거나 최근 12일간의 주가 상승폭이 가격제한폭의 8배를 넘어서는 상태가 3일간 지속될 경우 감리종목으로 지정한다. 단, 이들 종목 중에서 마지막 3일째 되는 날의 종가가 최근 30일 동안 최고치에 미달하는 주식들은 감리종목에서 제외된다.

그리고 주가 상승폭이 동종업종지수 또는 종합주가지수 상승폭의 1.5배 미만인 경우에는 감리종목으로 지정되지 않는다. 감리종목은 감리지정일 이후 최근 6일간의 주가 상승일 수가 2일 이하이고, 6일째 되는 날의 종가가 전일 종가 이하이면 지정이 해제된다. 또한 감리종목으로 지정되면 신용거래 종목에서 제외되며 매수 주문시 위탁증거금이 현금 100%가 된다.

 상장폐지가 되면 어떻게 되나?

 **증권매매 자격이 박탈되어 환금성이 없어진다**

상장폐지는 '관리종목 편입 → 상장폐지 유예기간 지정 → 상장심사위원회 심의 → 정리매매 → 상장폐지'의 순서로 결정한다. 이는 상장법인이 상장폐지를 신청할 수도 있으나 대부분은 상장폐지 기준에 해당하는 등의 이유로 증권거래소가 증권관리위원회의 승인을 얻어 증권시장에서 매매 자격을 박탈한다. 상장폐지 조치는 사업보고서 또는 반기보고서 미제출, 3년

계속 감사의견 부적정 또는 의견거절, 회사정리 절차 개시, 어음 또는 수표 부도, 최근 3년간 자본 잠식, 기타 거래소가 필요하다고 인정하는 경우 등 기준에 따라 행해진다. 회사가 자진해서 상장폐지를 하면 일반 주주를 대상으로 주식을 공개 매수해야 한다. 그래야 주주들의 불만을 해소할 수 있다. 외국인 투자자가 최대 주주인 회사에서 가끔 발생한다.

상장이 폐지되면 회사와 그 회사의 주식을 보유한 투자자에게 어떤 변화가 올까? 우선 회사 입장에서는 시장을 통한 자본 조달이 불가능해진다. 그러나 상장 회사가 지켜야 할 규정이나 규제에서 벗어날 수 있다. 일반 주주 입장에서 보면 주식이 현재 가격보다 다소 높게 공개 매수됨으로써 크게 손해 보지 않지만, 과거 높은 가격에 매수한 투자자들은 손해를 보더라도 매도할 수밖에 없게 된다.

최종 부도시의 상장폐지 사례

서통, 광덕물산, 휴닉스, 건영 등 4개 종목이 다음달 2일 상장 폐지된다.

증권거래소는 18일 서통은 최종 부도 발생과 회사정리절차 개시 신청으로, 나머지 3개 종목은 주가 요건 미달로 각각 상장 폐지된다고 밝혔다. 이들 종목은 오는 23일부터 다음달 1일까지 정리 매매가 이뤄진다.

『헤럴드경제』 2003년 9월 19일

증권사 HTS 10배 활용하기

 차트를 활용해 매수 타이밍을 잡는 방법은?

 **차트에 너무 의존하지 말아야**

차트에 모든 것을 의존하는 투자방법은 실력과 경험이 부족한 초보투자자가 실패하기 쉽다. 그러나 차트로 주가 역사를 파악해보면 향후 진행방향을 예측할 수 있고, 매수·매도의 적당한 가격을 결정하는 데 도움이 되기 때문에 무시하고 넘어갈 수는 없다.

또한 차트를 이용하면 더 세밀한 매매가 가능하다. 먼저 가장 기초적인 내용을 공부해보자. 차트만으로 주가 흐름을 정확히 예측할 수 있다면 차트에 전적으로 의존하면 되겠지만, 한 차트를 보고 투자자들이 서로 다르게 매매하는 것을 보면 분명 같은 그림을 보는 이에 따라 다르게 해석하고 있다는 것을 알 수 있다.

"차트가 왜 틀려요?", "차트는 올라가는 모양인데 왜 떨어져요?"와 같은 질문은 우문에 불과하다. 차트가 좋아서 올라가는 것이 아니라 상승할 만한 이유가 있으니까 주가가 올라감으로써 차트 모양이 오르는 형상으로 만들어지는 것이다.

일에도 선후가 있듯 주식이 먼저고 차트가 이를 반영한다. 이 사실을 정확히 기억한다면 다시는 "차트 모양이 좋은데 왜 주가가 하락하지?"라는 바보 같은 질문은 하지 않게 된다.

 매매 타이밍 잡는 도구

앞의 질문 내용은 "주식이 좋아야 차트가 좋아진다." "주식에 문제가 있어 차트가 망가진다"로 표현해야 맞다. 그러나 투자하는 사람은 차트를 이용할 수 있는, 역으로 차트를 통해 주식의 좋음과 나쁨을 판단할 수 있다. 차트가 주식을 만드는 것이 아니라 차트로 주식을 판단하면 그만이다. "주가가 차트에 영향을 미친다"가 맞다.

차트는 매매 시점을 잡아내는 데 도움이 되는 도구다. 다시 말하면 '도구'일 뿐이다. 그렇다고 차트를 무시해도 좋다는 말이 아니다. 차트로 주식을 판단하는 것의 한계를 말하는 것이다. 주가가 차트를 만든다.

인터넷을 검색하다 보면 여러 사이버 고수들과 만나게 된다. 그들은 대부분 급등하는 차트 모양의 종목을 추천한다. 물론 차트 분석에 경험이 많은 고수들이기 때문에 잘(?) 골라내기도 한다. 그러나 이들이 주로 말하는 종목을 찾아보면 '보기 좋은 차트', '급등하는 차트', '대박 종목' 등으로 '모양 좋은 차트'를 찾아내서 추천하는 방법을 쓴다.

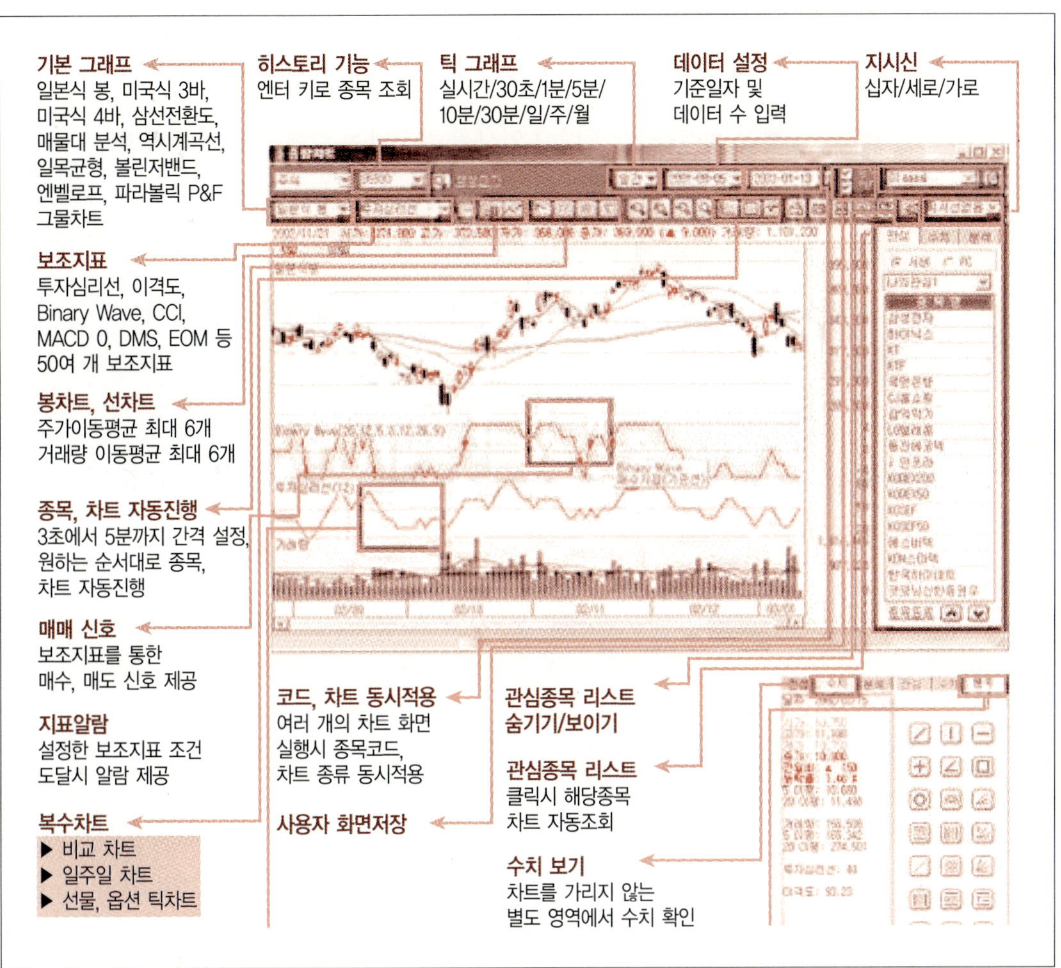

■ HTS의 한 차트 화면, http://www.etrade.co.kr ■

Check Point

증권회사에서 제공하는 차트는 아주 복잡하다. 잘 알고 활용하면 모든 기능이 다 도움이 되지만 짧은 시간 안에 터득하기가 힘들다. 물론 모든 기능을 다 알더라도 주식매매를 잘할 수 있는 것은 아니므로 걱정하지 않아도 된다. 이용자 자신이 원하는 기능만 익혀서 정확하게 자기 것으로 만드는 일이 더 중요하다. 시간이 날 때마다 각각의 기능이 갖는 특성을 익히되 여러 차례 검증을 통해서 차트가 나타내는 의미를 파악해야 한다.

이른바 우리와 같은 차트 초보자(?)에게는 매매하기 힘든 종목이 많다. 차트 모양만으로 추천한 종목을 따라서 매매하는 것은 올바른 방법이 아니다. 특히 모양 좋은 차트를 좇아 매매 의사를 결정하는 일에는 결코 동의할 수 없다. 실제 경험을 한 사람이면 다 안다. 그렇게 회사 내용도 잘 모르고 주가 상승의 이유도 모른 채 막연히 '급등한다' 고 추천하는 종목을 매수했다가 큰 손실을 보았을 것이기 때문이다. 관심은 가지되 함부로 따라해서는 안 된다.

차트 모양을 검색해서 급등하는 주식을 찾기보다 자기가 사고 싶은 종목을 매매하는 데 차트를 이용해 적절한 가격을 찾아내는 것으로도 충분하고 실질적인 도움을 우리에게 준다.

차트는 매매 시점을 결정하는 도구로만 활용해야 재미있다. 차트는 필요한 도구이지만 주식투자의 모든 것은 아니다.

 일봉, 이동평균선, 거래량

주식을 하면서 가장 많이 활용하는 자료는 일봉과 이동평균선, 그리고 거래량이다.

고수들 중에는 "일봉과 이동평균선, 그리고 거래량만으로 주가를 판단한다"라고 얘기하는 사람들이 많다. '설마 그럴까?' 라는 의문이 생길 수 있지만, 어느 정도 차트에 익숙한 사람이라면 '일봉' 과 '이동평균선' , 그리고 '거래량' 이 차트의 기본요소라는 사실을 알 수 있어, 왜 고수들이 그런 말을 하는지 쉽게 이해하게 된다.

고수들은 "차트 해석의 기본에 충실해 차트를 잘 해석할 수 있고, 그 기준을 잘 지킨다"는 말을 그렇게 달리 표현한 것이다. '기본에 충실한 차트 활용'을 통한 주가 판단 능력이 스스로 뛰어나다고 넌지시 자랑하는 말투다. 그들은 매일 주가 움직임을 열심히 관찰하고 이동평균선 변화와 거래량 증감을 민감하게(다른 사람보다 훨씬 빨리 예민하게) 찾아내 매매에 활용한다. 그러니 당연히 수익이 높아진다(상승하려는 주식을 빨리 찾아내니 수익이 높아질 수밖에).

주가 판단에 영향을 미치는 다른 기준을 무시한다는 뜻이 아니다. 주가 변화의 기본 요소들을 머릿속에 꿰차고 매매 결정을 차트 변화에 많이 의존한다는 말이다.

고수일수록 주식의 변화를 감지하는 능력이 뛰어나다. 그 활용 기술이 일반투자자들과 큰 차이가 나 아무리 가르쳐주고 알려줘도 일반투자자들은 잘 습득하기 어렵다.

하나의 그림을 보고 사람들이 느끼는 감성이 다 다른 것처럼 차트를 보는 관점도 서로 다르다. 차트를 잘 활용하려면 경험과 훈련이 필요하지만 개인적인 감각 차이를 무시할 수는 없다. 스스로 판단해 동물적(?) 예지능력이 있다고 자신하면 차트를 더 열심히 공부해도 좋지만 그렇지 못할 때는 기본만 따라하는 것이 더 나을 수 있다.

이에 대해 또 하나의 의문이 생긴다. 고수들은 일봉과 이동평균선만으로 주가를 판단한다면 다른 보조지표를 전혀 활용하지 않는 것일까?

생각해보라. 우리가 접할 수 있는 보조지표는 활용하라고 있는 것이지 썩히라고 있는 것이 아니다. 증권회사에서 제공하는 보조지표는 수십 종인데 누군가 필요하다고 요구했으니 있는 것이지 아무도 활용하지 않는데 일부러 복잡하게 만들진 않았을 것이다.

다만 자료에 따라서 신뢰할 수 있는 정도가 다르고, 실제 제대로 활용하지 못하는 것뿐이다. 수많은 선배들이 최고의 매매 타이밍을 찾아내기 위한 방법을 찾기 위해서 만든 지표다.

내가 『알기 쉬운 주가차트』라는 책을 내면서 보조지표의 원리와 활용방법을 자세히 설명했지만 현실적으로 직접 활용하는 지표는 한정되어 있다. 나의 경험으로 봐 거짓 신호가 적게 발생하고, 자신의 의사결정을 쉽게 도와주는 보조지표가 좋다.

우리에게 제공되는 보조지표가 너무 많아 다 검증해보지는 못했다. 고수들의 강의를 들어보면 나름대로 이유가 있고 활용도도 높은 것 같지만 막상 자신이 실전에서 활용하려면 힘이 든다. 그러니 검증하려다 오히려 손실을 볼 우려가 있어 자꾸 피하게 되고 믿음이 가는 보조지표만 자꾸 쓰게 된다. 주식 박사가 되기 위해 여러 가지 보조지표를 다 알기를 원한다 하더라도 잠시 보류하고(확실하게 자신이 매매 의사를 정확하게 결정할 수 있을 만큼 능숙하게 활용할 때까지) 연습에서만 활용하기를 권하다. 자신이 매수해야 할 주식이라면 신뢰할 수 있는 보조지표를 확실하게 사용하는 것이 낫다. "책에 쓰여 있는 대로 매수했는데, 왜 주가가 하락하느냐?"고 항의해보았자 귀담아들어 주는 사람은 아무도 없다.

똑같은 차트를 보는 데도 사람마다 다르게 해석을 하니 차트 분석에도 분명 급수가 있긴 있나 보다. 그렇다고 기죽을 필요는 없다. 가장 간단한 기준 몇 가지만 확실하게 사용하면 대충 알아서 혼동하는 것보다 훨씬 효과적이니 말이다.

봉으로 판단하는 방법

봉차트의 기원은 17세기 일본의 미두거래상 혼마가 미두시장에서 쌀의 시세 변화를 기록하기 위해 개발한 그래프인데, 1970년 이후 서양에 전해져서 캔들 차트라는 이름으로 많은 연구가 이뤄져왔다. 각종 차트 중에서 가장 폭넓은 분석이론이 있으며 가장 기본이 되는 차트다.

봉차트를 캔들 차트(candle chart)라고도 하며 봉은 막대, 캔들은 양초란 뜻인데, 막대나 양초 모양처럼 그렸다고 해서 그러한 이름이 붙었다.

봉에는 양봉과 음봉이 있는데 양봉은 붉은색으로, 음봉은 푸른색으로 그린다. 봉 하나를 보면 주가가 하루에 어떻게 움직였는지 알 수 있다. 봉을 보고 시가·저가·고가·종가를 알 수 있어야 한다.

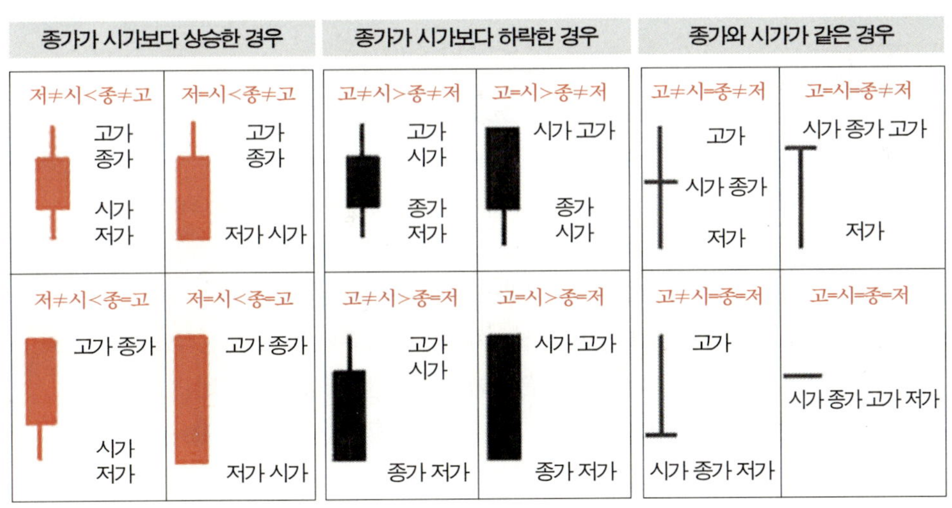

■ 일봉이 그려지는 원리 ■

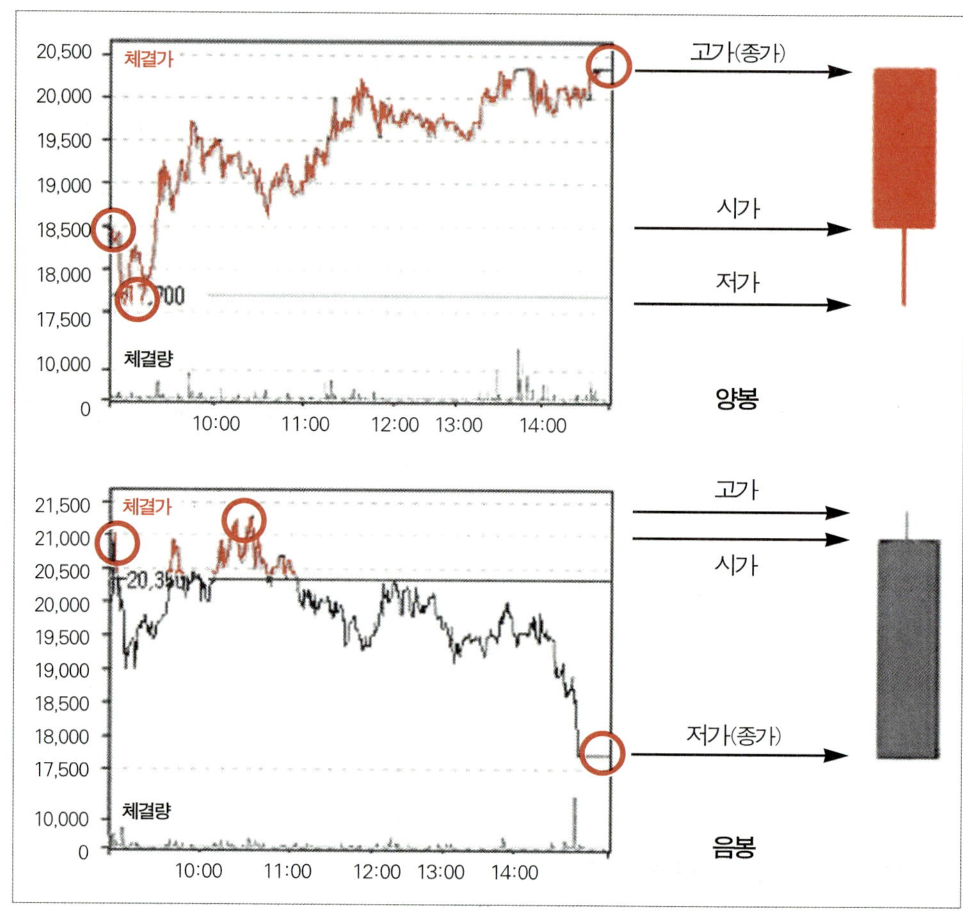

■ 일일 주가의 변화로 일봉이 만들어지는 사례. 대한방직. 2003년 9월 8일~9일 ■

Check Point 하루의 주가가 강세였는지 약세였는지를 판단하는 데 일봉을 본다. 봉 하나로 하루의 주가가 어떻게 움직였는지를 추측할 수 있어야 한다. 위 그림은 주가의 일일 변동과정이다. 그것을 단순화해 오른쪽 그림 봉 하나에 담은 것이 봉차트다. 일봉을 모아놓은 차트에는 봉 하나만이 표시되므로 봉 모습을 보고 그 날의 움직임을 추측해낼 수 있다. 양봉은 시초가보다 높게 종가가 형성될 경우를 말하며 붉은색으로 표시한다. 음봉은 시초가보다 낮게 종가가 형성될 경우를 말하며 푸른색으로 표시하는데 붉은색과

푸른색은 당일 주가의 상승 또는 하락과 무관하므로 혼동하지 말아야 한다. 종종 붉은색을 그 날의 종가가 상승한 것으로, 푸른색을 종가가 하락한 것으로 잘못 인식한 사람을 많이 보게 된다. 봉의 의미는 당일 시작할 때와 끝날 때의 매수와 매도의 힘을 표기한 것이므로 붉은색은 매수 강도가 점차 강해짐을, 푸른색은 매도 강도가 점차 강해지고 있다고 해석해야 맞다. 정확히 하루의 주가 등락을 알 수는 없어도 어느 가격에서 올랐는지 어느 가격에서 하락했는지 봉을 보고 의사결정에 활용하면 된다.

그런데 차트는 봉 하나로 표기되지 않고 일봉을 줄줄이 묶어서 나타낸다. 주로 8/12/24주 등으로 묶어서 일봉을 표기하는데, 왜 그럴까? 봉 하나로는 당일 주가의 힘을 알 수 있다고 했는데 그것으로 주가 예측을 하는 데 충분히 할 수 있는 거 아닌가? 일봉을 서로 연결해 차트를 만들어 활용하는 이유가 무엇일까? 그것은 주가의 추세를 알기 위해서다.

추세를 트렌드(trend)라고도 하는데 당일 주가의 힘을 아는 것만으론 향후 주가의 방향을 점치기 어렵다. 따라서 그 동안 주가가 흘러온 역사를 한데 묶어서 현재까지의 주가 흐름을 한눈에 쉽게 보도록 하고, 앞으로 주가가 어떻게 움직일까 편리하게 추측해내기 위함이다.

중기적인 관점에서는 24주 차트를 활용하는 것이 좋지만 단기적인 움직임을 볼 때는 8주 차트를 봐도 상관없다. 단기일수록 일봉의 움직임을 예민하게 관찰할 수 있어서 세밀한 판단이 필요할 때는 24/12/8/1주, 전일＋당일 등과 같이 점차 기간을 축소해가면서 관찰하도록 한다.

그런 방법이 시간이 걸린다고 하는 사람이면 일봉을 어느 정도 볼 줄 아는 사람이니 나름대로 필요하다고 하는 차트만 선별해서 보면 된다.

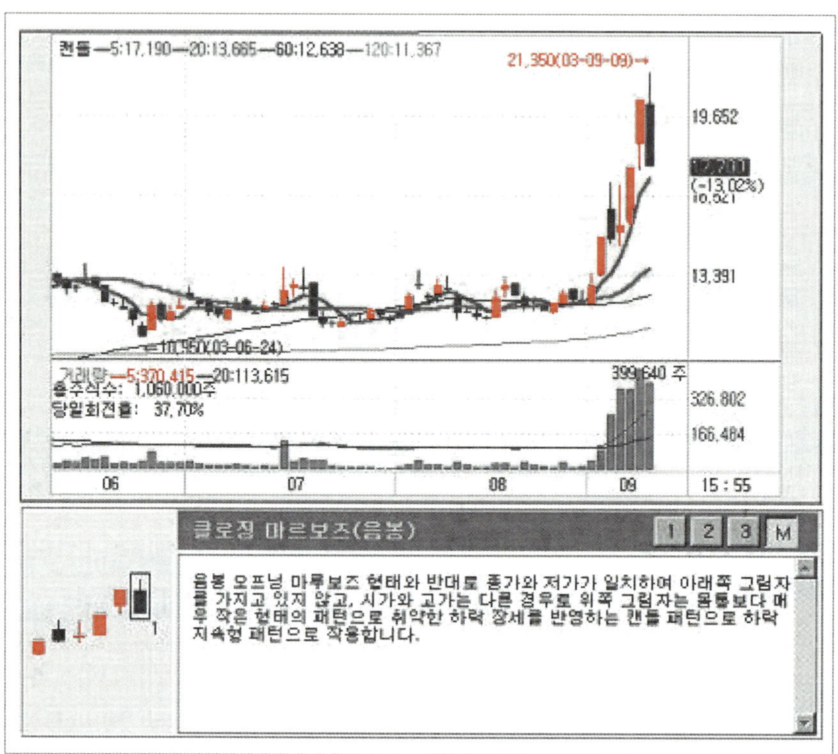

■ 한 일봉차트에 대한 해설, 네이버 ■

Check Point 인터넷 검색사이트에서 차트를 활용하는 방법을 간단히 소개하겠다. 투자자 입장에서는 증권전문 사이트보다 검색사이트를 사용하는 방법이 훨씬 편하다. 자신이 찾고자 하는 회사 이름을 먼저 통합 검색란에 입력한 뒤, 다음 화면에서 그 회사의 '종목진단'이나 '차트'를 누르면 여러 자료를 쉽게 찾을 수 있다. 여기에서 제공하는 정보는 '회사에 대한 종합정보', '시세정보', '종목뉴스', '공시정보', '외국인 투자자 매매', '증권사 리포트', '종목입체 차트', '기업일정', '기업개요', '재무분석', '종목진단' 등이다. 각 항목별로 일자별로 모아놓았으므로 빠짐없이 쉽게 찾을 수 있다(단, 종목진단은 유료 서비스다). 그 가운데 '종목입체 차트'를 검색하면 일봉차트가 나온다. 화면 아래쪽에는 일봉의 모습에 대한 해설이 있다. 일봉을 며칠 동안의 모습과 연결해 그 의미를 교과서적으로 해석한 것인데, 초보투자자에게는 아주 유용한 정보다. 특히 추세 전환되는 시점을 찾아내는 데 상당히 긴요하게 활용할 수 있다. 애매모호하다고 생각하면 한번 더 검색해 자신의 판단과 비교해 의사결정을 하면 된다. 자신의 생각과 일봉의 해설이 비슷하다면 매매에 자신감을 얻을 수 있고, 반대라면 자신의 생각과 다른 이유가 무엇인지 되돌아볼 수 있기 때문이다.

추세가 변하는 시점을 간파하기 위해 일봉을 몇 개씩 묶어서 판단하는 방법이 주로 쓰인다. 먼 과거보다 최근 주가의 움직임이 더 중요하기 때문인데, 일봉을 묶어서 그 의미가 '상승 전환', '하락 전환'이라는 뜻을 가진 단어가 나타날 때만 매매에 가담하면 매우 도움이 된다.

일봉의 묶음을 보고 어떻게 그 의미를 알 수 있을까? 수없이 많은 상황이 펼쳐질 수 있으므로 모두 머리에 넣고 활용하기는 힘들다. 경험으로 익히기에는 시간도 많이 걸리니 천천히 배워가야 한다. 일봉의 모양에 따라 현재 위치가 어떤 상황인지 분석해주는 곳도 있으니 참조하면 편리하게 사용할 수 있다.

샛별형 상승반전형(Mornig Star)

긴 음선 이후 갭을 두고 작은 몸통이 발생한 후, 두 번째와 겹치지 않고 처음의 음선 영역 내에서 움직인 양선으로 구성된다. 두 번째 몸통은 양선이든 음선이든 상관이 없다. 이 형태는 하나의 봉으로 치환하면 해머형과 같다.

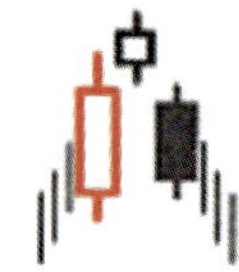

석별형 하락반전형(Evening Star)

긴 양선 이후 갭을 두고 작은 몸통이 발생한 후, 두 번째와 겹치지 않고 처음의 양선 영역 내에서 움직인 음선으로 구성된다. 두 번째 몸통은 양선이든 음선이든 상관이 없다. 이 형태는 하나의 봉으로 치환하면 유성형과 같다.

상승반전형(Bullish Doji Star)

전일의 긴 음선 이후 도지(Doji)가 발생하는 것으로서 조만간 상승전환할 것이라는 예고다.

하락반전형(Bearish Doji Star)

전일의 긴 양선 이후 도지가 발생하는 것으로서 조만간 하락전환할 것이라는 예고다.

십자샛별형 상승반전형(Mornig Doji Star)

샛별형 상승반전형의 특별한 경우로서 작은 몸통이 도지로 형성된 경우다. 해머형과 같은 의미다.

십자석별형 하락반전형(Evening Doji Star)

석별형 하락반전형의 특별한 경우로서 작은 몸통이 도지로 형성된 경우다. 유성형과 같은 의미다.

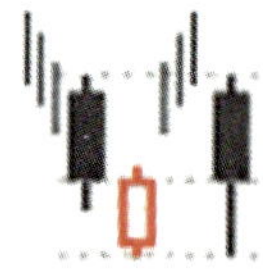

상승반격형(상승반전형/상승접선형)(Bullish Counter Attack Line)

첫 번째 음선의 종가와 두 번째 양선의 종가가 일치하는 경우를 말한다. 각각의 몸통은 길어야 하며, 관통형보다 의미가 약하다.

하락반격형(하락반전형/하락접선형)(Bearish Counter Attack Line)

첫 번째 양선의 종가와 두 번째 음선의 종가가 일치하는 경우를 말한다. 각각의 몸통은 길어야 하며, 흑운형보다 의미가 약하다.

■ 봉차트의 기본이 되는 전환형 패턴 유형, LG투자증권 ■

 ## 이동평균선으로 매매 시점 포착

　이동평균선은 봉 이상으로 중요하다. 이동평균선은 차트 분석의 기본이 되는데 이를 이해했다면 차트의 반 이상을 이해한 셈이다.

　이동평균이란 일정 기간 주가의 평균가격을 뜻한다. 구하는 방식에 따라서 단순이동평균, 누적이동평균, 기하이동평균, 가중이동평균, 지수이동평균 등이 있다. 보통 차트에서는 기본적으로 단순이동평균을 사용하고, MACD 등 기술적 지표의 공식에서는 지수이동평균을 사용한다. 이동평균선은 대부분 3/5/10/20/120/200일 등을 사용하는데, 이동평균의 값을 자신이 직접 입력해 그릴 수도 있다. 35일선을 그리기도 하고, 9/26/33/65일선을 그리는 사람도 있다(일목균형표에서 주로 사용하는 수치다).

　이때 본인이 직접 계산해서 그려넣는 것은 아니고 컴퓨터가 알아서 계산해주니 투자자 취향대로 편리하게 만들 수 있으나 원리는 다 같은 것이므로, 어떤 것이 투자에 도움이 된다고 딱 부러지게 말하기는 힘들다. 각자 나름대로 연습과 경험에서 선택한 것이니만큼 그 어느 것도 좋다. 주가를 일정 기간 합산해 날짜로 나눈 평균값이므로 다 의미가 있다고 하겠다. 평균가격, 즉 이동평균선 위에 주가가 있다면 그 기간에 주식을 산 사람은 대부분 이익을 보았다는 의미이며 이동평균선 아래에 주가가 있다면 그 기간에 주식을 산 사람은 대부분 손해를 보고 있다는 의미로 해석할 줄 알면 기본은 된 것이다. 이익을 보았다면 주가 상승에 대한 기대가 점점 커져 매물이 나오지 않게 될 것이고, 손해를 보았다면 주가 하락에 대한 우려가 점점 커져 주식을 팔고 싶어하는 사람이 시간이 갈수록 많아질 것이라고 해석하면 된다.

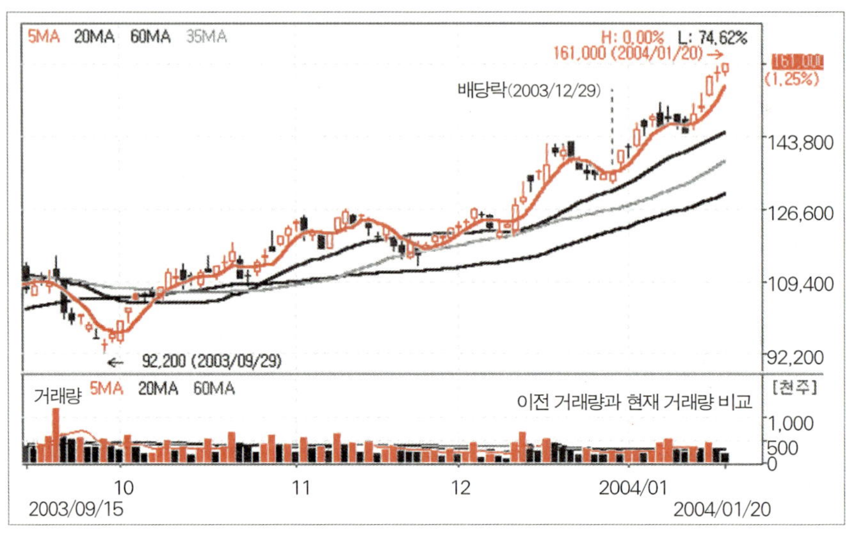

■ 정배열되면서 상승하는 주가, 삼성 SDI ■

Check Point

이동평균선으로 상승 주식을 판단하는 것은 바람직하지 않다. 관심 있는 종목이 상승하고 있는 주식인가를 판단할 때 사용한다.

이동평균선이 모였다가 확산되는 모양을 그릴 때 상승하는 종목이다. 상승폭이 커지면 이동평균선의 간격이 커지는데 주가의 상승 정도가 단기이동평균선에는 많이 반영되고 장기이동평균선에는 적게 반영되기 때문이다(이해가 가지 않는다면 직접 계산해보라. 한 달 내내 가격이 같았다고 할 때 오늘 상한가를 쳤다면 5일선에는 1/5이, 20일선에는 1/20이 반영되기 때문에 장기이동평균선이 천천히 움직이게 된다. 그래도 모르겠다면 곰곰이 생각해봐 이동평균선의 원리를 이해해보도록 한다).

전문가는 "입을 모았다가 벌리는 종목이 급등한다"라고 하는데, 더 정확하게 말하면 "입을 모으고 있던 주식이 급등하면서 입을 벌린다"가 맞다. 그래서 이동평균선이 서로 모여 있다가 점점 벌어지고 있는 종목은 매수해도 좋다.

따라서 상승할 수 있는 이동평균선의 모양은 주가가 이동평균선 위에 놓여 있고 장기간 주식을 가지고 있었던 사람보다 최근에 주식을 산 사람의 평균가격이 높으면 주가 상승의 기대가 커지고 있다는 표시인데, 이렇게 될 때 주가 〉 단기이동평균선 〉 장기이동평균선의 형태가 된다. 이를 "정배열되었다"고 말한다.

반대로 하락할 수 있는 이동평균선의 모양은 주가가 이동평균선 아래에 놓여 있고 장기간 주식을 가지고 있던 사람보다 최근에 주식을 산 사람의 평균가격이 낮으면 하락에 대한 두려움이 커지고 있다는 표시인데, 이렇게 될 때 주가 〈 단기이동평균선 〈 장기이동평균선의 형태가 된다. 이를 "역배열되었다"고 말한다.

이런 원리를 이용해 매수 타이밍을 잡을 수 있다. 주가는 상승하면 지속 상승하는 속성이 있으므로 상승하는 주식을 찾는 방법으로 정배열되어가는 종목을 찾으면 된다.

이동평균선만으로도 그 종목의 '줄기를 잡는 일'이 가능하다. 상승하는지 하락하는 종목인지를 판단할 때 이동평균선을 주로 본다. 이동평균선을 보고 매매 의사를 결정하는 방법은 '후행성' 논란이 있긴 하지만 차트 분석의 기본이므로 공부에 시간을 들인다고 해도 낭비는 아니다. 처음 투자하는 사람은 이동평균선 매매 방법 전부를 따라하기 어렵다. 조금 안다고 주가 판단을 교과서적인 내용에 맞추려 하면 낭패를 맛볼 수 있으니 주의할 일이다. 이동평균선에서의 매매 신호는 여러 방법이 있지만 가장 요긴한 방법 한 가지만이라도 자기 것으로 만들어 매매 기준으로 삼으면 도움이 된다.

이동평균선으로 판단할 수 있는 매매 신호는 다양하다. 그러나 수많은 매매 방법을 전부 머리에 넣어두었더라도 실전에서는 잘 기억나지 않아 경험으로 터득해야 제대로 활용할 수 있으니 열심히 연구하고 실전연습을 해야 한다. 장중에 이동평균선을 보고 주가를 판단하려고 하면, 현재의 위치가 어떤 상황인지 알기 어렵다. 올라갈 것인지 떨어질 것인지 분명하다면 한쪽으로만 매매가 집중되어 급등하거나 급락하게 되겠지만 애매한 모습이 나타나므로 사실 매수·매도 판단이 쉽지 않다.

'단기적인 매매' 보다 '줄기'를 찾는 데 이동평균선을 이용하면 틀릴 확률이 적다. 5일선은 5일의 주가 평균, 20일선은 20일의 주가 평균이라는 점을 감안하면 적어도 5일 이상의 주가 움직임을 알기 위한 지표임을 잊지 말아야 한다. 하루의 주가를 예측하는 도구가 아님을 다시 강조한다.

또 차트를 참조하려면 장중에 하지 말아야 한다. 매매 실수를 채 생각하지도 못하고 차트에 따라 즉흥적으로 실천해서인데, 주가가 이리저리 움직이는 걸 보면 오히려 혼란스러워져 판단이 더욱 흐려진다. 그러니 주가의 '줄기'를 판단하기 위해 이동평균선을 검토한다면 장이 종료된 후에 해야 한다. 시세에 영향을 받지 않고 편안한 마음으로 판단해야 냉정하게 주가가 어느 위치에 와 있는지를 알게 된다.

 **MACD**

봉차트와 이동평균선차트를 더욱 잘 판단하기 위해서 똑똑한 선배들이 고안해낸 것이 보조지표다. 차트로 매매 신호를 쉽게 알아낼 수 있는 좋은 방법이 없을까 궁리 끝에 만든 작품들이다. 어떻게 해도 판단이 서지 않을 때 의사결정을 편히 하도록 도와준다고 해서 보조지표라 한다. 현실에서는 우리에게 소개된 보조지표가 너무 많아서 무엇을 어떻게 활용해야 하는지

조차 모를 때가 많다.

하지만 보조지표라고 해서 특별히 다른 내용으로 만든 것은 없다. 만든 원리를 보면 주가, 이동평균선, 거래량을 조합하고 가공해 선으로 주가 흐름을 표기한 것이다.

사실 차트의 기본을 정확히 알면 보조지표가 필요 없다. 하지만 투자자는 인간이기 때문에 차트를 잘못 판단해 실수할 수 있다. 또 혼자서 매매하기 때문에 누군가가 조언을 해준다면 더 잘할 수 있다. 그때 보조지표가 빛을 발한다. 더욱 완벽한 매매 시점을 찾고, 자신의 생각을 보조지표의 신호로 확신할 수 있기 때문이다. 생각을 검증하는 차원에서 보조지표를 활용하면 별탈 없이 도움을 받을 수 있다. 어떤 사람은 보조지표만으로 투자 시기를 결정하기도 하는데 이따금 속임수가 발생하므로 주의할 일이다.

그리고 무슨 일이든 주객이 전도되면 화를 부른다. 보조는 영원한 보조일 뿐이다. 보조지표 중 가장 대표적인 것이 MACD다. MACD는 'Moving Average Convergence and Divergence'의 축약어다. 해석하면 '이동평균의 수렴과 확산'이다. 미국의 제럴드 애플(Gerald Appel)이 개발했는데, 이 지표는 두 개의 이동평균선의 괴리도가 가장 큰 시점을 찾아내므로 이동평균이 갖는 후행성을 극복하려는 의도에서 만들어졌다. 원리는 이동평균선의 간격이 많이 벌어지면 다시 줄어드는데 그때가 최적의 매매 시점이라는 것이다.

맞는 얘기다. 한번 차트를 놓고 분석해보자. 주가가 하락하기 시작하면 벌어졌던 이동평균선 사이의 간격이 점차 줄어들고, 상승하기 시작하면 줄어들었던 이동평균선의 간격이 다시 벌어지는데, 그 '간격의 변화' 시점을 잡아내려고 할 때 MACD를 이용하면 많은 도움이 된다.

MACD는 기본적으로 두 가지 선, 즉 단기와 장기 지수이동평균선의 차이인 MACD선과 MACD선 자체의 지수이동평균선인 시그널선으로 구성된다. 개발자인 애플은 단기와 장기를 12일과 26일을 기준으로 설정하고 시그널선은 9일 지수이동평균선을 설정했다.

MACD는 추세 변화나 방향을 잡는 데 이용하면 좋다. MACD는 이른바 '가는 종목'인지 '안 가는 종목'인지를 구별하려고 할 때 정확하게 알려준다. 선택한 종목이 상승 추세에 있는지를 검증해보고 싶을 때 MACD를 보면 된다. MACD는 횡보하는 시장이나 보합국면보다 추세시장에서 더욱 효과적이다.

MACD를 이용한 기본적인 전략은 MACD가 시그널선을 상향 교차하는 순간 매수하고, 시그널선을 하향 교차하는 순간 매도하는 것이다. MACD선과 시그널선과의 교차시점을 추세 전환의 시발점으로 본다. 그런데 매수는 한 템포 느려도 추세가 전환되는 국면이라면 별 문제가 없지만, 매도는 MACD를 이용하는 방법을 사용하면 추세 전환이 하락으로 전환된 이후에

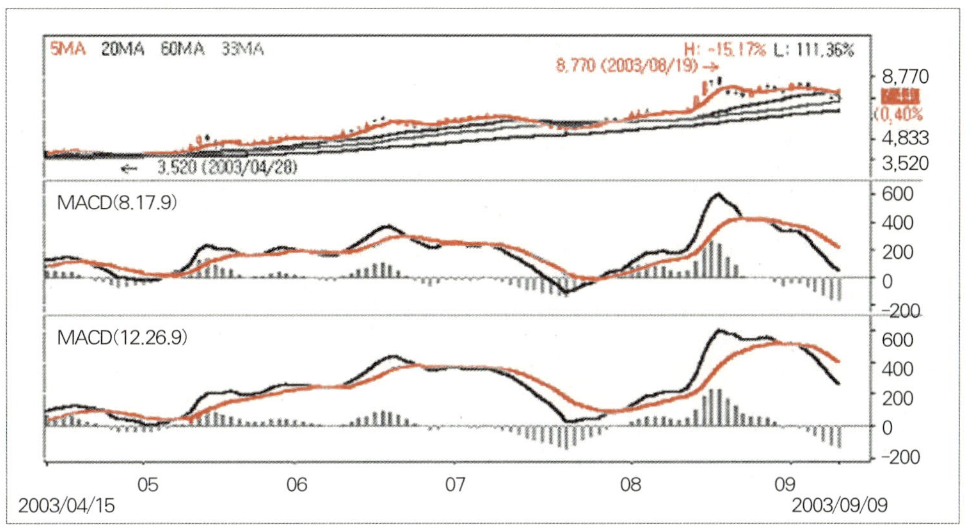

■ MACD를 이용한 매수 시점 포착 사례, 한화석화 ■

Check Point

MACD를 이용할 때 유의사항 MACD 곡선과 시그널곡선은 이동평균하는 기간에 따라 수치가 달라지므로 매수·매도 시점 또한 달라질 수밖에 없다. 만약 기간을 짧게 잡는다면 MACD와 시그널선의 교차가 빈번해 속임수가 발생할 확률이 점점 커지는 반면, 기간을 길게 잡으면 MACD와 시그널선의 교차 빈도수가 줄어들지만 정확도는 높아진다. 따라서 투자대상이나 기간 및 투자금액의 성격을 고려해 기간에 차이를 두는 것이 좋다. 보통은 12/26일선을 기준으로 시그널선을 9일로 설정해 활용하는데, 매수 시점을 더욱 빨리 알려면 8/17일선을 기준으로 시그널선을 9일로 바꾸어서 활용할 수 있다. 사용하는 사람에 따라 가장 적절한 기준으로 바꿀 수 있는데, 자신이 없다면 그대로 사용해도 무방하다.

신호가 발생하기 때문에 다소 늦다. MACD를 이용해 매도 시점을 잡는 방법은 권하고 싶지 않다.

볼린저밴드

볼린저밴드라고 들어본 사람이 있는지 모르겠다. 요즘은 신문에서도 주가의 추가상승 여부를 얘기할 때 볼린저밴드를 자주 거론한다. 볼린저밴드는 가격만을 놓고 판단하는 보조지표로서, 매수·매도 시점을 정확히 알려주는 데 기관투자가나 펀드매니저들이 주로 활용한다.

우리도 사용하면 도움이 되지 않을까?

존 볼린저라는 사람이 주가의 움직임을 예측할 방법을 찾다가 과거의 주가를 기준으로 향후 주가가 움직일 범위를 정할 수 있다고 판단해 볼린저밴드를 만들었다. 이것이 만들어진 원리는 이동평균선(추세중심선)에 일정한 표준편차를 더하거나 빼 상·하한밴드를 만들어서 주가의 움직임에 따라 밴드도 같이 움직이게끔 했는데, 주가에 따라 밴드도 변하여 활동적인 모습을 가진다. 주가가 위로 움직일 수 있는 범위를 '상한밴드', 아래로 움직일 수 있는 범위를 '하한밴드'라 하고, 주가가 밴드를 거의 벗어나지 않고 그 안에서 움직이도록 할 수만 있다면 현재의 주가가 높은지 낮은지를 알 수 있을 거라는 요구에 부응하기도 하는 지표다.

밴드는 통계학에서 사용하는 표준편차를 이용하여 만들었는데 원리는 몰라도 상관없다(정확하게 이해하는 사람은 거의 없으니 신경 쓰지 않아도 된다. 관심 있는 사람은 별도로 공부하면 되겠지만, 주식에 몰두하다 보면 알았던 원리도 금방 잊어버린다).

그래도 궁금한 사람을 위해서 몇 마디. 표준편차는 평균에서 얼마나 흩어져 있는가를 수치로 표현한 것이다. '표준편차가 클수록 평균으로부터 많이 떨어져 흩어져 있다'고 볼 수 있다.

만약 어떤 주식의 표준편차가 작으면 평균적인 거래가격에서 크게 벗어나지 않고 있다는 뜻으로 현재 변동성이 낮아 향후에 변동성이 커질 확률이 높은 상황이라고 볼 수 있다. 또 표준편차가 크면 주가가 위아래로 크게 움직여서 이후 주가가 안정되었을 때 변동성이 낮아질 가능성이 높은 상황으로 예측할 수 있다는 것이다. 이렇듯 볼린저밴드는 주가의 변동 가능성을 기준으로 그려진다.

볼린저밴드는 크게 상한선, 하한선, 추세중심선으로 구성된다. 추세중심선은 이동평균선을 활용하며 여기에 일정한 표준편차를 더하거나 빼 상·하한밴드를 만들어 주가의 변동에 따라 밴드도 함께 움직이도록 만들었다. 일반적으로 표준편차에 2를 곱하여 사용한다. 그 이유는 2×표준편차 내에서 주가가 움직일 확률이 95.4%이기 때문이다. 그래서 큰 변화 요인이 없다면 주가는 밴드 내에서 움직이는 경우가 일반적이다. 주가가 밴드를 벗어나 움직인다는 것은 주가 추세에 어떤 변화가 발생했다는 것을 의미한다. 볼린저밴드는 밴드 내에서 주가가 움직일 확률이 95.44%가 되도록 상·하한밴드를 인위적으로 계산하여 만들어 밴드 안에서 주가가 움직일 확률이 95.44%가 되므로 투자자는 이를 그대로 실전에 활용해도 무리가 없다. 만약 투자자가 볼린저밴드의 상한밴드에서 매도하였다면 그 매도 가격은 꼭지점이 될 확률이 95.44%란 의미다.

그렇다면 "밴드를 벗어나면 꼭지점에서 매수·매도한 게 아닌가?"라는 의문이 드는데, 당연히 4.56%는 상한밴드 밖으로 더 상승·하락할 수도 있다는 점을 염두에 둬야 한다. 과거의 움직임으로 미래의 주가를 판단하기 힘들지만 그 범위를 벗어나는 확률도 적다. 특별히 상승 또는 하락의 기운이 센 종목의 주가는 밴드를 이탈하게 된다. 밴드 밖으로 강하게 이탈하는 주식은 급등주 또는 급락주가 되는데 이는 평범한 주식이 아니라 특별한(?) 4.56%의 주식에 해당한다.

"왜 주가가 밴드를 이탈하느냐"라는 물음은 우문에 불과하다. 주가는 예측불허다. 그러니 밴드를 이탈하는 주식이 보이면 "주가가 이상하게 움직이네", "어, 이 주식 상승 힘이 센데"라고 생각하면 그만이다. 차트를 보고 '주식의 힘이 세다', '그렇지 못하다'라는 것만 제대로 알아도 큰 소득이다.

상승과 하락에 관계 없이 밴드를 이탈하는 주식이 가장 힘이 세다. 이런 원리를 기본으로 '밴드 위로 이탈했던 종목이 조정을 받으면 다시 상승할 수 있으며, 밴드 아래로 이탈했던 종목이 반등하면 다시 하락할 수 있다'고 판단할 수 있다면 볼린저밴드를 다 이해한 것이다.

물론 볼린저밴드라고 해서 완벽한 신호를 주지는 않는다. 예를 들어 "밴드 상단이 고점이라고 하면서도 밴드를 이탈하면 힘이 강하다"라는 말은 다소 모순이다. 그래서 밴드의 유형을 보고 그 각각의 상황에 따라 밴드 상한선이 매도 시기이자 매수 시기가 되기도 한다.

"오래 엎드려 있던 새는 반드시 높이 날 수 있다(伏久者 飛必高)." 볼린저밴드를 잘 연구하면 이렇게 오래 엎드려 있는 주식이 올라가기 위해 몸을 움직이기 시작하는 시점을 포착할 수 있다. 주가가 엎드려 있을 때는 밴드의 폭이 좁고 길게 나타나며, 주가가 움직이기 시작할 때는 밴드의 폭이 넓어지면서 위아래로 커져 의사결정을 명확하게 하는 데 많은 도움이 된다.

또한 밴드의 폭이 좁아져 있는 상태에서 점점 커지는(이는 주가 움직임의 변동폭이 커지고 있다는 것을 말해준다. 그러니 상승 추세에서는 힘도 강해지고 있다는 것을 알 수 있다) 형태를 띨 때 '밴드의 이탈에도 매수할 수 있다'라고 해석해야 한다.

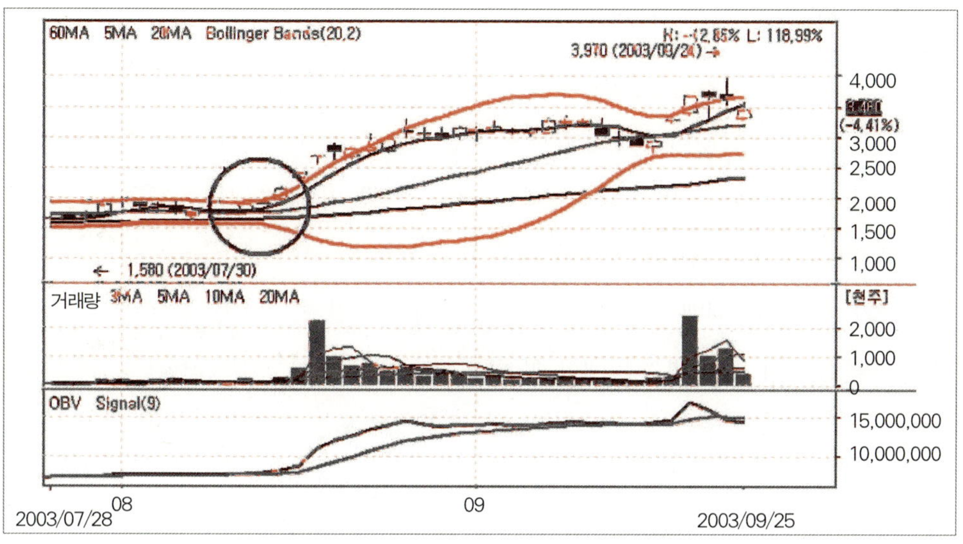

■ 볼린저밴드를 이용한 매수 시점 포착, 현대통신 ■

Check Point

볼린저밴드를 통해 본 급등의 과정을 익혀두면 매매하는 데 도움이 된다.

1. 밴드의 폭이 좁아지면 향후 주가의 변화가 올 것이라고 예상한다.

2. 밴드 폭이 좁아졌다가 다시 넓어지면서 상향으로 전환할 때 매수한다. 이때 주가가 추세중심선 위에서 형성되는지 여부를 살펴야 한다.

3. 추세중심선 근처에서 매수하지 못했다면 주가가 양선을 만들면서 밴드 밖으로 이탈할 때 추격매수한다.

4. 주가가 밴드 밖에서 움직이면 지속 상승할 가능성이 높다. 하지만 일정 부분 이익이 난 상태이기 때문에 밴드 안으로 진입하는지 여부를 주시해야 한다.

5. 주가가 밴드 밖에서 움직이면서 상승하면 매도 시기를 늦춰서 수익률을 극대화한다.

그리고 횡보하던 주식이 상승하면서 볼린저밴드의 상단으로 이탈하는 종목을 두고 밴드를 이탈할 것인가 하지 않을 것인가를 두고 고민할 수도 있다. 이런 상황에 부딪히면 주가의 밴드 이탈 여부를 따지기 전에 먼저 중심선이 상향으로 돌아서면서 중심선 위에서 상승하는가에 관심을 가지면 밴드를 상향 이탈하기 전에도 주식을 매수할 수 있다.

지표가 나타내는 매매 신호를 확인한 후 매매를 하면 언제나 늦기 때문에 지표를 보면서 '나름대로의 예상'이 필요하다. 차트를 보고 같은 생각을 하는 사람이 많다면 주가가 한쪽 방향으로 움직이게 되는데, 이럴 때 남들보다 한 발짝 앞서 생각하고 행동해야 그만큼 수익을 크게 만들 수 있다. 물론 예상이 틀렸을 때는 그만큼 손해도 감수해야 한다. 따라서 볼린저밴드를 이용해 매수하려면 추세중심선과 밴드의 폭이 상향으로 넓어지면서 밴드를 처음 이탈했다가 다시 추세중심선 위에서 상승하는 종목을 매수 대상으로 삼는다.

볼린저밴드의 계산
■ 상한밴드 = 추세중심선 + (승수 × 표준편차)
■ 하한밴드 = 추세중심선 + (승수 × 표준편차)
■ 추세중심선 = n일 이동평균선

볼린저밴드를 이용해여 매수하는 방법
■ 밴드의 추세중심선이 상향으로 돌아서고, 밴드가 좁아진 상태에서 점점 넓어지는 시점
■ 주가가 좁은(이 의미가 중요하다) 밴드를 상향 이탈하여 양선을 만드는 시점

주식 이렇게 매수하자

 어떤 종목을 골라야 하나?

 **가격보다는 수익률**

주식은 단순하게 표현된다. 종목명과 가격이다.

"얼마짜리"라고 말한다. 무슨 옷도 아닌데 "비싸다", "싸다"라는 말들이 많다. 그 가격이 비싼지 싼지 알기도 어려운데 "주식이 얼마다"라고 말하며 "아, 비싸네" 하는 식이다. 즉, "50만 원이 넘는 삼성전자가 너무 비싸다"고 말들 한다. "내가 사고 싶은 것은 삼성전자인데, 내 주머니 사정으로는 어쩔 수 없이 6만 원대의 LG전자를 살 수밖에 없다"고 말하는 투자자가 많다.

그런데 여의치 않아 한 단계 낮은 가격을 사려고 마음먹어도 막상 주문을 내려면 성에 차지 않는다. 주당 6만 원도 비싸다는 느낌이다.

투자자들은 몇백 주 사지 못하면 주식을 산 기분이 나지 않는다. 1천만 원을 투자한다고 가정해보면 6만 원짜리 160주 정도밖에 살 수 없으니 말이다.

일반적으로 개인투자자들은 돈의 규모보다 보유할 주식 수량에 더 관심을 가진다. 그래서 보통 액면가 5,000원 미만의 주식에 관심이 많다. 1,000원에서 2,000원 정도가 가장 인기다. 심지어 1,000원 미만의 주식도 아주 잘 산다.

하지만 주식 보유 수보다 자기 자산의 전체 규모에 신경을 써야 한다. 주식투자는 수익률 게임이다. 주식 수량 늘리기 게임이 아니다.

예를 들어, 삼성전자와 NHN과 같이 비싼 종목을 없는 살림에 사라는 말은 아니지만 가격의 높고 낮음을 묻지 않고 등락이 큰 종목, 정확히 말하면 상승률이 큰 종목을 사는 것이 안전하다. 가격이 비싸기만 하고 잘 움직이지 않는 종목은 수수료 챙기기도 바쁘다. 비싼 주식이라고 해서 모두 안정적이지 않다. 떨어질 때는 가격 하락에 비해 하락률이 적으므로 손해가 적겠지만 시장이 상승할 때 상승률이 다른 종목보다 낮으면 괜한 소외감을 느끼게 된다.

주식의 종목을 고르기 전에 주식 가격에 대한 고정관념을 버리라는 뜻으로 말한 것이다. "싸거나 비싸거나 크게 상승할 수 있는 종목이 좋다"는 생각을 하라는 뜻이다. 비싸서 잘 움직이지 않는 우량주를 매수해놓고 목 빠져라 기다리는 것보다 시장에서 좀더 빨리 움직이는 종목이 무엇인가 찾아서 가격과 상관없이 매수해야 한다.

주식을 연구하다 보면 자기가 매수할 수 있는 여력은 정해져 있는데 사고 싶은 종목이 여럿일 수 있다. 보통 '갈등 생긴다'고 한다. 뭘 사야 하나 고민이다. 이걸 사면 저게 오를 거 같고, 저걸 사면 이게 오를 것 같다. 언제나 선택의 갈등에 놓인다. 선택하는 과정에서 우리의 인생이 만들어지듯 주식시장에서도 마찬가지다. 그렇지만 관심 종목 모두를 매수할 수는 없다. 그러면서도 매수하지 못한 것에 대해 애석하게 여긴다. 사지 못한 종목이 급등하면 아쉽기만 하다. '내가 저 종목에 몽땅 투자하려고 했는데' 하면서 말이다. 사지 못한 주식이 올랐으니 '기회비용'이 들어간 셈이다. 놓친 고기가 더 커보이듯 자꾸 그 종목에 시선이 간다. 그런 일이야 수없이 많으니 마음을 비워야 한다. 이때는 두 가지 생각이 필요하다.

"그래, 나한테 운이 없던 거야. 다음엔 잘되겠지."

"그래, 나는 아직 실력이 모자라. 좀더 실력을 키우면 잘될 거야. 여기까지 왔는데 조금만 더 잘하면 할 수 있겠는걸" 하면서 말이다.

 ## 미인 찾기, 유행 타는 테마주에 관심

시장의 줄기를 찾기 위해서 시장이 움직일 때 '가장 빨리 반응하는 테마'를 아는 것이 중요하다. 어차피 관심 종목 모두를 다 매수할 수 없으니 여기에는 선택의 기술이 필요하다.

관심종목 중에서 미인을 골라내는 일은 테마를 알아야 가능하다. 종목을 줄여나가는 과정에서 조금이라도 맘에 내키지 않으면 제쳐두고 확실한 것을 뽑아야 한다. 수익률 높고 안전한 종목에 집중투자하기 위해서다. 더 솔직히 말하면 자기 마음에 드는 종목(누가 아무리 뭐라 해도 의사결정권자는 자신이다)으로 걸러내는 일이다. 이런 과정은 아주 중요하다. 순간의 차이로 수익률이 왔다갔다한다.

어떻게 해야 하나? 먼저, 나름의 기준을 만드는 것이 필요하다. 일이 복잡할수록 단순하게 생각하고 행동해야 해결이 난다. 주식의 복잡한 여러 조건을 간단하게 정리해야 한다. 선택 과정은 간단명료해야 한다. 그래서 기준을 만드는 일을 먼저 하면 정리가 쉽다.

'매수 대상의 조건은 이렇다' 라고 기준을 정했다면, 그 기준에 합당할 때까지 주식을 매수하지 않는 전략을 펴는 것이 제일이다. 기준이 틀릴 수 있지만 모두 책에서 배우고 경험을 통해 얻은 것이므로 그럴 가능성은 별로 없다. 잘못된 것이 있다라면 그 기준을 지키지 못하는 사람의 마음 이다.

■ 누구를 내 짝으로 고를까 ■

안 될 주식은 과감히 버려라

아직 기준을 마련하지 못한 투자자들을 위해서 사례를 들어보겠다.

안 될 주식은 버려라. 즉 앞으로 유행할 테마가 아닌 종목은 일단 관심 밖으로 제쳐둔다.

"주식은 유행이다"라는 말이 있다. 미니스커트가 유행할 때는 긴 바지보다 미니스커트를 입은 사람이 관심을 끈다. 주식투자에서도 유행을 탈 줄 알아야 민첩하게 행동할 수 있다.

"지피지기(知彼知己)면 백전백승(百戰百勝)이다"라는 말을 마음에 담아둬야 한다. 주관적인 관점에서가 아니라 '시장의 흐름이 어디로 가고 있나?'에 관심을 가지라는 뜻이다. 그러려면 다른 사람의 관심사를 먼저 분석해야 한다. 유행은 곧 다른 사람의 관심사다. 개인투자자의 관심 대상이 될 수 있고, 기관투자가나 외국인 투자자의 관심 대상이 될 수 있다. 관심을 가지는 주체가 어떤 존재이냐가 중요한 것이 아니라 주축이 되는 시장 참여자가 어디에 관심을 가지냐에 따라 유행이 달라지므로 거래가 집중되는 종목을 찾아야 한다.

예를 들어 "개인이 너무 많이 사서 불안하다", "기관이 사니 곧바로 매도하지 않을까?"라는 식의 생각은 버리는 것이 좋다. '누구?'라는 질문보다 누가 되든 주식시장에 있는 어떤 참여자라도 '관심을 가지고 있느냐, 아니냐'가 고민의 주제가 돼야 한다. '관심거리'는 곧 '유행'이 되고, 그 종목에 여러 설명을 달면 '테마'가 된다.

사람들에게 인기가 있다고 해서 모두 우량한 회사는 아니다. 하지만 테마가 형성되면 투자자의 주목 대상이 된다. 한 종목이 오르면 같은 테마의 다른 종목도 덩달아 오른다. 주가 움직임이 커야 수익도 커질 수 있기 때문에 '시장 테마주'에 편승하는 것이 수익률을 안정적으로 확보하는 지름길이다.

주식을 사놓고 일년이고 이년이고 묻어놓을 계획이 아니라면 거래가 많은 인기 있는 종목에 물리는 것이 차라리 회복이 빠르다. 시장에서의 인기는 주가의 힘을 말한다.

예를 들어 어느 신문에, '2003년 하반기 주식시장의 테마는 TV, D램, 인터넷이 될 전망이다. 그 중점 테마로는 PDP 등 대형 TV를 중심으로 한 TV 르네상스, DRAM 경기 회복 모멘텀, 인터넷 대표업체들의 급속한 이익개선 등이다'라는 기사(『머니투데이』 2003년 6월 30일)를 보았다고 하자.

이런 기사를 보고 나서 어떻게 대처해야 할까? 먼저 전체 시장의 테마에서 벗어나는 업종을 제외한다. 이는 자신이 생각해야 할 범위를 줄이는 일이다. 가뜩이나 복잡한 주식시장에서 관심 밖의 종목까지 고민하고 있어서는 안 된다. 테마 종목을 생각하는 것도 벅찬데, 다른 부분까지 신경 쓸 겨를이 없다. 다음에 시장을 주도할 업종이 TV와 반도체, 인터넷이라니까 일단 그 사실을 믿어본다. 앞으로의 일은 누구라도 알 수 없으므로 더 머리를 굴려 생각할 필요는 없다. 어차피 예측이 현실로 실현될 확률은 반반이므로 '가능성이 있다'고 하는 쪽에 서야 한다. 테마로 나타날 가능성이 없는 건설, 금융, 제지 등의 업종은 미뤄놓고 테마를 형성할 가능성이 높은 업종에만 관심을 가진다. '당분간 매매도 그 안에서 하리라'고 마음먹는다. 기사가 될 때는 최근의 테마만을 예측해서 알려주는 것이 아니라 애널리스트들은 테마 관련 종목도 추천한다. 그들은 여러 종목 중에서 시장을 주도할 차기 종목으로 다음, NHN, 네오위즈와 IT하드웨어 중 LG마이크론, KEC,

DVR, LCD	아이디스, 코디콤, 우주통신, 파인디앤씨, 레이젠, 금호전기, 태산엘시디, 우영, 서울반도체, 테크노쎄미켐, 오성엘에스티
유기발광소자(EL)/LED	삼성SDI, LG전자, 피케이엘, 한양이엔지, 케이씨텍, 서울반도체
게임	엔씨소프트, 한빛소프트, 액토즈소프트, 위자드소프트, 소프트맥스, 이오리스, 타프시스템
VDSL	다산네트웍스, 하나로통신, 텔슨정보통신
단말기부품	인탑스, KH바텍, 유일전자, 한국트로닉스
엔터테인먼트	CJ엔터테인먼트, 플래너스, 대원씨앤에이, 에스엠, 예당, 지나월드, 영실업
무선랜서비스	파인디지털, 썬텍
무선인터넷	지어소프트, 필링크, 야호, 옴니텔, 다음, NHN, 네오위즈, 옥션
전자화폐 제조	DN스마텍, 케이비티, 씨엔씨엔터, 하이스마텍, 이니시스
금융구조조정	국민은행, 신한지주, 하나은행, 삼성증권, 대신증권, LG투자증권, 삼성화재
공기청정기 관련	웅진코웨이, 크린앤사이언, 위닉스, 3S

■ 테마를 형성할 수 있는 산업과 관련 종목 ■

삼성전자, LG전자 등을 추천했는데, 이것을 주축으로 관심 종목을 고르되 테마와 관련해서 수익이 좋아질 회사는 어디인지도 아울러 찾는 것이 종목을 고르는 최선의 방법이다. 큰 줄기가 움직일 때 1등과 그 다음 타자를 미리 물색해둔다면 언제라도 기회는 찾아온다. "테마별로 움직인다"는 말이 여기에서 나온다. 적어도 경기에 영향을 줄 만큼 호전되는 업종이 무엇인지를 파악하고, 그 테두리 안에 있는 종목은 무엇인지 알아둬야 한다.

'LCD 관련종목', 'PDP 관련종목', '반도체 관련종목', '게임 관련종목', '홈쇼핑 관련종목', 'VDSL 관련종목' 등을 예로 들 수 있는데, 그 안에서 가장 우량한 회사를 선택하면 된다. 이때 주가가 싼 것보다 실질적으로 수익과 연결돼 이익을 창출하는 회사를 눈여겨봐야 한다. 그것이 자신 없다면 믿을 만한 애널리스트가 작성한 리포트를 분석해본다. 그들은 대표종목을 선발하는 데는 선수들이다.

 ## 애널리스트를 신뢰하면 주식이 보인다

애널리스트는 일반적으로 우리나라 경기 움직임과 맞물려서 가장 민감하게 반응할 업종을 파악하고 그것에 맞춰 테마를 선정한 후 그 가운데서 경쟁력 있는 기업을 추천한다. 시간이 지나고 보면 대체로 추천한 종목이 시장을 주도했다는 것을 알 수 있다. 애널리스트의 실력을 인정하고, 그 지식을 빌리면 된다(미덥지 않으면 관심을 가지지 않게 되니 한번 속는 셈치고 따라해보자).

신문에는 애널리스트의 테마별 추천종목에 대한 시장 적응력과 예상 실적을 분석한 결과만을 싣기 때문에 투자자가 스스로 분석하지 않아도 큰 실수를 하지 않게 된다. 투자자 입장에서는 선택하려는 종목의 주가가 싼지 비싼지, 어느 정도 조정을 받았는지, 만약 상승한다면 어느 정도 상승할 것인지 예측하는 일만 하면 된다. 하긴 이런 작업만으로도 정신적으론 꽤 바쁘다. 그래도 선택을 좁혀서 거론된 테마 내에서 종목을 선택하고 그 매매 타이밍을 잡는 일만 해도 부담은 덜하다. 남의 지식을 빌리는 일이긴 하지만 테마를 좇아서 종목을 결정하는 일이 신뢰도가 높다. 물론 최고의 수익률이 난다는 뜻은 아니지만 시장의 맥을 짚어내는 데 요긴하다.

이렇게 선택한 종목을 꾸준히 검토해 타이밍을 잡으면 된다. 미리 준비하고 기다리다가 주가가 움직일 때 매수하는 것과 오르는 주가를 갑자기 매수하는 것에는 질적으로 차이가 난다. 주가를 지속적으로 봐야 매수에 자신감이 생긴다. 또 그래야 확신 매매를 하게 돼 주가가 잠시 출렁거려도 참고 기다릴 수 있다.

어느 한 고수는 "매일 모든 종목을 다 검색해야 한다. 그러고 나서 그 중 가장 맘에 드는 종목을 선택하라"고 말한다. 실제로 고수가 되기 위해서 따라해본 경험이 있는 투자자도 많을 것이다. 모든 종목을 검색해보면 전체적인 시장 흐름을 이해하는 데는 도움이 될지 모르지만, 마음에 드는 종목을 찾기 위해 모든 종목을 검색하는 것은 시간이 너무 든다. 보통 2~3시간 걸린다.

또 마음에 드는 종목을 찾아 투자해도 수익을 전혀 내지 못하는 경우가 많다. 어딘가 방법에 문제가 있다는 것이다. 찾는 방법은 옳을 수 있으나 찾는 사람의 실력이 부족할 수 있기 때문이다. 공부하는 시간을 늘리면 성적이 올라가는 것은 당연하나 차트 하나만을 보고 1천 개가 넘는 종목에서 옥석을 가리는 일은 어지간히 훈련된 사람에게도 무리다. 전문적으로 주식투자를 직업으로 하는 사람이나 시간이 남는 사람이면 전체 종목 검색을 한 번 해봐도 좋다. 그렇지 못하고 일에 바쁜 사람은 남의 지식을 적절히 빌려 써야 한다. 그게 효율적이다.

테마별로 종목 선택의 폭을 줄이는 방법

하반기엔 상승 기대감 높아 공격적인 투자전략이 필요하다

우리증권은 30일 하반기 주식시장이 870포인트까지 추가 상승이 기대된다며 경기 민감주, 고베타주(주가 탄력성이 큰 주식) 등을 중심으로 공격적인 투자전략을 세워야 한다고 조언했다. 이철순 우리증권 수석연구위원은 공격형 주식으로는 경기 민감주, 고베타주, 이익과 주가의 변동성이 높은 종목 등을 꼽고 1분기 실적 호전주와 외국인 투자자 선호 업종 대표주도 투자 고려대상이라고 덧붙였다. 특히 정보기술(IT)과 금융업종 수익률이 하반기에 개선될 것으로 기대했다.

우리증권은 이를 반영해 하반기 투자유망 종목으로 삼성전자, LG전자, 대덕GDS, 테크노세미켐, 이수페타시스, SK텔레콤, 삼성증권, 신한지주 등을 선정했다.

한편 굿모닝신한증권은 앞으로 주식시장에서 외국인 투자자들이 매도보다 실적 개선이 기대되는 종목에 대한 매수세로 돌아설 가능성이 크다며 하반기 실적호전 예상 종목에 선별 투자할 것을 권고했다. 거래소에서는 대덕GDS, 삼성전자, 삼성SDI, 한국타이어, LG전자, LG화학 등을, 코스닥에서는 다음, 대백신소재, 리노공업, 인탑스, 플레너스, LG마이크론 등을 실적 호전 예상 종목으로 선정했다. 『매일경제』 2003년 6월 30일

 손해 보지 않고 매매하는 방법이 있나?

 ## 매일 이익 내기는 힘들어

서점에 가면 '하루에 얼마씩 벌 수 있다'는 부류의 책을 볼 수 있다. 이른바 데이트레이딩으로 수익을 낼 수 있는 방법을 가르쳐주는 비법전서다.

그런데 정말 날마다 돈을 벌 수 있을까? 궁금하기도 하다. 우리 주머니에 매일 이자 들어오듯 적은 돈이라도 꼬박꼬박 들어온다면 얼마나 행복할까!

많은 사람들이 주식시장에 참여해 손해도 보고 수익도 내는 것을 보아왔지만 매일 거래하면서 수익을 내는 사람은 보기 힘들다. 데이트레이딩으로 이익을 내는 사람은 동물적 감각을 가진 사람만이 가능하다. 맹수가 사냥을 하듯 주식을 물어서 낚아채는 기술이 뛰어난 사람이어야 가능하다. 데이트레이딩으로 수익을 내는 사람은 남보다 조금 달라야 한다. 미국 시장에서도 데이트레이딩을 전업으로 하는 사람이 수십만 명에 이른다고 하니 직업으로서도 가능한 모양이다. 우리나라에도 전업투자자의 대부분이 데이트레이더다.

그러나 데이트레이더로 수익을 내기는커녕 대부분 두 손 들고 나간다. 그것도 자금이 거의 다 떨어지고 나서야 포기하는데 코스닥 하락기인 2000년에 많은 데이트레이더들이 시장에서 사라졌다.

 ## 승률을 높이거나 수익액을 크게 해야

주식투자에서 수익을 내는 방법에는 두 가지가 있다. 승률을 높이거나

수익액을 키워야 한다. 그래야 이익이 난다. 열 번 매매를 해서 여섯 번 이상 수익을 내거나 매매에서 몇 번을 실패했던지 잃은 돈보다 많이 벌어들여야 수익액이 커진다. 간단한 이론 같지만 실제로 자금을 주식에 투자해서 그렇게 되려면 녹녹지 않다. 데이트레이딩은 수익액을 크게 하기보다 '승률을 높이는 게임'이다. 잦은 펀치로 이익을 조금씩 쌓아가려는 매매 방법이다. 하루에도 몇 번씩 매매를 하면서 짧은 수익을 여러 차례 내려고 하지만 시장의 흐름으로 봐서 그렇게 쉽지는 않다. 특히 변동폭이 작으면서 지루한 진행이 되면 더 수익을 올리기 힘들다.

또한 데이트레이더는 잦은 수수료를 부담해야 하기 때문에 수익액이 크지 않다. 수수료에 대한 두려움을 제대로 인식하지 못하지만 데이트레이더의 수익 2/3 이상이 수수료로 빠져나간다. 게다가 살 때와 팔 때의 수수료가 다르므로(매도시 세금), 주식을 사면 수수료를 빼고 이익을 볼 수 있는 매도 가격을 정하는데 이런 방법으로 매매를 하면 수익금액이 제한될 수밖에 없다. 잘 가는 종목을 매수해놓고도 이익을 조금밖에 얻지 못하게 된다. 수익을 내는 방법의 하나인 수익을 크게 하는 전략에 차질이 생긴다.

하루의 주가 움직임을 보면 상승하는 종목이라도 지그재그 형태로 상승하는 것이 대부분이다. 시세를 계속 보면서 등락을 이용해 수익을 내려면 심리적으로 매우 편안한 상태여야 한다. 주가가 오르면 추격해서 매수하고 싶고, 떨어지면 쫓아가서 팔고 싶은 것이 사람의 심리다. 이는 자연스러운 현상이다. 그런데 반대의 심리를 가져야 단기매매에 성공할 수 있으니 머리보다 마음을 이겨낼 줄 알아야 가능하다.

따라서 초보자일수록 데이트레이딩보다 일주일 정도 상승할 수 있는 종목을 선정해 시장의 흐름 속에서 수익을 내려는 방법이 현명하다.

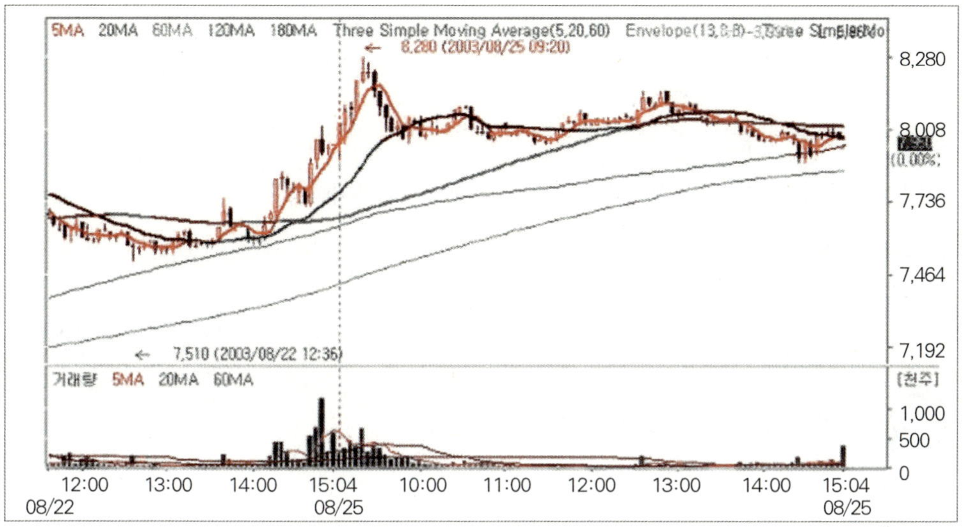

■ 2003년 8월 25일 현대증권의 4분봉 움직임, 한화증권 ■

Check Point

데이트레이딩은 먼저 매수하고 다음에 매도하는 방법을 취해야 한다. 다른 매매 방법은 없다. 선물처럼 매도를 먼저하고 매수하는 방법이 없는 '한쪽 방향 매매'다. 그러므로 저점에서 사서 고점에서 팔아야만 이익을 남길 수 있는데, 시장이 크게 오르지 않고 박스권에서 움직일 경우 저점 매수가 쉽지 않다. 이날은 전날 투자자의 관심이 증권주에 집중되었던 다음날이기 때문에 장이 시작될 때 조금 상승하는 듯하다가 더 이상의 시세를 주지 않았다. 이때 추격 매수한 사람은 대부분 손해를 볼 수밖에 없었는데 데이트레이딩은 '주식을 보유하지 않고 현금화'하는 전략이 기본이므로 향후 장세의 호전 여부를 떠나서 당일은 손해를 감수해야 한다.

데이트레이딩으로 성공하려면 그 날 상한가 칠 종목을 선택해야 안전하지만 그것이 그렇게 쉽지는 않다. 핵심은 '당일 가장 힘이 센 주식을 찾아내는 일'이다. 그것이 먼저 해결되지 않으면 연속해 실패하게 된다.

60% 이상의 승률을 올릴 수 없다면 데이트레이딩을 하지 말아야 한다. 수익을 크게 내고 싶으면 한 번이라도 급등하는 종목을 찾아 올라갈 만큼 보유하고 있어야 한다. 수익을 낼 수 있는 종목을 선택하고서도 데이트레이딩으로 금방 매도해버리면 기회를 날려버리는 결과가 된다. 수익은 언제나 나는 것이 아니므로 날 때 잘 잡아야 한다. 수익액이 커야 손실이 적다.

 종목을 간단하게 고르는 방법이 있나?

 **외국인 투자자 투자 종목 검색**

우리 주식시장에는 생각보다 많은 종목이 오르내린다. 거래소와 코스닥 종목 모두 합쳐 1,600개가 넘는다. 이들 중에서 자기 입맛에 딱 맞으면서도 수익이 날 것 같은(?) 종목을 선택하기란 여간 어려운 일이 아니다. 투자를 하지 않고 있을 때는 그렇게도 잘 보이던 주식이 막상 자신이 고르려 하면 힘들다. 될 성싶은 주식 10개를 고르라면 잘할 수 있으련만, 1~2개로 줄여 투자하려니 선택이 힘들다. 관심 가는 종목 중에는 틀림없이 강한 상승을 보이는 것이 있을 수 있고, 눈에 보이지도 않고 날아가버릴 주식이 있기 마련이기 때문에 어떤 선택이든 안타까울 수밖에 없다. 그러나 내가 사지 않은 주식이 오른다고 아까워할 이유는 없다. 직접 자기가 매수하지 않은 주식에 대해서는 철저하게 남의 주식으로 보면 오히려 마음이 편해진다. 주식시장은 언제나 열리며 내일도, 또 내일도 시장은 존재하므로 편하게 시장을 대하다 보면 기회가 온다.

모든 투자자는 최상의 선택을 해서 수익을 극대화하려고 한다. 불가능하다고 생각하는 순간 그런 일은 가능하지 않다. 언제든 자기한테도 행운이 찾아온다고 믿고 수익 나는 종목을 열심히 찾고 공부할 일이다. 그래도 누군가의 도움이 필요하다면 나의 경험 몇 가지를 제시하겠다.

첫째, 시장 전체의 흐름을 파악하는 일이 먼저다. 자신이 투자할 것인가 말 것인가를 결정하기 전에 경제 상황이나 시장 전망에 대한 리포트를 반드시 읽어봐야 한다. 그러고 나서 주식시장에 참여해도 괜찮겠다는 확신이 선다면 어떤 식으로 투자할 것인가를 생각해야 하는데 주식형 수익증권과 같은 간접금융상품에 투자하지 않는다면 종목을 자신이 골라야 한다.

KOSPI가 상승하고 경제가 호전되더라도 종목 선택을 잘하지 못하면 자신이 보유하고 있는 주식은 오르지 않고 반대로 가기 일쑤다. 그럴 경우 상대적 박탈감만 느낄 뿐이다. 어떤 때는 우울해지기도 하고 때론 화도 난다.

'왜 내 주식만 오르지 않는 거야?', '내가 뭘 잘못했지?' 하면서 자책도 해보지만 소용없다. 자신은 시장의 많은 참여자 중에 한 사람에 불과하다. 도도한 시장의 물결은 자기의 갈 길을 가고 있으므로 투자하는 사람이 그 물결을 따라가야 한다.

둘째, 주식을 하는 사람은 자기가 직접 거래소를 방문해 주문을 낼 수 없으니 어찌되었든 증권회사를 선택해서 거래해야 한다. 증권회사에서는 여러 정보자료를 거래고객에게 보내주는데 요즘은 이메일을 통해서 투자전략을 세울 수 있도록 도와준다. 이것을 참조하여 선택한다.

셋째, 대부분의 투자자들은 주식시장에 대해 연구할 시간이 없으므로 가장 필요한 사항부터 검토해보는 것이 좋다. 종목을 고르려면 특히 '매수처가 확실한 종목' 부터 관심을 가지는 것이 효율적이다. 외국인 투자자와 기관투자가의 주요 매수 · 매도 종목부터 찾아본다. 재료를 가진 종목보다 수급의 측면에서 누가 사는지 아는 것만으로도 안심할 수 있다. "수급 논리가 재료보다 우월하다"는 시장의 원리는 개별 종목에 대한 접근에서도 적용해야 한다. 자금이 풍부한 외국인 투자자와 기관투자가가 매수하는 종목으로 관심의 폭을 좁혀야 한다.

증권회사에서 보내주는 메일을 통해서도 알 수 있지만, 외국인 투자자와 기관투자가의 전일 거래된 내역이 각 신문에 게재되니 누구나 알 수 있다. 그렇다고 그 종목을 무작정 따라서 매매할 수는 없으므로 자기 마음과 다른 투자자들의 마음을 끌 수 있는 종목을 찾아내야 한다.

사례를 통해 알아보자.

2003년 8월 26일 외국인 투자자와 기관투자가의 매수 · 매도 종목이다.

	외국인 투자자		기관투자가	
	순매도	순매수	순매도	순매수
거래소	하이닉스	대양금속	대우종합기계	코스모화학
	굿모닝신한증권	현대차	동아정기	페이퍼코리아
	한솔제지	LG화재	한국타이어	쌍용차
	웅진닷컴	대우건설	한진해운	대양금속
코스닥	지이티	하나로통신	이레전자산업	하나로통신
	드림라인	라셈텍	LG텔레콤	KTH
	한글과컴퓨터	아시아나항공	한성엘컴텍	STS반도체
	화인텍	한성엘컴텍	디스플레이텍	기업은행

■ 2003년 8월 26일 외국인 투자자 · 기관투자가의 주요 매매 종목, LG투자증권 ■

만약 이를 알았다고 하면 우리는 어떻게 행동해야 할까? 사례에서 보듯 외국인 투자자 매수 종목 8개, 기관투자가 매수 종목 8개에서 중복되는 종목은 대양금속과 하나로통신 2개다. 의아스럽다.

그들은 왜 대양금속을 샀을까, 무슨 좋은 재료가 있었나, 외국인 투자자와 기관투자가가 함께 사는 종목은 별로 없던데……, 실적은 어떨까, 주가는 적정한가, 최근의 주가 움직임은 어떠했나?

만약 처음 보는 종목이라면 여러 각도에서 의문을 품어보고 그것을 해결하려는 노력을 기울여야 한다. '차트 모양이 좋다' 는 식의 단편적인 접근으로는 주가가 떨어질 때 자신이 어떻게 처신해야 하는지 몰라 당황하게 된다. 왜냐하면 주가 하락이 있다면 기대했던 좋은 모양의 차트가 망가져버리는데 그렇게 되면 주식을 보유할 어떠한 이유도 찾을 수 없다.

시장 분위기가 경기회복을 바탕으로 장기투자가 바람직하다고 생각한다면 현대차와 LG화재 같은 대형주에 관심을 가지는 것도 괜찮은 방법이다. 하지만 더욱 생동감 있게 수익률을 높이는 전략을 펼치기 위해서는 누구나 다 아는 종목에 투자하는 것이 안정적이긴 하지만 스릴 넘치지는 않는다. 중소형주는 조정장에서 강한 매기를 불러일으킨다.

고수들은 싱싱한(?) 종목에 관심을 갖는다. 새롭게 부상하는 종목을 찾되 확실한 매수처가 있어야 안전하다. 관심 종목을 정했다면 그 주식을 매수해도 되는지 검증해보아야 한다.

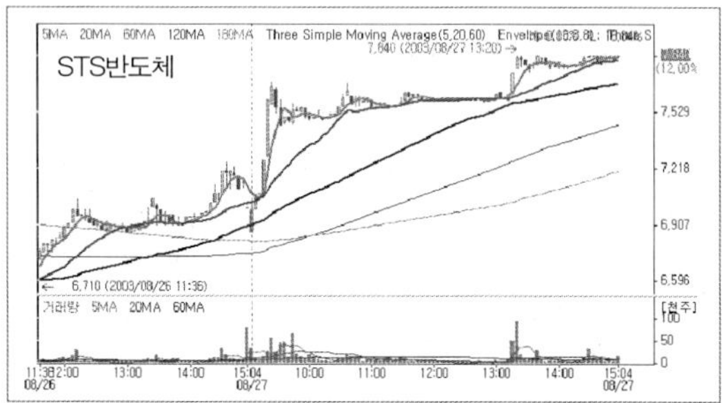
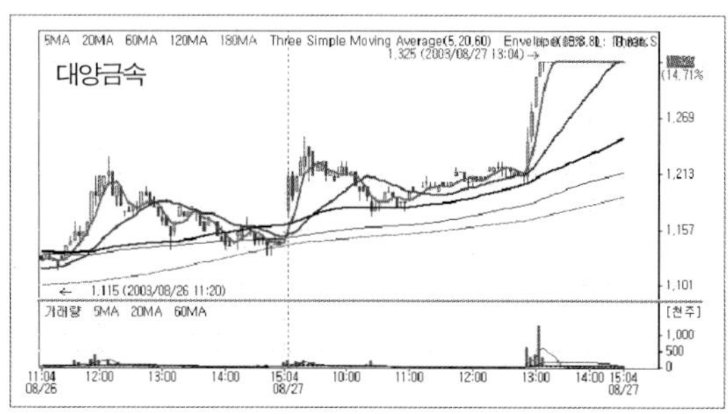
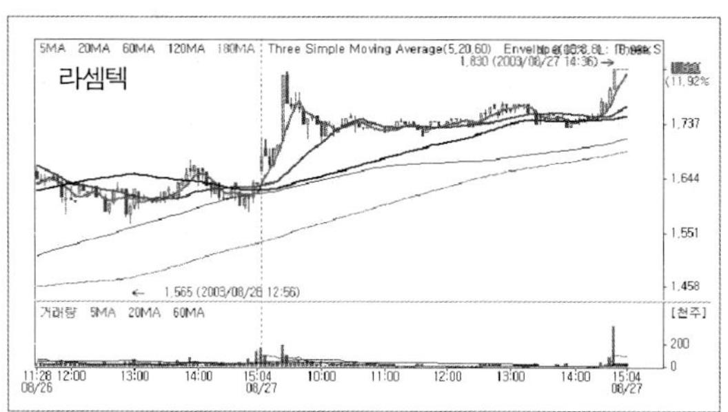
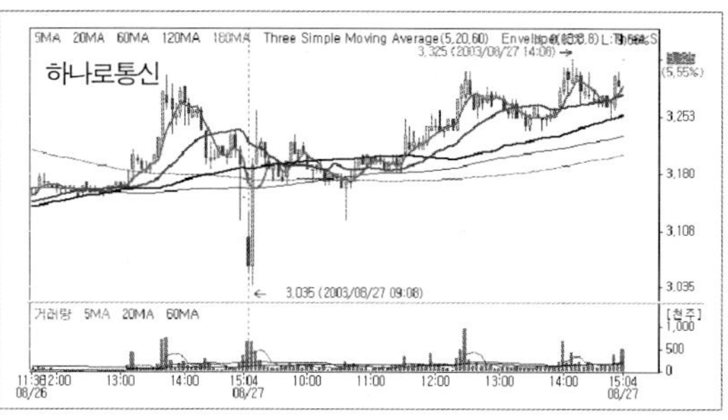
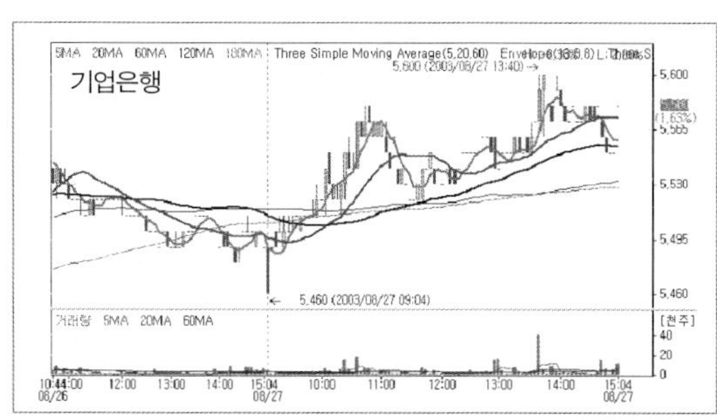
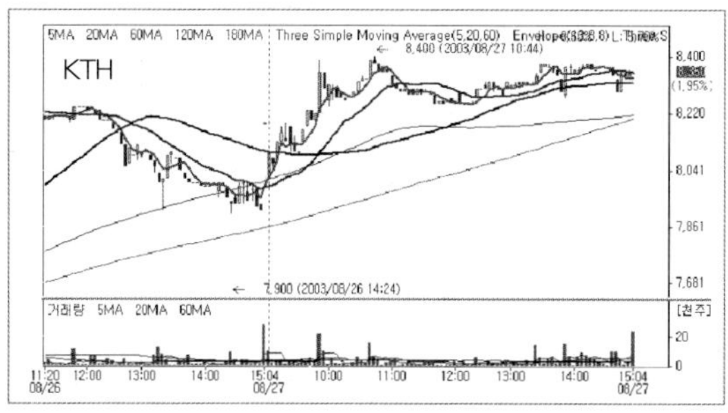

■ 2003년 8월 27일 외국인 투자자와 기관투자가의 관심 종목 4분봉 추이 ■

8월 27일은 KOSPI가 5.98포인트가 상승한 날이다. 거래소의 주식 중 385 종목이 상승, 360 종목이 하락한 날로 그다지 강한 모습을 보이지 않았다. 전일 외국인 투자자와 기관투자가가 집중 매수했던 종목에 대한 관심이 집중되어 장중 조정시에도 매수가 유입되면서 N자형 상승이 이뤄졌다.

 관심 종목을 어떤 식으로 검토해야 하는가?

 ## 기업의 개요를 살펴본다

회사에 대한 지식이 우선이다. 어떤 업종인지, 무엇을 만들어 파는 회사인지 알아야 한다. 일일이 기업 설명 핸드북을 찾아보는 사람도 있는데 시간도 걸리고 불편하다. HTS 화면 중 '현재가화면' 옆에 기업정보 또는 기업분석 화면을 클릭하면 검색하고자 하는 기업의 개요가 나온다. 대부분의 증권회사에서는 한국신용평가정보와 제휴해 기업에 대한 정보를 동일하게 공유하고 있다. 다른 사람이라고 특별한 정보를 보는 것은 아니니까 '이것말고 더 정확한 회사 소개가 없나?' 하고 찾지 않아도 된다.

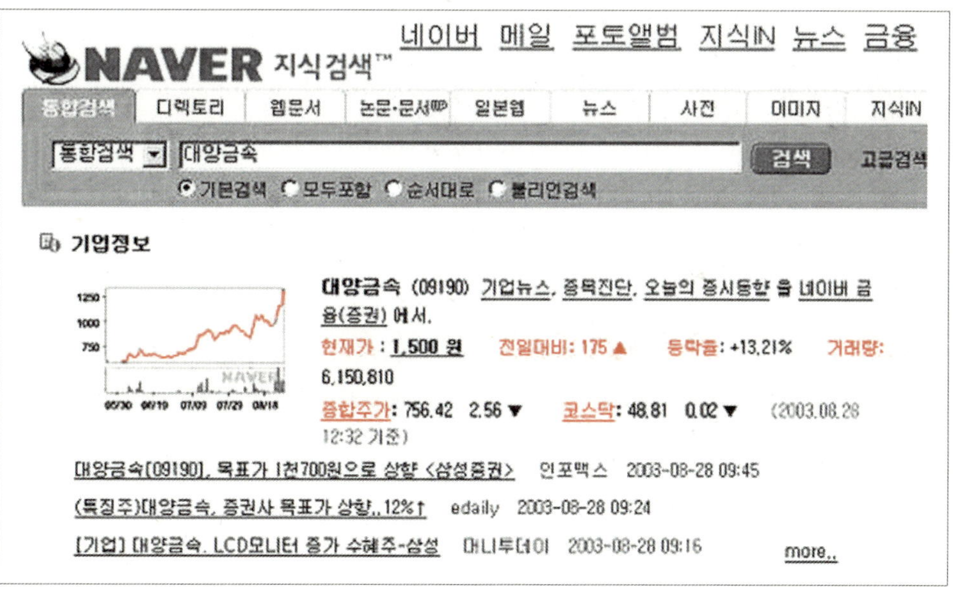

■ 검색사이트로 기업에 대한 정보 취득 ■

HTS 화면에 접속이 되지 않았거나 다른 화면으로 시세 변화를 보고 싶다면 다음이나 네이버, 엠파스, 야후, 한미르 등의 검색사이트를 모니터에 띄워놓고 궁금한 것이 있을 때마다 찾아본다. 증권회사 홈페이지에서 찾는 것보다 빠르게 검색할 수 있으며 보기에도 편하다.

장중에 들어오는 속보를 더 빨리 알고 싶을 때는 머니투데이나 이데일리 등의 뉴스 정보사이트 창을 같이 열어놓고 매매해도 좋다. 여러 방법 중에 검색 포털사이트를 이용하는 편이 검색하기 편하나 본인의 취향대로 선택하면 된다.

 ## 실적과 전망에 대해 검토한다

증권회사에서 소개하는 해당 기업의 실적과 전망 사례다. 대양금속의 검색을 가정하고 어떻게 분석할 것인가 검토해보자.

'외형이 성장하고 흑자 전환했다'는 점이 시선을 잡는다. 일단 마음에 든다. 적자에서 흑자로 돌아서는 턴어라운드(turn-around) 종목이 경기회복과 맞물리면 다른 종목보다 상승이 강하기 때문이다. 다만 '차입금이 많다'는

◎ 실적과 전망

외형 성장으로 흑자전환 성공
• 예산공장 Slitter Line의 가동이 본격화되고 백색가전 및 LCD용 스테인리스 제품의 경쟁력이 강화되면서 외형 크게 성장
• 수출과 내수 매출의 가파른 회복세를 바탕으로 영업이익 흑자반전하고 영업외 수지 안정되며 당기순이익도 흑자전환
• 차입금 규모와 이자비용 모두 감소 추세이나 BW와 해외 CB 전환과정에서 커진 단기차입금 비중은 다소 부담스러운 수준

■ 종목에 대한 주요 지표 및 자본금 변동 ■

점이 불안하다. 이익증가가 예상된다니 충분한 보상이 가능해보인다.

또한 '금속이라는 회사명 때문에 철강업종인 줄 알았는데, 백색가전과 LCD용 스테인리스를 생산하는 회사라네, LCD · 전자산업과 관련이 있으니 재미있네' 라고 회사의 주요 생산품과 성장 가능성을 연결해본다. '시장의 주요 테마에 부합해 상승할 경우 일반투자자들도 가세할 수 있는 내용을 가진 것으로 판단되는데, 한번 도전해봐?' 라고 호기심을 갖기에 충분하다. 그런데 어떻게 한번도 투자자의 시선을 끌지 못했을까? 적자에서 흑자로 돌아선 올해 비로소 관심 대상이 되었으므로 당연하다. 억지로 갖다 붙인다면 시대적인 조류인 LCD테마에도 부합될 수 있으니 기대해볼 만하다. 여기까지는 '썩 괜찮은 종목' 으로 점찍어두고 더 연구해본다.

 ## 주요 지표를 확인해본다

회사의 전망이 좋게 나왔다 하더라도 현재의 기업 내용을 수치로 다시 한번 확인해봐야 신뢰도가 높다. 진짜 괜찮은 회사인지 의심을 해봐야 실패가 없다. 수치로도 이해가 안 가면 회사에 전화를 걸어 주식 담당자나 경리부, 기획실 등의 직원에게 물어보는 것이 좋다. 생각 외로 신문에 나오지 않은 좋은 얘기를 들을 수 있다.

기업보고서를 쓰는 애널리스트들은 해당 기업을 수시로 찾아가 정확한 회사 동향을 파악하는데 일반 투자자들은 전화로도 충분하다. 정확하게 통계 수치가 나와 있지 않은 자료는 한번쯤 의심을 갖는 습관을 가져야 한다.

대양금속의 사례를 보면 매출액 증가가 업종의 평균 이상이다. 영업기반이 좋아지고 있다는 증거다. 이익 증가가 매출이 증가되는 가운데 이뤄져

◎ 주요 지표
[단위 : %]

매출액 증가율		ROE		부채 비율		유보율	
당 사	66.66	당 사	1.79	당 사	123.67	당 사	444.91
업종 평균	12.04	업종 평균	5.38	업종 평균	73.76	업종 평균	395.40

◎ 자본금 변동
[단위 : 억원/원]

연도	94. 4	98. 7	99. 7	-	-
구 분	신규	주식	액분	-	-
내 역	130.00	6.41	500.00	-	-

■ 종목에 대한 실적과 전망, 한화증권 ■

야 흑자전환의 의미가 있다. 벤처기업이나 인터넷회사는 특히 매출액 증가율이 중요한데 이 회사는 스테인리스 만드는 곳이다. 그렇다면 생산한 물품을 잘 팔아야 하므로 매출 증가는 무엇보다도 기본이다. 재고가 쌓인다면? 스테인리스 더미로 공장 전체가 덮일 것이다. 그런 상상도 더러는 필요하다.

ROE(자기자본이익률)는 업종 평균보다 낮은 편이다. 투여한 자본에 비해 이익을 많이 내지 못하고 있다는 것을 알아채야 한다. "크게 이익을 내는 회사는 아니구나. 앞으로 나아질 수 있는 회사네" 정도로 생각하면 된다.

자본금은 1994년 130억 원과 1998년 6억 원을 증자해 현재 136억 원이며, 1999년 액면분할을 실시해 액면가 5,000원에서 500원으로 변경되었다. 액분이라고 쓰여 있는 500이라는 숫자는 자본금이 아니라 액면가라는 것을 유의해야 한다.

 ## 최근 뉴스와 공시를 확인해본다

인터넷 검색사이트에서 관심 있는 기업에 대한 최근 뉴스를 쉽게 찾을 수 있다. 상승하는 종목을 발견하면 즉시 뉴스 검색부터 하는 습관을 가져야 한다. 그냥 무턱대고 매수에 가담하지 말고, 한숨 돌리고 뉴스 검색을 통해 왜 오르는지 알아야 뇌동 매매를 막을 수 있다.

종목뉴스

날짜	제목	정보제공
[08/25 16:36]	대양금속, 특수관계인이 90만주 매도	이데일리
[08/25 15:56]	내달부터 제품가격 인상 .. 대양금속동 초강세	한국경제
[08/25 10:36]	(특징주)BNG스틸·대양금속,STS 내수가 인상 수혜..급등	이데일리
[08/12 08:41]	[거래소] 대양금속,시장규모 확대..실적호전-LG	머니투데이
[08/11 20:30]	대양금속 목표가 상향	파이낸셜뉴스

■ 종목 뉴스 모음, 네이버 ■

아무런 뉴스 없이 상승했다면 매집 세력에 의해 일차로 매수되고 있는 과정이거나 작전세력이 임의로 주가를 조작하기 위해서 가세한 것이다. 주가의 변동 이유를 뉴스 검색으로 찾아보고 그래도 모르겠다면 참아야 한다. 이때 다른 사람들이 비싸게 사주어야 하는데 아무런 내용이 없다면 매수세가 점차 줄어들고 주가는 반락하게 된다. 만약 재료 없이 계속 상승을 유지한다면 주가를 끌어올리려는 작전세력 때문이다. "누군가 고가로 적극 매수하는 걸 보니 우리가 모르는 무슨 뜻이 있나 보다" 정도로 생각하는 것이 좋다. 아무튼 오른다고 무조건 따라가서는 안 된다. 혹시 "잃어도 좋다"고 생각하는 눈먼(?) 돈이라면 몰라도 애지중지하는 자기 자금으로는 참아야 한다.

또 주가가 급등한 이후 뉴스 거리나 공시를 공표해 달려드는 일반투자자에게 물량을 떠넘기기 위한 악성(?) 공시나 뉴스가 있을 수 있으므로 뉴스의 질을 선별해야 한다. 합작과 제휴, 합병, 사업추진계획 등의 얘기 중에는 루머가 많고, 유상증자도 일회성 재료로 그치는 경우가 많다는 점을 기억하고 있다면, 뉴스를 통한 주가 움직임에 매수했더라도 투자를 짧게 가져가야 한다.

단기차익을 노리는 투자자가 많으면 주가가 급등과 급락을 반복한다. 사자마자 되팔려는 욕심을 가지고 매수하는 사람이 많은데, 이때는 주가가 오래 상승할 수 없다. 중소형주가 급등했다가 급락하는 경우다. 모두 다 '잠깐 해먹고 나오자'는 생각으로 어지간한 재료를 발표한 회사에 덤벼들어서다. 투자자 마음 그대로 주가 역시 그렇게 움직일 수밖에 없다. 매수하는 사람에게 어떤 기대를 가지게 하는 뉴스인가에 따라 주가가 오래 상승하느냐 짧게 한판(?) 올랐다 떨어지느냐가 결정된다. 그래서 꿈을 주는 재료나 뉴스가 주가의 중·장기적인 상승을 이끌어낸다. 뉴스를 보고 장기적인 영향을 줄 것인가 단기적인 영향으로 그칠 것인가 생각해봐야 한다.

숫자로 밝혀지는 실적은 발표되는 시간이 다소 늦기는 하지만 그래도 중·장기적으로 믿을 만하다. 최근에는 어느 기업에 대한 리포트가 뉴스로 보도되는 것 하나만으로도 주가가 들썩거린다. 투자자들이 그만큼 정보에 대해 집착과 열성이 크다는 얘기다. 주가에 영향을 줄 만한 좋은 얘기를 먼저 접할 수 있어야 싼 가격에 주식을 매수할 수 있기 때문이다.

중소형주와 인터넷 관련 코스닥 종목은 '리포트가 없으면 상승하지 않는다'고 봐도 무방하다. "안전하고 성장성 있다"는 전문가의 말 한마디에 '이

종목을 샀다가 혹시 잘못되진 않을까?' 하며 불안감으로 투자를 꺼리던 사람들의 마음을 한번에 진정시켜주기 때문이다.

리포트는 그 회사를 잘 몰랐던 사람들에게 새로운 관심을 불러일으키기도 하고, 기업 선전의 효과도 있어 유명한 애널리스트의 연구대상이 되는 것만으로도 주가 상승이 약속된 것이나 다름없다.

그래서 회사측에서는 정기적인 기업 IR(Investor Relation, 기업이 자본시장에서 정당한 평가를 얻기 위해 기관투자가와 애널리스트들을 대상으로 실시하는 홍보활동)를 실시하면서 회사에 관심을 가져달라고 애를 쓰기도 한다. IR를 통해 회사 비전과 실적 전망을 기관투자가에게 알려주면서 저평가되어 있는 회사의 주식을 매수하는 데 주저하지 않도록 하고, 애널리스트에게는 대중에게 잘 알려져 있지 않은 비전 있는 경영계획이나 실적향상 등을 리포트로 작성해서 발표해달라는 의사표현을 넌지시 하는 셈이다.

IR 자체도 뉴스 거리가 되므로 여러 각도로 사람들의 시선을 모으는 내용이 주가에 영향을 주는 것만은 틀림없다.

뉴스는 인터넷으로도 보도되지만 TV로도 방영된다. 증권회사 객장에 가보면 하루 종일 한경와우나 MBN, YTN 등의 증권전문방송을 켜놓는 곳이 대부분이다. TV에서 추천종목이 방영되거나 호재성 뉴스가 발표되면 1분도 안 되어서 주가가 몇 %씩 움직이는 것을 보게 된다. '우리나라에 TV를 보면서 투자하는 사람이 많구나'라고 느낀 적이 많다.

그러나 그 효과가 10분쯤에서 끝난다는 점도 흥미롭다. 가장 빠르게 뉴스를 듣고 매수한 뒤 5분 뒤에 매도해 2~3%의 이익을 얻는 경우를 자주 봐왔다. 재빨리 맨 앞에 서서 선착순 경품을 탄 사람들의 열성과 비슷한 혜택이다. 뉴스가 방영되는 순간 처음 주식을 매수한 투자자에게는 이익을 가져다주지만 조금 행동이 늦거나 판단이 늦은 투자자는 짧은 시간에 몇 %의 손실을 보게 된다.

그러니 뉴스를 들었더라도 '늦었다'고 생각하면 빨리 포기하고, 천천히 다시 생각해야 한다. 하루가 지나도 주가가 장기간 상승할 좋은 내용이라면 시기적으로 늦지 않다. 열심히 따라갔다가 급등·급락에 손해보는 투자자는 대체로 그 주식을 탓하게 되지 않고 자신을 원망하게 된다.

"왜 난 이렇게 흥분을 잘하지? 난 체질이 아닌가봐." 주식을 잘 본다 못 본다의 문제가 아니라 성격이 문제임을 그 말 한마디로 본인 스스로 인정하는 셈이다. 뉴스 때문에 본인을 흥분 잘하는 다혈질의 사람으로 만들 필요는 없다. 뉴스가 주는 영향력을 잘 판단해야 한다.

머니투데이, 이데일리 등의 인터넷 뉴스사이트는 아주 유용하게 활용되므로 장중에 수시로 열어보면서 주가에 영향을 미칠 기사거리가 있는지 봐야 한다.

사례로 든 대양금속의 경우, 2주 전부터 목표가를 상향한 보도와 실적호전에 대한 리포트가 있었다. 각 내용을 자세히 읽어보면 왜 그 회사에 대해 관심을 가져야 하는지 알게 된다. 매매에 자신감을 가지려면 여러 각도에서 그 회사와 친해져야 하는데 뉴스를 검색하다 보면 상승과 하락의 이유를 찾을 수 있고, 앞으로 매매를 어떻게 해야 하는지 생각할 수 있다. 기사화된 것을 발표일자 순서대로 읽어보면 과거 주가 흐름이 왜 그렇게 변화해왔는지를 발견하게 된다.

# 외국인 투자자의 매수 변화를 본다

외국인 투자자가 매수할 정도면 썩 괜찮은 종목으로 분류된다. '검은머리 외국인 투자자'라고 해서 외국인 투자자를 가장한 우리나라 작전세력의 매매도 있지만 그것을 사전에 알기엔 일반인은 정보가 부족하다. 지상에 발표되는 대로 인정하는 게 좋다. 회사 실적과 전망이 확실한 기업만 선택한다면 크게 문제될 일은 없다. 구더기 무서워 장 못 담그는 소심함은 버려야 한다.

(단위:원,주,%)

일자	보유주식수	증감		보유율	종가	전일비		거래량
2003/08/29	1,814,260		0	6.65	1,520		0	7,299,850
2003/08/28	1,814,260	+	698,430	6.65	1,520	↑	195	8,039,479
2003/08/27	1,115,830	+	414,270	4.09	1,325	↑	170	5,614,200
2003/08/26	701,560	+	430,000	2.57	1,155	▼	5	5,455,595
2003/08/25	271,560	−	500,000	1.00	1,160	↑	150	10,442,460
2003/08/22	771,560	+	500,000	2.83	1,010	▲	40	5,035,050
2003/08/21	271,560		0	1.00	970	▲	5	711,675

■ 대양금속에 대한 외국인 투자자의 지분율 변화 및 매매 추이, 야후 ■

대양금속의 경우 8월 11일 외국인 투자자 매수가 유입된 이후 횡보하다가 8월 22일 50만 주를 매수한 다음날 다시 매도한 점이 이상하다. 왜 그랬을까?

어느 외국인 투자자가 애널리스트의 추천을 받아 단기 자금으로 매수했다가 매수 후 상한가를 기록하자 하루 사이에 큰 수익을 챙긴 것으로 추측할 수 있다. 외국인 투자자라고 해서 중·장기 펀드로만 운영하는 것은 아니어서 단타족도 많다. 8월 26일 다시 보유를 늘린 것은 한번 재미를 본 외국인 투자자가 또 입질을 한 것이다. 다음날 장중 등락을 이용해서 재매수해 지분을 늘려나간 것인데, 거래가 늘면서 외국인 투자자의 가세가 주가를 떠받친 모습이다. 8월 29일 추가로 외국인 투자자 매수가 유입되고 기관투자가와 개인투자자들도 매수에 가담하면서 두 번 연속 상한가를 기록했다.

중소형주에 '외국인 투자자가 매매에 가담한다'는 사실만으로 충분한 상승 요인이 된다는 것을 보여주고 있다. '매수처가 있다'는 사실 자체가 '매수를 일으키는 재료'가 되므로 '수급'이 '재료'로 둔갑해서 주가에 영향을 미친 모습이다.

 ## 최근의 주가 추이를 관찰한다

사례로 본 대양금속은 외국인 투자자 매매가 재개된 8월 26일의 가격은 1,155원이다. 이 주식은 10일 동안 1,000원과 1,100원대에서 횡보했기 때문에 가격에서는 큰 무리가 없어 보여 부담스럽지 않다. 연속적인 상승 이후라면 추격 매수하는 것이 심적으로 힘들지만 '횡보 → 상한가로 고점돌파 → 짧은 조정 → 재차 상승'의 형태를 보였으므로 '해볼 만하다'는 생각을 할 수 있다. 횡보와 조정 과정에서는 직전에 고점돌파가 이뤄지면 매물이 점차 감소하므로 탄력 있는 상승이 가능하다. 사려는 주식의 과거 역사를 아는 것도 중요하다. 특히 한 달 동안의 주가 움직임은 최근에 그 주식이 투자자에게 어떻게 인식되고 있었나를 알게 한다.

수익이 나는 주가의 판단과 매수방법

1. 상승 초기단계면 적극 매수한다.

2. 횡보 또는 조정 이후 첫 상한가라면 더욱 좋다. 재료 내용에 자신이 있으면 두 번째 상한가에도 추격 매수한다.

3. 전일 긴 양봉(상한가가 아님)을 만들면서 강한 상승을 했다면 다음날 매수를 서두르지 말고 1차 물량이 털릴 때까지 기다렸다가 매수한다.

4. '시장의 테마에 부합하면서 실적이 호전된다' 는 리포트가 있다면 바닥이라고 생각하지 말고 그 리포트가 나온 시기로부터 1개월 정도의 주가 추이를 지켜본다.

5. 외국인 투자자나 기관투자가가 연속적으로 매수하는 종목은 상승하면서 쉽게 매물이 나오지 않아 상승 탄력성이 커진다. 매수 후 짧은 시세차익보다 적어도 5일 이상 지켜보는 인내를 가진다.

6. 실적이 좋지 않고 업황이 불확실한데도 상승하는 주식은 포기해야 한다. 그래도 매매하고 싶다면 단기로 처리하겠다는 자세로 매수한다.

7. 상한가를 기록할 수 있다는 기대감을 불러일으키는 주식에 관심을 가져야 오히려 안전하다. 많은 사람들이 비슷한 생각을 가지고 덤벼들기 때문이다.

8. 기회가 왔을 때는 과감하게 행동하라.

9. 기회라고 생각하면 과감하게 매수하는 용기를 갖는다. 더 오를 것 같다는 확신이 있으면 상승한 가격에 너무 구애받지 마라.

10. 매수하고자 하는 종목에 대한 공시나 뉴스 거리가 있는지 살펴본다.

11. 전문가의 종목 진단이 어떻게 나왔나 조사한다. 만약 자신의 생각과 달리 비관적인 견해가 많다면 자신의 판단을 유보하고 주가의 추이를 지켜본다.

12. 한 번 크게 올랐다가 다시 오르는 주식은 기대치를 줄여서 짧게 매매한다. 다시 고점까지 상승할 것이라는 생각을 접고 '하락폭의 반만 이득을 취한

다'는 겸허한 마음가짐을 갖는다.

13. 판단은 신중하게 되고, 매수는 빠르고 신속하게 한다.

14. 관심 종목의 범위를 축소하고 매일 지속적인 관심을 가진다. 오랜 기간 관찰해야 시세의 높고 낮음을 알게 된다.

15. 알고 행하지 않는 것은 모르는 것과 같다.

 ## 차트를 놓고 상승할 종목인가를 검토해본다

차트를 통해 주가 추이를 한눈에 알 수 있다. 차트에 숨어 있는 뜻이 무엇인지 몰라도 과거의 주가 흐름을 보는 것으로 충분하다. 차트에 대한 얘기는 아무리 많이 해도 끝이 없다. 처음 차트를 보는 사람이나 아무리 책을 보고 공부해도 자신이 없다면 전문가의 얘기를 귀담아들을 일이다. 다만 언제까지나 다른 사람의 얘기를 빌릴 수는 없으므로 조금씩 공부해나가야 한다.

자기 혼자만 '차트 모양이 좋다. 그러니 이 종목 크게 상승할 거야'라는 고집만 피우지 않으면 된다. 초기단계에서 상승하는 신선한 종목인지를 차트를 보고 판단하면 그것으로 충분하다.

차트를 보지 않는 투자자는 없으므로 나쁜 모양을 그리는 차트의 주식은 보유하지 않으면 된다. 보기 좋은 떡이 먹기도 좋듯 차트도 모양이 좋아야 매수자가 따라붙는다.

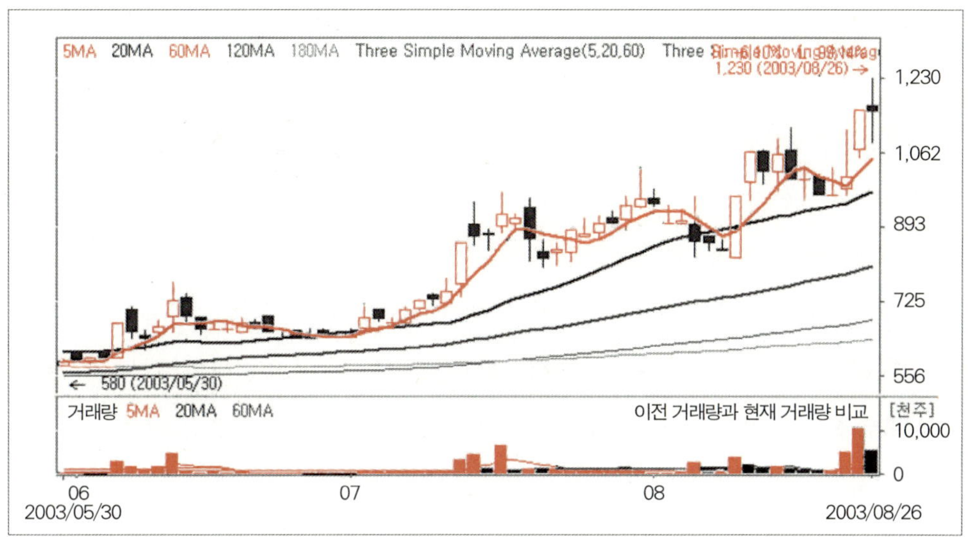

■ 대양금속의 일봉차트 ■

차트 모양이 좋은 종목에 관심을 두는 것은 그 종목을 노리는 사람이 많기 때문이다. 오르기 시작하면 한꺼번에 심리가 호전되어서 급등할 소지가 많다. 차트를 통해서 다른 투자자의 심리도 파악할 수 있다.

 ## 매수 의사결정

주가의 오름 폭도 크지 않고 여러 조건이 마음에 들었다면 매수를 결정한다. 관심을 가지는 것으로 그치지 않고, 직접 실행으로 옮기겠다는 의사결정을 하는 것이다.

"생각을 실천하지 않으면, 절대로 수익을 낼 수 없다."

"생각을 실천하지 않으면, 절대로 손해는 없다. 늘 본전이다."

이 두 상반된 논리를 잘 생각해 매매에 활용해야 한다. 앞말은 '괜찮은 종목이 있다면 도전해봐야 수익을 낼 수 있다' 는 뜻이고, 뒷말은 '섣부르게 덤벼들지 않으면 본전이라는 생각으로 느긋하게 주식을 바라보라' 는 뜻이다.

하지만 이익을 내려면 주식을 매수해야 한다. 어느 정도 자신이 생겨 '70% 이상 먹을 것 같다' 면 꼭 실천해봐야 한다. 나중에 후회한다. 확률적으로 될까 아닐까 식의 반반 정도의 주식도 자주 보게 되는데 어느 정도 자신이 생긴다면 실천해야 한다. '손해를 본다면 자신의 모든 결정이 잘못되어서다' 라는 생각을 가지고 덤비면 손실에 대한 두려움은 조금 사라진다.

절대로 손해가 없으려면 승산 없는 게임은 하지 않으면 되는데 조금이라도 내키지 않으면 다른 종목을 찾는 편이 낫다. '다른 것은 마음에 드는데 가격이 마음에 들지 않아' 라든가, '거래되는 모습은 더 상승할 것 같은데 회사가 마음에 안 든다' 라는 판단이 들면 연연해하지 말고 다른 종목을 검색하는 것이 시간과 돈을 절약하는 길이다.

 **매수 시점 포착**

매수를 하기로 마음먹었다면 두 가지 방법을 선택한다.

첫째, 동시호가를 이용하는 방법이다. '한번 시세를 보고 해야지, 조정받으면 그때 사야지' 라며 사고 싶은 종목이 생기면 이렇게 마음을 먹는 사람들이 많다. 그러나 "기다리는 조정은 오지 않는다"는 투자 격언처럼 사고 싶은 종목이 생기면 동시호가에 적어도 투자금액의 3분의 1 이상 매수하는 것이 좋다. 조금 높은 가격으로 첫 시세가 시작될 정도로 매수하겠다는 사람이 많아야 오를 수 있기 때문이다. 오를 종목은 오전 동시호가 가격에서 보합 이상의 가격으로 첫 시세가 형성되는 것이 보통이다. 그리고 장중에 조

(단위:원,주,%)

일자	종가	전일비		등락률		시가	고가	저가	거래량
08/29	1,520		0		0.00	1,620	1,745	1,510	7,299,850
08/28	1,520	↑	195	+	14.72	1,390	1,520	1,370	8,039,479
08/27	1,325	↑	170	+	14.72	1,175	1,325	1,170	5,614,200
08/26	1,155	▼	5	−	0.43	1,170	1,230	1,085	5,455,595
08/25	1,160	↑	150	+	14.85	1,070	1,160	1,050	10,442,460

■ 대양금속의 일자별 가격 변화 추이, 야후 ■

정을 짧게 만들며 N자형을 그리면서 상승해야 급등할 수 있다. 시초가가 오르면 더 오르고, 내리면 더 내린다는 생각으로 동시호가에 참여해야 한다.

둘째, 투자금액의 나머지 3분이 2는 장중 저가 매수에 주력한다.

처음 매수한 가격보다 싼 가격으로 2차를 매수하면 평균 단가가 낮아진다. 오후에도 그 가격 이하로 하락하지 않을 경우 좀더 높은 가격이라도 좇아서 매수한다. 그렇게 하더라도 시초가에 매수한 수량이 있기 때문에 매수 단가는 낮아진다. 만약 높은 가격에 매수하기 싫다면 시초가에 싸게 산 것으로 만족하면 그만이다. 추가 매수를 하지 않아도 된다. 남은 현금은 마음에 드는 다른 종목이 나오면 그때 활용한다.

자신의 가진 돈 전부를 주식에 다 투자해야 직성이 풀리는 사람이 있지만 주식은 적게 사더라도 확실하게 수익을 챙겨야 이기는 게임이다. 얼마만큼 주식을 보유했느냐 하는 수량의 문제가 아니라 보유 주식의 가격에 신경 써야 한다.

사례인 대양금속의 경우를 보면 상한가로 마감하는 날은 시초가가 가장 낮은 가격대임을 알 수 있다. 시초가 아래로 떨어지는 경우라도 그 정도는 아주 적다라는 것을 알 수 있다.

 ## 매도 목표치와 손절매 가격 결정

시초가에 3분의 1을 매수하고, 장중 더 싼 가격에 다시 한번 더 매수했는데 주가가 상승했다면 기분이 좋다. 괜찮은 수익이 날 정도로 상승한 후 마감했다면 즉시 매도 목표치를 설정해놓는 것이 좋다. 이른바 안전장치를 만들어놓는 일인데, 이익과 손해의 기준치를 정하는 일이다. 주식 상황이 급변하면 어떻게 해야 할지 몰라 당황하는 경우가 많다. 미리 대비책을 세워놓는 매매 전략이 꼭 필요하다.

매도 목표치를 설정하고 기다리는 방법으로는 일봉과 이동평균선·보조지표·매물대 분석 등을 활용할 수 있는데, 반드시 이러한 차트 분석을 이용하지 않아도 된다. 나름대로 기준이 있다면 매도 목표치를 세워서 그때까지 인내하거나, 손절매 가격을 설정해서 그 가격 아래로 떨어지면 주식을 버리는 작업을 한다면 어떠한 차트 분석을 통한 방법보다 확실한 매매가 된다.

머리가 복잡한 것을 원치 않는다면 간단한 방법이 있다. 자신이 매수한 가격에서 매도를 원하는 가격을 상한선으로, 손절매해야겠다고 생각한 가격을 하한선으로 해 밴드를 그린다. 상한선까지 주가가 오르면 매도하지 않고 하한선을 올려서 다시 설정한다. 그 아래에까지 하락하지 않으면 매도하지 않는다. 또 주가가 상승하면 주식을 보유하되 만약 잘못되어서 하한선까지 내려가면 매도한다. 여기에서 하한선은 수정된 하한선이니 그렇게 억울한 가격대는 아니다.

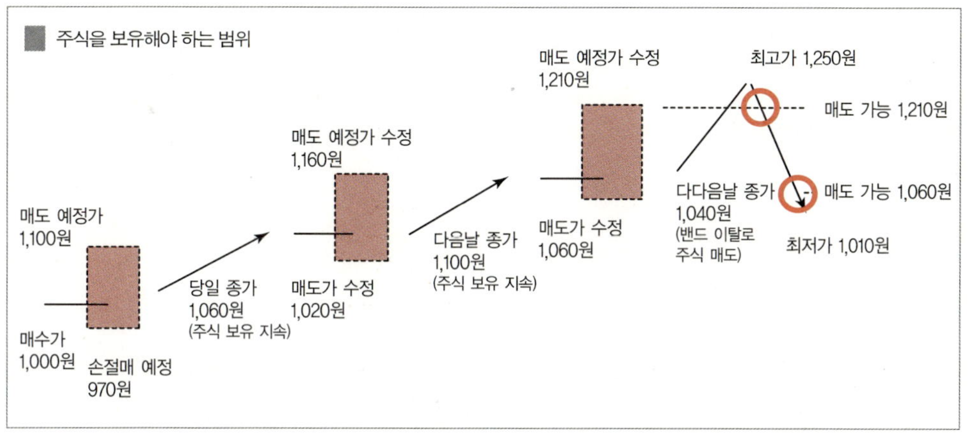

■ 매도 예상가격과 손절매 가격 설정 및 매매 방법 ■

Check Point

사고 싶은 종목을 1,000원에 매수했다고 가정한 사례다. 사면서부터 매도 이익 예정가를 1,100원으로, 손절매 가격을 970원으로 설정한다(개인의 성향에 따라 조정할 수 있으므로 절대적인 기준은 아니다). 매수한 날의 종가가 1,060원에 끝났다면 계속 보유해 향후 주가 추이를 지켜본다. 다음날 전일 기준으로 다시 매도 예정가격을 상향 조절한다. 조금이라도 이익을 본 상태이므로 손절매보다 주가 하락에 대비한 '이익실현 가격'을 설정한다. 또한 '매도 하한선'을 상향으로 수정해 그 가격 아래로 하락한다면 매도하겠다는 의지를 갖고 주가 반락시 즉각 매도할 채비를 갖춘다. 상승시 이익을 극대화할 '매도 예정 상한선'도 상향으로 조정한다. 종가가 1,100원에 끝나면서 매도 하한선도 이탈하지 않았고 매도 상한선도 이탈하지 않았으므로 지속 보유한다. 그 다음날 전일 종가(1,100원)를 기준으로 매도 하한선(1,060원)과 상한선을 1,210원으로 다시 상향 조정하고 시장에 대응한다. 그 날 장중 고점이 1,250원이어서 1,210원에 매도해야 하는데, 만약 고가가 1,210원을 기록하지 않았더라도 1,060원에 매도해 이익실현할 수 있다.

만약 하한선까지 내려가지 않고 마감했다면 다음날 다시 전날 가격을 기준으로 상한선과 하한선을 설정한다.

이때 주식을 매수할 당시 목표했던 가격을 기준으로 하는 것이 아니라 전날 가격을 기준으로 하는 것이다. 상승 목표치는 올라가고 하한선 역시 올라간다. 수정한 하한선은 손절매 가격이 아니라 일정한 선 아래로 주가가 내려가면 매도하겠다는 매매 의사결정을 위한 기준이 된다. 이러한 매매 전략은 수익이 나면 주식을 끝까지 보유해 이익을 극대화할 수 있고, 일정 가격 아래로 떨어지면 빨리 수익을 현실화할 수 있다.

주가가 상한선과 하한선 사이에 있을 경우에는 주식을 그대로 보유하면서 다음 기회를 기다리는 방법인데, 횡보장에선 지루하지만 등락이 큰 시장에선 이익을 크게 하고 위험을 줄여주므로 한번 연구해보는 것이 좋다. 주식을 매수할 때마다 목표치와 손절매 가격을 기록하며 매일 그 목표치와 손절매 가격을 변경해가면 안정적으로 큰 수익을 낼 수 있다.

이런 방법은 간단하지만 매일 자신의 매매 행동을 결정할 기준을 세워야 하는 번거로움이 있다. 이렇게 하기 힘들다면 매수 후 얼마에 매도하겠다는 마음으로 그 가격이 될 때까지 지속 보유하는 방법도 있다. 그러나 기대는 기대로 끝날 수 있으므로 제대로 이익실현하지 못하더라도 손절매의 가격은 미리 설정해놓고 손실폭을 최소로 줄여나가는 것이 반드시 필요하다.

손절매 가격에도 여러 기준이 있다. 얼마가 떨어지면 손절매해야 하느냐고 묻는 투자자가 많다. 손해를 보는 금액이 적을수록 만회할 수 있는 기회가 많으므로 3~5%가 적당하다. 전문가일수록 손절매의 손실폭을 적게 정한다. 허용할 수 있는 손실폭을 일반적인 교과서 기준보다 적은 폭으로 설정하는 것이 자금을 유지하는 데 도움이 된다. 그래야 최저가라고 판단되는 시점에서 매수하려는 노력을 기울이게 된다.

여러 각도로 분석하고 노력해서 매수한 가격에서 주가가 추가로 더 떨어진다면 매수한 사람의 생각이 잘못되었든가 아니면 그 주식에 문제가 있는 것이다. 자신의 실력을 탓하는 일은 매도한 후에 해도 늦지 않으므로 '그 주식에 무슨 문제가 있구나' 라고 판단해 일단 그 주식을 팔아야 한다.

또 '몇 % 떨어지면 손절매한다' 는 방법뿐 아니라 '지지선이 하향하면 매도한다', '지지선이 추세 이탈하면 매도한다', '이동평균선이 상승에서 하향으로 꺾이면 매도한다' 는 등의 기준을 가지고 매매할 수 있는데, 이는 단기간에 체득되는 것이 아니기 때문에 서서히 배워나간다.

여러 매매 기법을 안다고 해서 그대로 실천하기 어렵고, 실천한다고 해도 확실히 도움이 되지 못하는 경우가 많으니 꼭 필요한 한두 가지를 제대로 사용하는 것이 더 효과적이다. 자기 기준대로 매매하는 방법도 나쁘지 않다. 그러나 손절매도 자주 하면 나쁜 습관이 될 수 있다. 시장에 민첩하게 대응하기 위해서는 손절매가 꼭 필요하지만 지나치면 손실이 회복할 수 없을 만큼 커질 수 있으므로 처음부터 손절매를 생각하지 말고 냉정하게 매수하는 자세를 가져야 한다.

06 | 시장 상황에 따라 매매 전략을 달리 해야

 오르는 종목을 고르는 방법은?

 **휴일을 이용해 좋은 종목을 찾는 방법**

투자자는 한 주 동안 전쟁을 치르고 나면 자신이 무엇을 했는지 모를 때가 많다. 계획했던 매매보다 시류에 흔들려 이리저리 주가 흐름을 따라다닌 것이 아닌가 하고 후회하기도 한다. 그렇다고 장이 열리지 않는 이틀 동안 마냥 쉬지도 못한다. 다음주가 어떻게 전개될지 궁금하기도 하고, 혹시 하락할지 몰라 불안해서다.

그러므로 투자자는 장이 열리지 않는 동안 다가올 한 주를 위해 주식시장을 예측해보고 전략을 구상해야 한다(자기 예측이 맞는지 여부는 크게 중요하지 않다. 준비하는 자세가 필요하고, 어떤 방향이든 대비하려는 마음을 가져야 주가 변화에 능동적으로 대처할 수 있다). 주말을 이용해 주식시장에 대한 그림을 어떻게 짜야 할까?

① 먼저 지나간 한 주를 반성해본다. 장이 끝나고 나서는 잘했다고 기뻐한 날보다 후회스러운 날이 더 많다. 투자자 대부분은 매일 반성을 하니 황금 같은 휴식시간을 평소와 같은 내용을 검토하면서 보낼 필요는 없다. 다만 자신이 무엇을 잘못했는지 모를 정도로 매매 기준이 없었다면 잠시 되돌아봐야 한다. 아무리 반성을 열심히 한다고 해도 '앞으로 잘하는 방법이 더 실익이 있다' 는 것을 기억하자.

② 다음주에 주도할 테마를 연구한다. 다가올 주의 예상되는 주류 테마를 분석하고 상황이 예상대로 전개된다면 어떻게 매매할 것인가에 대한 전략을 구상해야 한다. 제일 좋은 방법은 신문을 뒤적이면서 어떤 내용을 지나쳤는지 조사해보는 것이다. 중요한 기사나 증시에 영향을 줄 만한 기사를 정리하면서 큰 줄기를 체크해보면 그 동안 자신이 가졌던 생각과 비교해서 정리할 수 있다.

주변 여건이나 수급을 무시하고 종합주가지수 차트나 다우 차트, 심지어는 일본 닛케이의 차트를 분석해보기도 하는데, 우리가 아무리 연구를 잘한다 하더라도 외국 자료는 그들 실정에 가장 잘 맞는 것이다. 날마다 보는 우리나라 종합주가지수를 판단하는 것도 힘든데, 외국 차트를 우리나라 투자자의 시각으로 분석하면 오히려 예상이 맞을 확률이 떨어진다. 자신이 해외 증시의 전문가가 아니라면 미국 시장을 분석하는 일은 전문가에게 맡기는 편이 차라리 낫다. 모든 것을 자기 혼자 분석하려 하지 말고 각 분야의 전문가의 말에 귀 기울여야 한다.

그렇다고 미국의 다우나 나스닥의 차트를 보지 말라는 말은 아니다. 건성으로 살펴봐서는 정확한 판단을 이끌어내기 힘들다는 뜻이므로 어차피 분석하려거든 매일 꾸준히 살펴보아야 한다는 말이다. 그래야 미국 시장의 큰 흐름을 이해할 수 있다.

③ 지난 한 주 주식시장에서 이뤄진 수급을 알아두면 줄기가 그려지는데 다음과 같은 방법을 쓰면 유용하다. 첫째, 외국인이 어떤 종목에 관심을 가지고 있는지 그 매매 패턴을 연구해본다.

실제로 어떤 특징이 있었는지 예를 들어보겠다.

외국인 투자자 옐로칩 중심 '사자' … 삼성전자 '팔자'

개별종목별로는 외국인이 금액 기준으로 LG전자를 903억 원어치 사들여 순매수 1위 종목에 랭크됐으며 삼성전기(775억 원), SK텔레콤(624억 원), 삼성전자(우)(561억 원) 등이 그 뒤를 이었다. 특히 외국인의 순매수 상위종목에 해운주와 조선주가 올라섰다. 업황 호조로 외국인의 관심이 높아졌기 때문이다. 현대중공업(534억 원)을 순매수 5위에 올려놓은 것을 비롯해 한진해운(507억 원), 현대상선(356억 원)이 각각 7위와 9위를 기록했다.

반면 외국인들은 지난주 대거 사들였던 국민은행을 995억 원어치 팔아치워 순매도 1위 종목으로 올려놓았다. 외국인들은 정부의 신용불량자 구제책이 카드사 비중이 높은 국민은행에 부정적일 것으로 내다봤기 때문이다.

이에 따라 LG카드(798억 원)와 신한금융지주(347억 원)도 순매도 2, 3위에 올라섰다. 삼성전자는 3분기 실적이 예상보다 높게 나왔으나 외국인은 순매도로 일관, 주간 순매도(194억 원) 5위에 기록됐다.

반면 기관들은 삼성전자 실적을 긍정적으로 평가하면서 773억 원어치를 사들여 외국인 매매 패턴과 대조를 이뤘다. 기관들은 지난주에 이어 SK의 지분 212억 원어치를 사들이며 순매수 2위에 올려놨다.

이 밖에 신한금융지주와 국민은행, 우리금융지주 등이 각각 3, 4, 7위 등에 랭크돼 금융주를 집중적으로 사들인 것으로 나타났다. 〈머니 투데이〉

외형이 개선되고 실적 내용이 우량한 옐로우 칩이 외국인들의 새로운 매수 대상이 되고 있다. 지난주부터 이런 모습은 시작되었다.
그리고 앞으로 1~2주 기업 실적 발표 내용이 투자패턴 결정에 중요한 변수로 작용할 것이다. 이런 과정에서 통상적인 경기회복 기대감에 따른 투자전략은 설 땅을 잃고 있는 느낌이다.
금융주와 유통주를 팔고 인터넷과 전기전자 업종의 중대형주로 옮겨 타는 모습이 그것이다. 소비심리 위축이 지속되고 가계신용 개선에 대한 대책이 없는 상황에서 단지 기대감만으로 투자 결정을 하기는 부담된다.
『한국경제』

기사 내용은 많지만 그 가운데서 핵심을 파악하고, 행간의 의미를 음미하면서 전체 줄거리를 훑어봐야 한다. 이렇게 한 주를 분석한 기사를 보거나 외국인 투자자와 기관투자가의 '매매 상위 종목표'를 보면서 앞으로 어떤 방향으로 시장이 흘러갈 것인가를 추측해내야 하는데, 여기에서 외국인 투자자는 초우량기업 중심에서 점차 중저가 블루칩으로 매매 패턴이 변화하고 있다는 것을 알아야 한다. 업종별 우량주, 즉 반도체 관련 주식을 중심으로 운수창고, 조선, 해운 등의 업종 내에서 우리나라를 대표하는 초우량기업에서 일류기업으로 매매 범위를 확대하고 있다는 것을 알 수 있는데,

여기에 자신도 동참할 것인가 아닌가를 결정한다.

2003년부터 우리 주식시장은 과거와 달리 '기관투자가와 외국인 투자자의 싸움'이 아니다. 예전에는 기관투자가와 외국인 투자자 두 황소의 힘겨루기였지만 외국인 투자자 매매가 40%에 달할 만큼 매매 비중이 높아지면서 한쪽 방향의 움직임(외국인 투자자의 매매 형태)을 주시하는 편이 오히려 낫다. 자금 규모와 매매 크기로 비교해보면 다윗(기관투자가)과 골리앗(외국인 투자자)의 싸움이 되고 있다.

둘째, 새로 부각되는 종목을 살펴서 조정 기간에 싸게 매수할 수 있도록 종목을 점찍어둔다.

외국인 투자자가 그 동안 매수하지 않았다가 새롭게 매수하기 시작하는 종목에 관심을 가지는 것이 좋다. 이 방법은 리스크도 있지만 상승 초기의 주식을 매수할 수 있는 기회를 제공하기도 한다. 하지만 일시적으로 매기가 형성되었다가 사라지는 종목도 많으므로 손절매 가격을 미리 설정해놓고 매매에 임해야 실수를 줄일 수 있다.

셋째, 선택할 종목을 어느 가격에 매수할 것인가 고민해본다.

만약 자신이 보유한 종목이 외국인 투자자의 주요 매수 종목에 포함되어 있으면 상승시 어느 가격에 매도할 것인가를 결정하고, 매도 후 다시 매수한다면 어느 가격에 매수할 것인가를 생각해봐야 한다. 주요 매수처가 있는 종목이라도 'N자형'의 상승과정을 거치는 것이 일반적이므로 적절히 매수·매도할 기회를 엿보아야 한다.

넷째, 기관이 매수하였다고 무조건 쫓아갈 이유는 없다.

기관투자가는 매매 규모에서 외국인 투자자와 큰 차이가 나므로 '기관투자가가 샀기 때문에 상승하겠지' 하는 안일한 마음은 버리는 것이 낫다. 기관투자가의 매매 순위는 아무런 의미가 없다. 현재 큰 줄기의 물꼬는 외국인 투자자가 가지고 있으므로 시장의 원리에 순응해야 큰 실수가 없다. 기관투자가의 매매 종목 순위보다 매매 수량에 대해 관심을 가져야 한다. 외국인 투자자나 기관투자가의 적은 수량의 매매로는 시장 가격에 영향을 주지 못한다. 다만 심리적 안정감을 유지시켜 줄 뿐이다.

④ 전문가들은 어떻게 전망하는지 인터넷을 서핑해보면서 시장의 일정한 흐름을 파악해야 한다. 검색 포털사이트를 통해서도 수많은 이른바 고수(?)들의 얘기가 매일 쏟아져나온다. 그 가운데 스스로 잘한다고 생각하는 고수들의 얘기에 귀 기울이다 보면 많은 도움이 된다. 또 여러 사람들의 얘기를 자세히 읽어보고 자신의 견해와 비슷한 글이 있다면 체크해놓고 분석해본다.

종목 선정에서도 전문가들이 제시하는 종목 가운데 축약해서 관심을 가지면 큰 실수는 하지 않는다. 다만 상승 초기에는 무료로 정보를 제공하지 않기 때문에 어느 정도 상승한 종목이 많다. 그 종목 중에서도 잘만 하면 시장 주도주를 찾을 수 있다. 돈을 들이지 않고 급하게 상승하는 종목을 찾고자 한다면 이 방법이 값지다. 모든 종목을 검색하며 자신이 직접 종목을 찾는 방법은 시간도 많이 들고 확률도 떨어진다. 증권전문 사이트에서 추천하는 종목 중에서 기업내용과 차트를 잘 검토해 관심 종목으로 선정하면 의외의 성과를 올릴 수 있다.

시장에서 가장 빨리 움직이는 종목이 무엇인지 안다면 큰 손실을 보지 않고 매매할 수 있다. 그렇다면 이러한 종목을 어떻게 찾아낼 수 있을까?

2003년 10월 14일 하나로통신 사례를 보자. 장중에 단기 매매를 위해서는 분봉을 사용한다. 분봉(2분봉이나 4분봉을 취향대로 선택하여 중복해 비교하면서 활용하면 실수를 줄일 수 있다)을 계속 관찰하면서 매매해야 한다.

장중에 종목을 선정하고 매매 시점을 잡는 방법을 순서대로 살펴보자.

① 최근의 주가를 먼저 살펴보고 며칠 동안 하락한 상태에서 반전이 언제 이루어질 것인가를 유심히 관찰한다. 과연 이 종목이 상승할 것인가에 의문을 가지고 접근한다.

② 주가가 횡보하다 갑자기 상승하면서 분봉에서 양봉을 만드는지 관찰한다. 이때 양봉을 만들면 추격 매수해도 상관없다. 이러한 시점을 포착하는 데는 센스가 필요하다. 관심대상 종목이 갑자기 위로 움직일 때는 확신을 가지고 따라간다. 단, 추격 매수하기 전에 왜 주가가 오르는지를 알아야 한다. 즉, 상승을 이끌고 있는 재료(내용)로 무엇이 나왔는지 살펴봐야 한다.

③ 현재가화면에서 10단계 호가창을 통해 매수·매도 수량을 정확히 파악할 수 있다.

④ 빠르게 양선을 만들고 올라가는 종목의 뉴스를 확인한다. 현재가화면에서 머니투데이와 이데일리와 같은 실시간 뉴스를 곧바로 볼 수 있도록 접속해놓아야 재빠르게 행동할 수 있다.

'외자유치를 반대했던 LG측이 새로운 외자유치를 가능하게 한다' 는 재

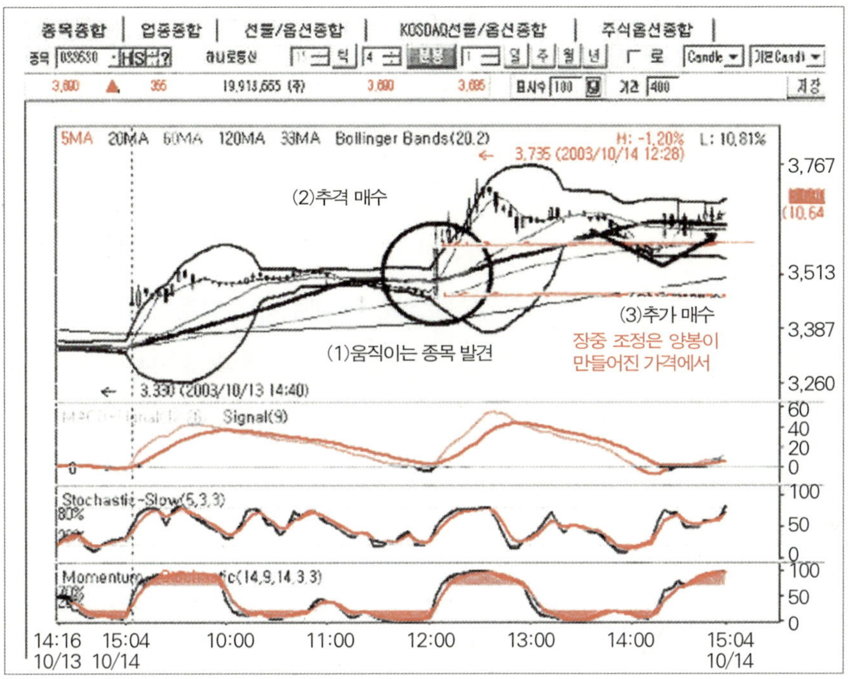

■ 하나로통신의 4분봉 사례 ■

료가 나오면 주가 상승이 가능하다고 판단한다(주가에 영향을 줄 수 있는 재료인지 아닌지를 판단하는 데는 조금의 전문적인 지식과 경험이 필요하다. 대체로 회사 성장성, 실적과 관계되는 재료라면 주가에 영향을 미친다).

⑤ 양봉이 출현하는 순간 추격 매수해도 무방하지만 만약 이러한 상승 초기에 매매 시점을 놓쳤다면 잠시 보류해야 한다.

사례로 본 하나로통신은 일반 소액주주가 다수이므로 주가가 움직일 때는 크게 출렁거린다. 어떤 주식이든지 그 주식을 오랫동안 관찰해보면 속성을 알 수 있다. 상승 기운이 강해 한 번에 상한가 가는 종목이 있는가 하면, 여러 차례 등락을 하면서 상승하는 종목이 있다. 그러므로 '시

장을 완전히 장악할 수 있는 재료가 아니다' 또는 '매매 시점이 늦었다'
고 생각되면 잠시 마음을 가다듬고 다음 조정가격까지 기다려야 한다.

⑥ 그렇다면 흔들림이 많다고 판단한 종목을 잠시 보류해두었다가 재매수
하려고 할 때 어느 가격대가 적당할까?

첫 양봉을 만든 가격이 가장 적절한 재매수 가격이다. 왜 그 가격이 재매
수 가격이 될까? 이유는 그 뉴스를 알아도 매수에 가담하지 못했던 투자
자가 마음 편하게 다시 매수에 가담할 수 있는 가격이 첫 양봉을 만들 때
이기 때문이다. 이렇게 자신의 판단보다 그 종목에 관심이 많은 다른 투
자자의 입장에서 생각해보면 적절한 매수 가격을 정할 수 있다.

주가가 횡보하다 처음 오르기 시작하면 보유한 사람이 매도하려고 내놓
은 물량이 소화되면서 첫 양봉이 만들어진다. 첫 양봉을 만들고 나서 지
속적으로 오르지 못하더라도 양봉을 만든 가격까지 가격 조정이 온다면
적극적인 매수를 해도 무방하다. 다만 그 자리(첫 양봉이 만들어진 자리)에
서 반등을 제대로 하지 못하고 내려갈 경우에는 뉴스에 따른 '반짝 상
승'으로 해석하고 손절매해야 한다.

 **갭을 이용해 장중에 좋은 종목을 찾는 방법**

장중에 움직이는 종목을 찾아서 매수하려고 할 때 어떤 매매 계획을 세
워야 하는지 생각해보자.

① 먼저 시초가에 갭이 발생했는지의 여부가 중요하다. 시초가가 전일 종
가보다 높게 형성되는 것을 두고 갭이 발생했다고 한다. 시초가에 갭을
형성한 종목은 매수세가 강한 종목으로 그 날의 시장을 주도할 가능성

이 크다. 다만 최근의 주가 흐름을 주시해야 하는데 며칠 동안 조정받은 종목이 갭을 발생하고 상승하면 재차 상승하는 것이지만, 줄곧 상승하던 종목이 시초가에 갭 상승으로 시작했다면 매수세가 한꺼번에 몰린 것으로 사고자 했던 사람이 시초가로 모두 매수하고 나면 추가 매수세가 실종되면서 주가는 자연스럽게 하락한다. 따라서 시초가 갭 상승의 의미를 최근의 주가 흐름에 따라 다르게 해석해야 한다.

② 시초가 이후 한 시간 내로 상승 갭이 다 채워지면 추가 상승에 한계가 있다. 강한 상승을 보인 종목이더라도 상승하는 시기를 틈타 매도세가 증가할 때 상승 갭을 메우게 된다. 이러한 현상은 이 종목에 대해 관심을 가지는 투자자가 적다는 뜻이며, 더욱 싼 가격에 사려는 사람이 많은 것으로 풀이해야 한다. 사려는 사람이 자꾸 싸게 사려고 한다면 주가는 상승하기 어렵다. 이를 간파한 매도세는 상황이 변했다는 것을 인식해 가격 불문하고 주식을 팔아치우려고 하여 전일 종가 아래(시초가의 상승 갭이 발생했던 가격 아래)까지 하락할 수 있다. 이런 경우에는 '다시 주가가 상승하리라고 믿는 투자자가 적어졌다'는 뜻이므로 손절매해야 한다. 즉 상승 갭이 발생한 주식이 상승 힘이 약해져서 시초가 근처, 또는 시초가 아래로 하락한다면 '상승 실패'로 이해하고 다른 종목을 선택해야 한다. 물론 주가 변동을 빨리 알아차릴 수 있는 센스(?) 있는 사람은 주가가 전일 종가로 가려는 움직임이 있다면 미리 매도해도 무방하다.

③ 매수 시기를 놓쳤다고 생각하면 추격 매수를 보류한다. 오전에 강하게 상승하는 종목을 선택했더라도 재빠르게 추격 매수하여 장중 단기매매를 성공하지 못했다면 잠시 기다려야 한다.

그렇다면 어느 가격에서 매수하면 안전할까? 시초가와 상승 갭 사이가 다음 매수 예정 가격이다. 처음 갭을 만든 가격이 매수세가 집중된 지점인데, 다시 이 가격대 아래까지 주가가 조정받으면 새로운 매수세가 형성되면서 상승할 수 있다. 따라서 갭이 발생한 가격 아래로 시초가 이후 조정을 받을 때 매수할 수 있는 가격대가 된다.

④ 손절매는 갭이 메워지면 재빠르게 해야 한다. 시초가에 갭 상승하고 나서 전일 종가를 하향 돌파하면 오늘의 상승 움직임은 거짓 상승이 되어버리므로 빠르게 손절매해야 한다.

종목을 발견했다고 해서 무턱대고 따라가면 안 된다. 추격 매수하거나 그렇지 못한 경우 천천히 생각하고 다음 기회를 노리는 것이 안전하다. 주식은 언제든 흔들리면서 상승, 또는 하락하므로 자기가 쳐놓은 그물망에 주가가 들어올 때까지 참는 인내가 필요하다.

 **재료를 이용해 장중에 좋은 종목을 찾는 방법**

종합주가지수가 조정받고 있을 때 재료(뉴스 또는 공시)가 나오면 어떤 식으로 매매해야 하는지 생각해보자. 주가 상승에 영향을 줄 뉴스가 나왔을 때 매매 행동은 빨라야 한다(여기서도 동물적 감각이 필요하다). 하이닉스를 통해 어떻게 상승하였는지 살펴보자.

① 옆으로 횡보하던 주식이 갑자기 상승하면(차트에 양봉이 만들어지면) 뉴스부터 확인해봐야 한다. 뉴스를 통해 주가 상승의 이유를 알고 나면 좀 더 자신감을 가지고 매매할 수 있다.

② 발표된 뉴스가 얼마나 주가에 영향을 미칠 수 있는지를 검증해야 하는데, 실적과 관련한 내용은 주가에 비교적 빠르게 반영된다.

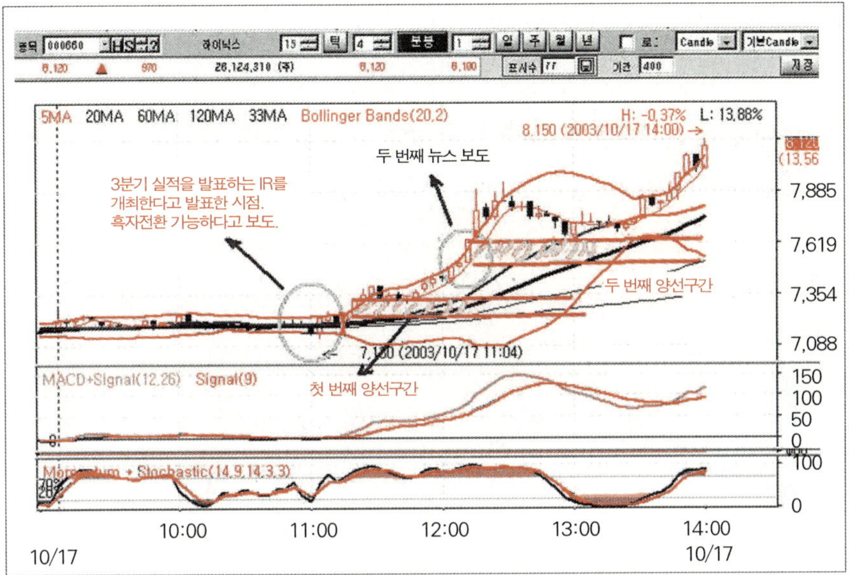

■ 하이닉스의 당일 주가 변화 ■

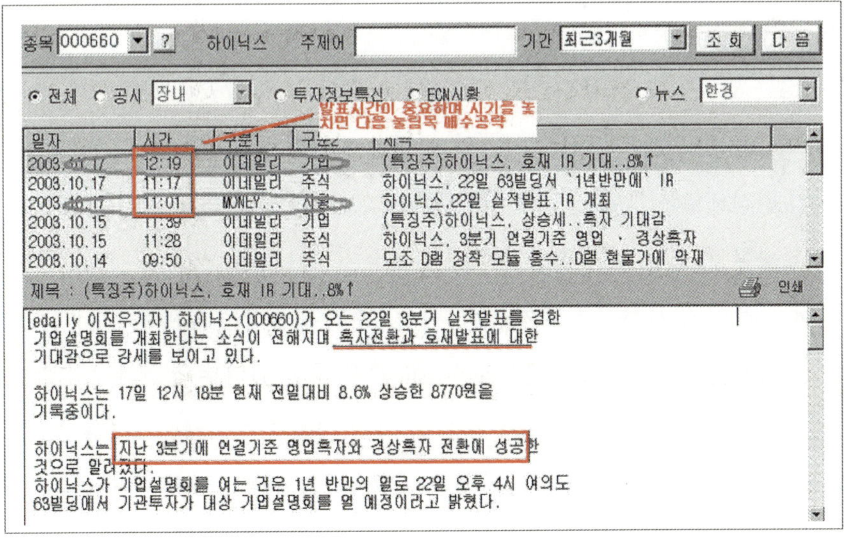

■ 하이닉스의 뉴스 발표 내용(시간 순서) ■

③ 뉴스만으로 매매 시점을 잡는 것은 다소 위험하다. 상한가로 진입할 만큼 강력한 재료가 아니라면 분봉을 이용해 매매 시점을 포착해야 한다. 뉴스와 공시가 발표된 시점에서는 적극적으로 매매하되 그 시점을 놓쳤다면 잠시 보류해놓고 관망하는 자세가 필요하다.

 미국 시장의 조정을 활용해 장중에 좋은 종목을 찾는 방법

미국 시장이 조정받을 때 우리 시장은 어떻게 변할까?

우리나라보다 하루 전에 열린 미국 시장의 움직임에 따라 우리 주식시장이 영향을 받는 것을 못마땅해하지 말아야 한다. 그것은 세계화된 금융 메커니즘의 현실이다. 상황을 있는 대로 받아들여야 한다.

그렇다면 미국 시장의 영향권 아래에서 어떤 종목을 매매해야 좋을까? 머리가 복잡할수록 단순화시켜서 생각하는 것이 시장의 큰 틀에서 벗어나지 않는 방법이다. 우리나라의 종합주가지수가 크게 상승한 상태에서 미국이 조정을 받으면 외국인 투자자의 매매가 위축되기 마련이므로 조금 보수적인 관점으로 시장에 접근하여야 한다. 그럴 경우 시장의 분위기와 무관하게 상승할 수 있는 개별 종목이 좋다.

예를 들어 쌍용양회를 보자. 반드시 이 종목이 좋다는 의미는 아니다. 종목을 찾는 한 방법으로 익히면 유용하게 활용할 수 있다는 뜻이다.

① 먼저 당일에서부터 최소 5일 동안의 주가 변화를 알아야 한다. 특히 5일 이동평균선 위에서 움직이는 종목을 선택하는 것이 좋다. 단기 매매를 하고 싶다면 이동평균선이 상향으로 있되 주가가 그 위에서 양봉을 만들면서 움직여야 한다.

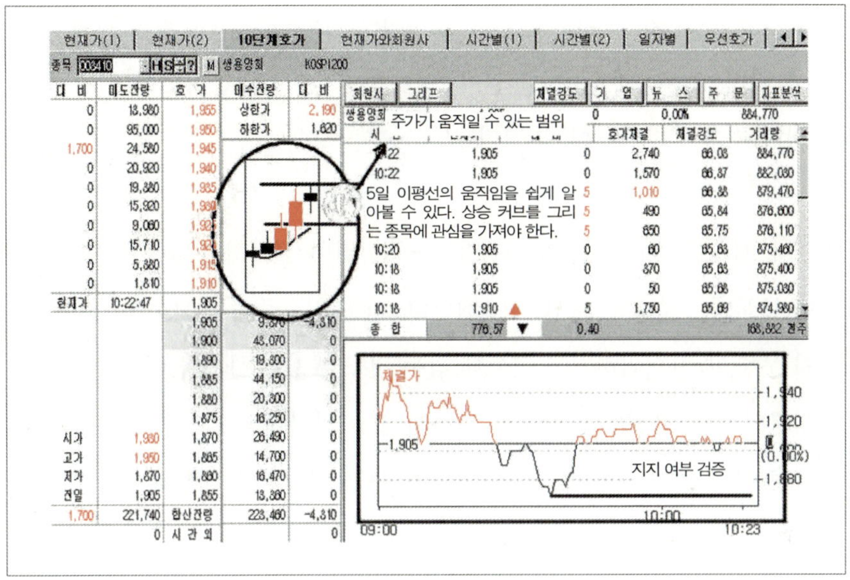

■ 쌍용양회의 현재가와 당일 움직임 ■

주가가 움직일 수 있는 범위인 1,840원까지 설정해볼 수 있다. 다음날까지 추가 조정을 염두에 두고 매매에 임하면 주가가 상승해도 추격매수하지 않게 된다. 미리 자신의 매매 예상가격을 설 정하되, 범위를 정해 유연하게 대처할 수 있도록 해야 한다.

② 분봉 차트를 이용해 시시각각으로 변하는 장중의 주가 움직임을 주시해 야 한다. 분봉을 통해서 어디가 지지선인지 저항선인지를 판단한다.

③ 양봉 형성 이후의 음봉 발생에 관심을 가져야 한다. 상승 초기에는 주로 양봉 2개를 만들면서 5일이동평균선이 상승 곡선을 형성한다. 이때 주 가가 조정받으면서 음봉을 만든다면 절호의 매수 기회가 된다.

④ 만약 상승 초기 국면이라면 작은 봉우리(주가 상승으로 만들어진)를 형성 할 가능성이 크므로 다시 5일이동평균선 근처까지 조정받을 수 있기 때 문에 미리 조정 예상 가능 범위를 정해놓고 서두르지 말고 기다려야 한

다. 그러고 나서 주가를 지속 관찰하면서 당일 주가 움직임의 힘을 느껴야 한다. 만약 이 지지선(5일이동평균선)을 깨지 않는다면 상승의 힘이 강한 주식으로 판단할 수 있다.

실제 매매에 앞서 자신의 마음을 죽이는 일이 필요하다. 특히 줄곧 지켜보던 주식이 상승하면 괜히 초조해진다. 상승하는 주식을 보고도 주문조차 내지 못한 채 아쉬워하기도 하는데 참는 것도 투자의 한 방법이다.

하루의 주가 움직임에 너무 흥분하지 말고 바닥에서 서서히 올라가는 종목을 찾아야 한다. 주가의 작은 움직임에도 그 의미를 생각해보면 지수가 조정받는 날에도 상승 초기의 종목을 선택할 수 있다.

 **종합주가지수 하락을 이용해 장중에 좋은 종목을 찾는 방법**

아침 동시호가부터 하락하는 날은 장중 매매하기가 더 쉽다. 이런 날은 큰 폭으로 하락하지 않는다면 주가 등락이 더욱 심해진다(이런 상황을 파악하기 위해서는 전체 시장에 대한 흐름을 이해해야 하나 종합주가지수가 하락하는 날은 장중 매매가 더욱 쉬워진다). 급격한 상승으로 시작한 날보다 위험은 커지지만 하락이 멈추는 시점을 잘 잡으면 수익은 더 커진다.

일반적으로 시초가가 하락한 날은 수익 내기가 더 힘들다는 사실을 경험이 있는 투자자는 알고 있을 것이다. 실패 원인은 매매 가능 폭을 보통 때보다 줄여야 하는데, 평소와 같은 범위에서 기대하기 때문이다.

종합주가지수가 상승하는 날은 상승 종목 수가 늘어나므로 상승 종목을 선택할 수 있는 확률이 비교적 높아진다. 반대로 하락하는 날은 선택 폭이 좁아지지만 몇몇의 상승 종목으로 투자자의 관심이 집중되면서 상승하는 종목은 더 쉽게 상승하는 특징이 나타난다. 그러므로 잘만 고르면 매수세의 집중으로 인해 단기간에 수익을 올릴 수 있다.

시장 전체가 상승폭이 큰 날은 최고가에 팔지 못해서 심리적인 박탈감을 느끼긴 해도 수익을 낼 수 있는 기회가 많다. 또 시장 전체가 하락하는 날은 어디까지 하락할지 모르는 불안한 상태에서 매매해야 하므로 용기가 필요하다. 매매하기 전에 손절매 가격을 확실하게 정해놓고 매매를 시작해야 한다. 어느 정도의 위험을 감수할 때 이익도 따르기 때문이다.

시장이 하락하고 있을 때는 종합주가지수에 영향을 주는 대형우량주를 중심으로 살펴서 그 가격의 저점을 설정한 후 지수와 연동하여 판단하면 쉽다. 종합주가지수만을 기준으로 놓고 판단하려고 하면 실수하는 경우가 많으므로 대표 종목의 가격 변화에 더 신경을 써야 한다. 또 재료도 좋은 뉴스거리도 없는 숨고르기 시장이라면 교체 매매의 시기로 잡는 것이 좋다.

"조정이 끝난 다음에는 어떤 종목이 상승할까", "어떤 종목으로 갈아탈까", "시장 전체가 하락한다고 해도 하방경직을 이루면서 손실을 최소화할 수 있는 종목은 무엇일까" 등을 고민해야 하고, 가장 강한 주가 움직임을 보이는 종목으로 바꿔야 한다.

그러면 어떻게 상승할 종목을 찾을 수 있는지 연구해보자.

① 먼저 종합주가지수 차트를 본다. 시장 전체가 조정을 보인다면 그 이후의 시장은 두 가지 상황 즉, 상승 아니면 하락이다. 그러므로 만약 상승할 거라고 판단하면 어떤 종목이 상승할 것인가를 알아내야 한다. 투자가는 시장이 상승할 것인가 아닌가를 판단해야 할 뿐만 아니라 향후 시장을 주도할 종목을 찾아내는 일 두 가지를 동시에 생각해야 한다.

만약 하락한다고 판단할 때는 하락장에서 견뎌내는 방법을 미리 생각해 행동하는 것이 주식시장에서 생존하는 방법이다. 시장의 하락폭보다 큰 하락 주도 종목은 되도록 빨리 손절매해야 한다.

② 종합주가지수에 대한 분석이 끝나면 종합주가지수 차트를 잘 기억해 자신이 선택한 종목과 비교해본다. 주가 방향은 어느 누구도 장담할 수 없으므로 편한 대로 생각해도 무방하다. 조정 기간에는 지수 하락 방향과 반대 추세, 즉 상승 추세를 타고 있는 종목인지 판별한다. 그래야만 하락하려는 힘보다 상승하려는 힘이 강한 종목을 고를 수 있고 조정 폭도 작은 종목을 고를 수 있다.

상승 종목 중 힘이 센 주식을 찾을 때는 하루의 가격뿐 아니라 일봉 및 주봉 차트를 보고 추후 상승 가능성이 있는지 확인해야 하고, 종합주가지수에 대비해 어떻게 움직이는지 봐야 한다.

종합주가지수가 상승 전환할 가능성이 보이면 시장 전체에 영향을 주는 지수관련주가 상승할 수밖에 없다. 이때는 개별종목보다 대형우량주 중심으로 관심을 가져야 안전하다. 조정장에서는 차기 주도주를 선택해야 안전하고, 손실을 최소화하며 버틸 수 있다. 만약 마이너스권에서 시장이 움직인다면 시장 참여자(외국인 투자자 또는 기관투자가)의 관심 밖 종목은 털어버리고 그 동안 매수하고 싶었지만 못했던 종목으로 교체 매매를 해야 한다. 시장의 하락은 종목을 바꿔치기 할 수 있는 좋은 기회이기도 하다.

주식 이렇게 매도하자

 최저가에 사고 최고가에 팔 수 없나?

 **사는 일보다 파는 일이 더 힘들어**

"원하는 투자 수익을 달성하려면 더욱 유연하게 기회를 살필 필요가 있다." 월가의 거장으로 불리는 피터 번스타인의 말이다. 이는 "주식을 보유하기만 하는 것이 좋은 일이 아니라 시장 상황에 맞춰 적절한 시기에 매도하기도 해야 한다"는 의미로 말한 것이다.

번스타인은 또 "주식은 매우 위험한 투자로 종종 잘못할 수도 있기 때문에 이를 바로잡는 것이 중요하며, 리스크를 제대로 관리해야 한다"고 조언했다.

아무리 실력 있는 사람도 운이 따라주지 않을 경우 매매에서 실패할 수 있고, 그 횟수도 한 번으로 끝나지 않고 반복해 일어날 수 있다는 것도 말했는데, "잘못된 매수라면 빠른 손절매를 해야 하고, 주식시장이 나빠질 것 같으면 이익실현을 통해 주식 보유를 줄이라"는 원론적인 얘기다. 투자수익을 늘리기 위해 우량한 주식을 골라 사는 것뿐 아니라 이익을 실현하는 것에 대한 강조다.

대부분의 사람들이 "주식을 사는 것보다 파는 일이 더 힘들다"고 말한다. 최저 바닥에서 매수해서 최고 꼭대기 시세에 판다면 제일 잘하는 매매겠지만 실제로 그렇게 할 수 있는 가능성은 매우 적다. 하루에 주가가 10,000원에서 11,000원까지 움직였다고 할 때, 최저가에 매수해 최고가에 매도할 수 있는 확률은 얼마나 될까?

시장 참여자의 모든 거래 가운데 최저가 거래량과 최고가 거래량을 합한 수를 자신이 거래한 수로 나누어보면 자신이 최상의 거래를 선택할 수 있

는 확률이 나온다. 한번 계산해보면 천분의 일이나 만분의 일 정도에 지나지 않는다. 얼마나 어려운 일인가! 공부하는 학생이 내신 1% 안에 들어가는 일도 아주 힘든 일인데, 가장 최선의 선택으로 매매할 확률이 0.01%에 지나지 않으니 힘든 일이라는 것을 알 수 있다.

몇천만 주씩 거래되는 종목이라면 자신이 가장 싸게 사서 가장 비싸게 팔 가능성은 더 희박해진다. 다른 시장 참여자들도 수익을 내기 위해 최선을 다해 연구와 노력을 기울이고 있다는 증거다. 서로 주고받는 치열한 거래에서 자신만이 높은 수익을 얻으려는 기대는 한낱 욕심에 지나지 않는다는 것을 인정하고 투자를 시작하는 게 좋다.

그렇다면 어떤 경우에 최선의 매매를 할 수 있을까?

누군가가 가장 싼 가격에 주식을 팔아야 하고, 자신이 그 주식을 매수해야 한다. 또 자신이 산 가격보다 비싼 가격으로 많은 사람들이 매수해줘야 주가는 오르며, 최고가에서는 적극적으로 사려는 사람이 존재하되 자신은 '더 오를지 모른다'는 욕심을 버리고 주식을 팔아야 '최저가 매수, 최고가 매도'의 거래가 성립한다. 이렇듯 조건이 많다.

어느 매매를 두고 이익을 보든 손해를 보든 심리적으로는 늘 '손해 봤다'라고 생각하는 것은 투자자의 머릿속에 모두 '최저가'와 '최고가'만을 염두에 두면서 자기의 매매와 비교하기 때문이다.

최저가와 최고가를 정확하게 집어내며 수익을 추구하는 일은 사실상 불가능하다. 적절한 수익을 내면서 다른 사람보다 '조금 앞서는 정도'의 실력을 발휘하는 것으로 만족해야 한다. 이는 노력과 열정으로 가능하다. 최고는 될 수 없어도 '수익'은 얻을 수 있다. 주식투자의 목표는 '수익 창출'이란 점을 생각하면 나름대로 만족한 수준을 만들 수 있다.

"무릎에 사서 어깨에 팔라"는 선배들의 조언은 수많은 실전경험에서 나온 말이다. 어떻게 하면 마음에 드는 가격에 매수하고 매도할 수 있을까? 투자자에게는 영원한 숙제다.

 매도를 잘하는 방법은?

 **주식 없는 사람이 시장을 더 잘 알아**

'무(無)주식이 상팔자'란 말이 유행하던 시절이 있었다.

"아직도 주식 하세요?"

"주식 하나 없는 내가 얼마나 마음이 편한데……."

"바보 아닌가, 나쁘다는데 왜 하지? 집안 말아먹을 일 있나?"

주식시장 안과 밖의 사람들의 생각에는 이렇게 너무나 많은 차이가 난다. 보유 주식의 가격이 하염없이 떨어져 경제적 타격을 받는 것도 서러운데, 주식투자를 하지도 않는 사람한테 이런 얘기를 들으면 피가 머리끝까지 솟구치는 것 같다.

경제가 어려운 대세 하락기에는 일반사람들도 TV나 신문을 통해 주식시장에 대해 익히 들어서 나쁘다는 걸 잘 안다. 그래서 주식시장을 빠져나오지 못하는 투자자를 보면서 답답해하며 그런 말을 하는 것이다. 주식에 발 담그고 있지 않은 사람은 누구든 그렇게 말할 만하다. 희로애락 중 '노'와 '애'가 대부분 지배하는 주식시장의 메커니즘을 시장 밖의 사람들은 겪지 않아서 받아들이기 힘들다. 주식 때문에 속끓는 투자자의 애환은 같은 병을 잃는 사람들만이 이해한다. 주식를 하는 사람의 마음은 마누라도 이해 못한다고 하니까.

주가가 하락할 때 주식을 가지고 있지 않다면 사람들의 이런 비아냥거림을 피할 수도 있겠다는 생각이 든다.

'주식이 오를 때는 보유, 내릴 때는 매도' 할 수 있다면……. 그 방법만 알면 '주식투자를 하는 바보(?)' 로 취급당하지 않을 수 있다. 바보가 되는 길이 아니라 부자가 되는 지름길 아닌가? 그 지름길을 찾기 위해서는 열심히 공부하는 길밖에 없다.

 ## 매수하는 순간 매도 생각

투자자는 주식을 매수하는 순간부터 머리가 복잡해진다. "이 주식을 어떻게 처리해야 하나?" 사자마자 팔 궁리부터 한다. 여러 생각 끝에 '확실히 먹을 수 있겠구나' 라는 생각으로 매수했지만 누구도 주가의 방향은 모르기 때문에 팔 준비를 하게 된다. 손해 볼 것을 뻔히 아는데 매수하는 그런 멍청한 투자자는 한 사람도 없다. 그런데도 주식을 매수하자마자 그런 기대가 크게 잘못되었다는 것을 금방 알아차리는 경우가 많다. 그것도 1분도 채 되지 않아서 말이다.

주식을 매수하기 전에는 희망과 꿈이 있다. 이걸 살까, 저걸 살까? 주식을 고를 때와 매수하고 난 다음 사람의 마음은 사뭇 다르다. 매수 주문이 체결되는 시점부터 수익을 얻을 것이라는 기대보다 부담이 더 커진다. 매수한 가격보다 아래로 떨어질까 걱정이고, 또 기대대로 오르면 어느 가격에 정리할까 행복한 고민을 해야 한다. 올라도 걱정, 떨어져도 걱정이다. 그러나 어느 정도의 긴장감은 건강에도 좋다고 하니 이미 주식투자를 한다고 하면 주식 걱정을 스릴로 느껴야 한다. 긴장을 즐겨야 한다는 얘기다.

주식을 사놓고 잠 못 자는 사람이나 주가가 조금만 오르내리면 심장이 지나치게 요동치는 소심한 사람은 주식과 인연을 맺지 않는 것이 좋다. 또한 자신의 모든 운명을 주식투자에 거는 비장한 사람도 빠른 시간 안에 다른 길을 찾아나서야 한다. 그들은 긴장을 극복할 정신적 여유가 없어 적절한 시간에 주식과 이별하지 못하고 하락이라도 하면 전전긍긍하며 끝까지 주식을 보유하기 때문이다. 밤낮으로 속앓이를 하지만 행동으로 옮길 용기도 없어 결국 실천하지도 못하고 큰 손실을 보게 된다. 마음 편한 주식거래는 누구에게라도 불가능하지만 주식이 주는 스트레스와 긴장감을 어느 정도 즐길 줄 알아야 한다. 이는 투자자 자신이 극복해야 하는 과제다.

어쨌든 주식을 매도하지 않으면 수익이 현실화되지 않으니 이익이 나면 절대적으로 팔아야 자기 몫이 된다. 주식이 올랐어도 팔지 않으면 평가액만 올랐다 내렸다 할 뿐 자기 돈이 아니다. 현금으로 만들기 전까지는 올랐다고 손뼉 치지 말아야 한다.

'아, 이번에 이만큼이라도 벌었으니 난 참 운이 좋아', '팔았더니 더 올랐네. 다른 사람들도 이익을 봐야 해. 그래야 다음에 또 내 주식을 비싸게 사주지.' 이렇게 아량(?)을 베푸는 듯한 자세를 갖는 것이 정신수양에 도움이 된다. 매도를 잘할 수 있는 정신적 여유는 돈이 많아서 생기는 것이 아니라 주식을 대하는 자세에서 오는 것이다.

 ## 매도를 할 때는 욕심을 줄여야 한다

'경기가 좋아진다' 는 사실에 근거해 한번 투자해보려는 마음이 생겼다면 주식을 사놓고 오랫동안 묵혀둬야 제대로 수익이 난다. '뭐 좋아지겠지, 앞으로 좋아질 것 같아. 미국 경기가 바닥을 치고 올라온다잖아.' 이런 마음일 때 적어도 몇 달, 길게는 1~2년 보유하려는 계획을 세워야 매도 가격을 예상하지 않게 된다. 물론 마음으론 얼마까지 상승하면 좋겠다고 예측할 수 있지만 '생각하지 않는다' 고들 말한다. 워낙 먼 미래의 일이기 때문에 처음 기대했던 예상가격을 잊기도 한다.

하지만 장기투자 계획을 세웠다 하더라도 주식 시세를 쳐다보면 변화하는 주가에 마음이 흔들리는 것은 인간으로서 어쩌면 당연한 일이다.

강세장에서는 손해 볼 확률이 적어진다는 것이지 전혀 손해를 보지 않는다는 것이 아니다. 약세장에서도 더 큰 이익을 낼 수 있으며 강세장에서도 손실을 볼 수 있는데, 어떻게 하면 그런 상황이 벌어지나 예를 들어보자. 투자자에게 유사한 상황이 발생되지 않기를 바라는 마음에서 정리해본다.

투자자 김 사장의 머피의 법칙

김 사장은 주식시장에 입문한 지 5년 정도 된 산전수전 다 겪은 투자자다. 매일 객장에 나와 살지만 그 동안 잃은 돈을 생각해서 그만두지 못한 가슴 아픈 (?) 사연이 있다. 상승장과 하락장을 모두 경험했고, IMF 때도 매매를 했으니 이제는 '주식시장에서 일어날 일은 다 겪은 것 같다' 고 자부하는 베테랑이다.

어느 날 시세를 열심히 보던 중 몇 달 하락만 하던 인터넷주가 강하게 상승하는 모습이 눈에 들어왔다. '어, 처음으로 움직이네. 그 종목 괜찮겠다. 한번 짧게라도 먹고 나와야지' 하며 상한가에 따라잡았다. 상한가에 주식을 샀는데도 운 좋게도 이틀 연속 상한가를 기록해 매우 기쁜 마음으로 매도했는데 계산해 보니 25%의 수익으로 오랜만에 짜릿함을 느꼈다.

'주식은 이런 맛에 한다니까', '매일 이렇게만 된다면……."
까먹은 돈을 만회하는 것은 시간문제 같았다.

'이제부터 이런 식으로 잘해서 본전 찾아야지.' 김 사장은 약간 흥분된 기분으로 콧노래가 절로 나왔다. 그런데 다음날 주가는 하락하지 않고 다시 상승했다.

'이러다 계속 가면 어쩌지?', '이걸 따라잡아?' 김 사장은 주식을 미리 판 것을 아까워했지만 '떨어질 때를 기다리자' 며 여유를 가지고 주가를 지켜보기로 했다. 그런데 그 다음날에도 주가는 하락하지 않고(기다리는 조정은 오지 않는다고 한다) 판 가격에서 연 이틀이나 상한가를 기록하는 강한 모습을 보였다.

김 사장은 '참 나, 더 올라가는구나. 억울하다' 며 매도한 금액만큼 다시 그 주식을 매수했다. 매수 단가가 올라버렸으므로 처음 매수했을 당시보다 주식 수는 20% 줄었다. 하지만 불행하게도 '다시 조금만 먹고 나와야지' 했던 생각이 잘못되었다는 것을 금방 깨닫게 되었다. 기대와 달리 그때부터 주가가 하락하기 시작한 것이다.

'어? 잘못한 것 아닌가?', '많이 떨어지면 큰일인데……' 하면서 추격 매수한 것을 후회했지만, 주식은 이미 자기 손에 있으니 주가가 하락하는 것을 지켜만 볼 수밖에 없었다. 급등 후에는 급락이 온다더니 하락폭은 점점 커져 재매수한 가격보다 훨씬 더 떨어졌다.

'여기서 추가로 하락하면 지난번 번 돈 다 까먹는데 어떻게 하지?'
김 사장은 '번 돈마저 까먹을 판이니…… 어쩌지?' 하며 주가보다 자신의 손실 규모에 더 신경을 쓰면서, 두 번의 하한가를 기록할 때 망설이다가 손절매를 결심했다.

그래서 원금에서 조금 손해를 보면서까지 매도해버렸다. '차라리 가만히 있을걸, 괜한 짓했네' 후회하지만 이미 엎질러진 물이다.

화가 난 김 사장은 '주식은 한번 매매하면 다시는 보지 말아야 해', '이제는 상승하는 초기단계에서나 매수할 거야. 다시는 상한가에 따라가는 일은 없어'라며 다시 그 종목을 쳐다보지 않았다.

새롭게 부상하는 다른 종목을 열심히 연구하는 사이, 주가는 조금 더 하락하는 듯싶더니 강하게 반등해 두 번째 매수한 가격 이상까지 올라버렸다. 김 사장은 팔았던 주식이 상승하고 있음을 나중에야 알게 되었다.

'참 나. 그냥 놔둘걸 괜한 짓했네', '왜 난 이리 재수가 없을까?' 후회도 하고, 자책도 해봤지만 결과는 달라지지 않았다.

　이 이야기는 지어낸 것이 아니다. 나도 겪었던 일이지만 경험 많은 투자자라면 누구든 한번쯤 아니 그 이상도 경험할 수 있는 이야기다. 매수를 잘하긴 했어도 매도를 적당한 시기에 하지 못해서 일어나는 일이기도 하다. 목표한 가격만큼 주가가 올라 수익을 현금화하고 나서, 참을 줄 알았다면 손해는 보지 않았을 텐데……. 지나친 욕심이 화근이었다. 좋은 주식을 사놓고 오르든 내리든 무관심하게 있을 수 있는 마음의 여유가 있었다면 투자자는 웃을 수 있었을 것이다. 정신적 여유가 손익과 직결되는 상황을 자주 보게 된다.

외국인 투자자와 기관투자가는 대세 판단을 잘하며 중 · 장기로 투자할 수 있는 여건이 되므로 일반투자자처럼 당일 주가에 연연해하지 않는다(솔직히 잘한다기보다 그들의 매수 강도에 따라서 주가가 오르내리는 경향이 많아 잘하는 것처럼 보인다). 그들은 상승한다고 생각하면 서서히 물량을 늘리면서 기회가 올 때까지 기다리는 방법을 쓴다. 외국인 투자자의 펀드를 운용하는 펀드매니저의 마음은 하루의 주가 등락에도 입술이 타들어갈 만큼 긴장되겠지만 바라보는 입장에서는 그들의 매매 형태에서 정신적 여유가 느껴진다. 서서히 물량을 거두어가며 급등할 때 물량을 줄이는 방법이 우리들이 흉내내기에는 답답하기까지 하다.

조급한 개인투자자가 대세 상승기에서 수익을 내지 못하는 이유는 적절한 시기에 팔고 적절한 시기에 재매수하지 못해서다. 이런 매매를 '엇박자 매매'라고 한다. 박자가 틀리니 노랫가락이 흥겨울 리 없다.

이런 문제를 놓고 해결할 수 있는 방법은 두 가지다.

반드시 최고가에 매도하거나(이는 신의 영역이다) 일정 수익을 얻으면 매도하고, 얼마 동안은 그 주식을 다시 쳐다보지 않는 방법이다(더 올라간다고 하더라도 남의 몫이라고 인정하면 적어도 처음 이익은 자기 몫이다).

기다리면 기회는 늘 온다. 주식시장은 내일도 열리며 상승하는 주식을 좇아다니는 투자자가 있는 한 매수하기에 적당한 주식은 계속 생겨난다. 조금이라도 지속적으로 이익금을 관리해 자산 규모를 늘리는 방법이 최고의 이익을 추구하는 것보다 쉽게 실천할 수 있으며 장기간 승부에서도 이길 수 있다.

 주식을 매도해야 하는 시기는 언제인가?

 **실적이 발표되는 시점은 단기매도 시점**

실적이나 뉴스를 확인하고 주식을 사려 하면 이미 늦었다고 봐야 한다. 만약 '실적호전이 되었다'고 발표한 회사가 눈에 띄었다고 하자. 반기실적은 8월 중순에 발표하며 전년도 실적은 주총에서 발표한다. 언론에 실적이 발표된 것을 본 투자자는 '굉장히 좋은 실적을 반기에 보였네. 이렇게 경영을 잘했는데 날아가는 거 아냐?', '이 주식 좀 오르겠다'라고 판단을 하는데 실적발표를 한 그 날 당장 주식을 매수했다가는 큰코다치기 십상이다. 자신이 그 정보를 접한 시점에서 매수해야 하는가, 매도해야 하는가를 사전에 검토해봐야 한다. '실적이 좋다'는 얘기 하나만으로 발빠르게 매수에 가담해서는 열이면 아홉은 손해를 본다.

우리가 뉴스를 통해서 '실적호전'이라는 정보를 알았다면, 정보의 취득 순서로는 제일 마지막으로 그 정보를 들었다고 봐야 한다. 애널리스트는 수시로 여러 회사를 탐방하여 실적을 조사하고, 기관투자가나 외국인 투자자도 애널리스트들이 작성한 자료를 통해 회사 전망을 미리 알아보기 때문에 괜찮은 종목이라면 가만히 나뒀을 리 만무하다.

처음에는 관심 있는 종목의 매수량을 서서히 늘리기 때문에 일반인에게는 표시가 잘 나지 않는다. 이는 차트를 보면서 거래량과 주가의 움직임을 파악해야 하는데 어느 정도 실전 경험이 필요한 일이다. 거래가 늘면서 연속적으로 상승하는 종목이 타깃이 될 확률이 높다.

심리적으로 상대편을 이해하면 미련을 버릴 수 있고 기다리는 마음이 생긴다. 투자 주체가 누가 되든 상관없이 먼저 싼 가격에 주식을 매수한 사람은 팔 기회를 호시탐탐 노리고 있기 마련인데, 매집해놓은 사람이 물량을 정리하는 데도 주가가 오르는 이유는 그들이 높은 가격에 주식을 팔려는 의지가 강해 특별히 주가를 낮춰 팔려고 하지 않기 때문이다.

또 실적에 대한 자신감을 갖는 투자자가 많아지고 주가 상승을 기대하는 투자자가 한순간에 매수에 가담함으로써 파는 사람이 많아져도 (+)권에서 가격이 유지된다.

주식을 보유하고 있을 때 좋은 뉴스가 나와 주가가 급등하면 기뻐하기보다 '언제 매도할 것인가?' 를 생각해야 한다. 나는 신입사원 시절부터 "뉴스에 사고 소문에 팔라"는 얘기를 귀가 따갑도록 들어왔는데, '정말 그렇게 될까?', '이런 정도의 내용은 한참 더 상승을 이끌어낼 거야' 라고 고집을 피운 적이 많다. 특히 자기의 생각을 끝까지 주장하려는 개성 있는 사람일수록 남의 얘기를 무시하는 경향이 크다.

그러나 결과는 언제나 선배들의 얘기가 틀리지 않았음을 깨닫게 되었고, 자신의 부족함을 알고 쓸쓸하게 웃고 말았다. 시간이 가면서 "뉴스에 팔라"는 기준을 지켜나가고 있다.

예측할 수 있는 뉴스가 나오면 나보다 먼저 그 주식을 손댄 사람들의 마음을 미뤄 짐작해봐야 한다. '그들이 이 주식을 보유하면서 얼마나 오랜 시간을 기다려왔을까?' 라고 반대 입장에 서본다. 일반투자자가 적극 달려들어 거래가 늘 때 팔아야 이익을 챙길 수 있는 기관투자가나 외국인 투자자의 심정을 생각하면 내 주식도 강하게 오를 때 팔고 싶어져야 한다.

뉴스로 인해 일시적으로 주가가 올랐다가 되밀린 주식이라면 다음날에도 다시 크게 반락하는 모습을 보이는데, 그 이유는 전날 단기차익을 노리

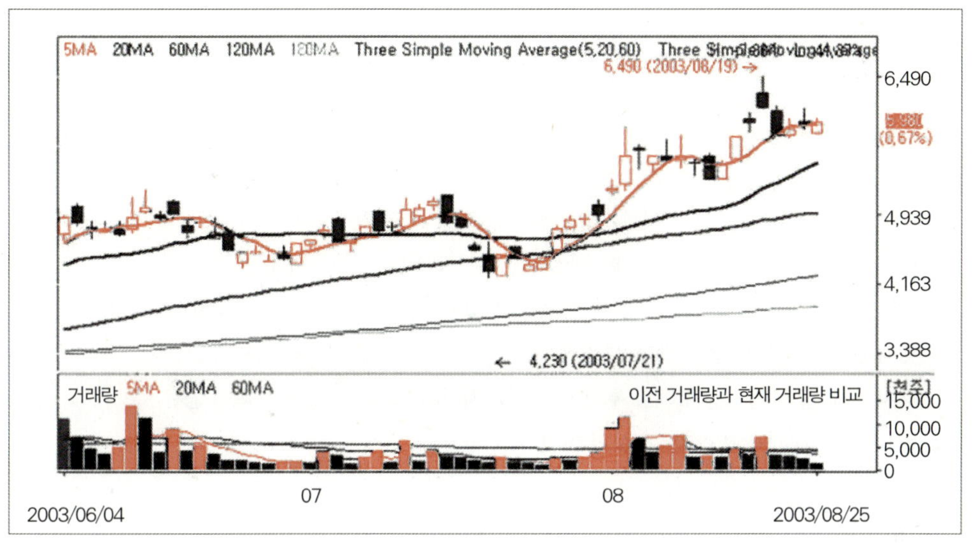

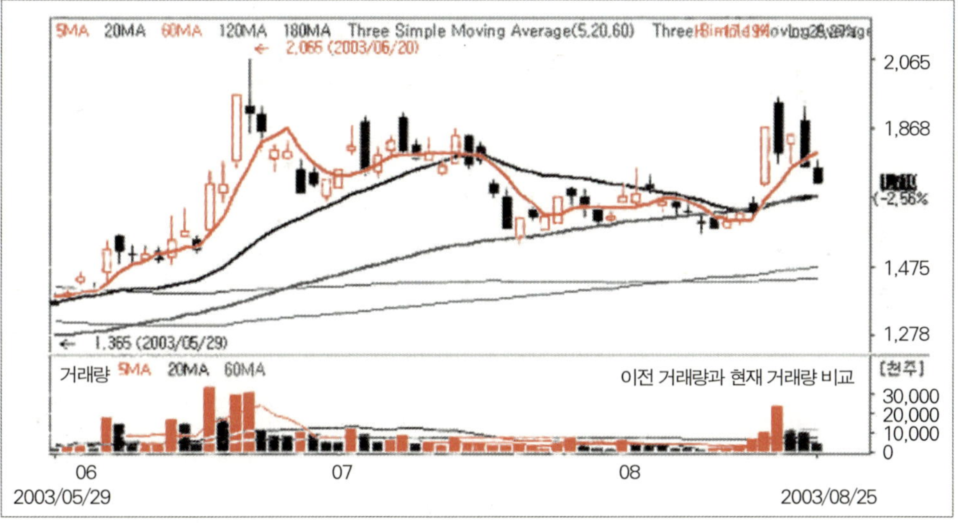

■ 실적발표 이후의 주가 추이, 미래산업과 신성이엔지 ■

반도체 부품업체인 미래산업과 신성이엔지는 액정표시장치(LCD) 등의 호조에 힘입어 각각 196억 원과 40억 원의 순이익을 내면서 흑자로 돌아섰다. 미래산업은 반도체 테스트용 관련 제품을, 신성이엔지는 반도체 라인 청정 설비를 생산하는 회사로 두 회사 모두 구조조정을 한 데

다 삼성전자와 *LG* 필립스 등이 *TFT-LCD* 에 투자를 늘리면서 영업이익이 늘어난 것이다(교보 증권 기업분석팀, 2003년 8월 19일).

당시 주도 업종인 LCD(신성이엔지)와 반도체 관련주 (미래산업)로 각광을 받고 있는 종목의 차트 모습이다. 반기실적의 발표일에 단기고점을 형성했다. 실적발표일 이전부터 실적 국면이 주가에 미리 반영되었다는 증거다. "소문에 사고 뉴스에 팔라"는 말이 틀리지 않았다는 것이 또 한번 입증됐다. 실적에 대한 연구는 언론에 발표되는 것보다 증권 회사 예상 실적 자료를 토대로 투자하는 것이 차라리 더 낫다. 모든 사람이 공유하는 정보는 더 이상의 좋은 정보가 아니다.

고 매수에 가담했던 사람들이 흔들리는 주가에 겁을 먹고 손해를 보고서라도 매도해버리기 때문이다. 또 미리 매집했던 세력들도 낮은 가격에서라도 수익을 챙기고 싶어 추가로 매도에 가담해서다. 강한 매기가 있었던 전날과 달리 매수가 점점 약해짐을 알고 싼 가격이라도 주식을 처분하려 하니 주가가 더 하락할 수밖에 없다. 실적발표에 신경을 쓰는 것은 좋지만 "따라서 쫓아가다가 잘못 걸리면 약도 없다"는 객장 격언을 기억해야 한다.

사건발생 시점에서의 매도

2003년 8월 4일 정몽헌 현대아산그룹 회장의 자살사건은 아침 출근길 사람들의 마음을 뒤숭숭하게 만들었다. '어떻게 현대가 이런 지경에까지 이르렀을까?' 자세한 내막은 알 수 없지만 그런 얘기를 들은 우리들은 또 하루를 우울한 기분으로 보내야 했다.

'인생은 허무한 거야. 돈도 필요 없어. 편안하게 잘 살면 돼. 난 소박하게 살 거야.' 세상이 자살사건으로 떠들썩한 가운데 우리는 그 사건을 접하고 '인생의 진짜 의미'를 되씹게 된다.

내가 만약 현대그룹의 주식을 가진 투자자라면 이 소식을 듣고 어떤 마음이 들었을까? 그룹회장의 자살사건이 주식 가격에 어떤 영향을 미쳤는지 궁금하다. 현대그룹의 주식을 가지고 있던 투자자는 '현대그룹 주가 모두 폭락하지 않을까?' 걱정이 태산같았을 것이다. 자살사건은 오전 7시에 알려졌는데 사건 보도 이후 첫 시세가 형성되기 전까지의 2시간은 현대그룹 주를 가진 사람들에게 그렇게 길게 느껴진 경우가 없었을 것이다.

결과는 현대그룹 주가가 일제히 하락했다. 예상대로 주가가 하락했지만 나쁜 소식에 해당한 주식의 보유자 입장에서 생각해보자.

당시의 주식시장은 하락하고 싶은 이유를 찾고 있었을 만큼 주가가 상승한 상태였다. 조정이 불가피했다는 점을 감안하면 예상보다 충격은 적어 종합주가지수는 8포인트 하락했고, 그룹에서 분리된 현대자동차와 현대중공업은 하락폭이 크지 않았다. 그룹에서 분리된 회사라도 자살사건의 영향을 받을 줄 알았는데 생각 외로 미미했다. 그러나 정 회장과 관련된 회사는 직격탄을 맞았다. 정 회장이 4.9%의 지분을 보유한 현대상선은 8.72% 하락했고, 현대상사도 8.33% 하락했다. 이미 은행관리로 넘어가 정 회장으로부터 분리된 현대건설과 하이닉스는 자살사건의 파장이 그리 크지 않았지만 그래도 5.4% 하락했다.

이때 현대그룹의 주식을 가지고 있던 투자자는 어떤 행동을 취해야 옳았을까? 결과적으로 투자가가 같은 심리로 움직였던 오전 동시호가를 이용해서 시장가로 매도하는 것보다 한 박자 늦춰서 매도하는 것이 옳았다.

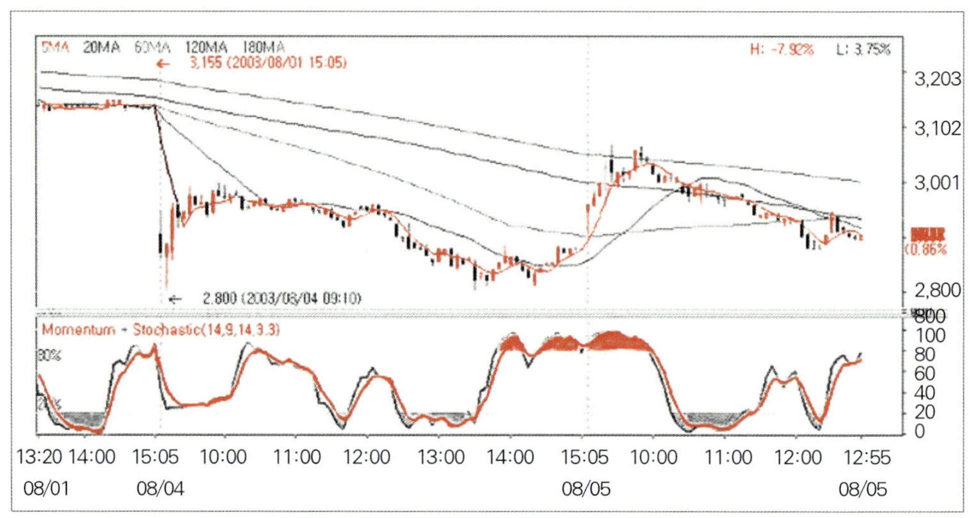

■ 정몽헌 회장 자살사건 당일의 현대상선 5분봉차트 ■

어떤 충격으로 인해 큰 폭으로 하락할 경우 되돌리려는 주가의 힘이 약하면 장중에 매도하는 것이 낫다. 사건 다음날 전날보다 상승한 가격이 형성되었으나 다시 반락해 안정적인 상승까지는 시간이 소요됨을 알 수 있다.

시초가 이후로 하한가를 기록하면 '반드시 매도하리라' 마음먹되, '장중에 반등이 일어나면 마이너스(-)권에서라도 매도하겠다'라는 자세로 조금 더 기다리는 전략이 최선이었다(당일만을 두고 얘기하는 것이니 그 후 그 종목에 대한 가격 변화는 논외로 한다. 현대상선과 현대엘리베이터는 그 사건을 계기로 경영 분리와 M&A 가능성이 커지면서 큰 폭으로 상승했다).

 ## 매도 주문은 확실하게

어느 회사에 좋지 않은 악재가 터졌을 때 그 일로 주가가 상승한다면 그

것은 이상한 일이다. 특별한 사건이 발생했거나 소송에 휘말렸거나, 불성실공시 기업으로 지정되었거나 수주한 계약이 파기되었거나, 실적이 악화되었다 등의 내용이 발표되면, 그 회사의 주식을 보유한 투자자는 '이러다 정말 부도 나는 것 아닌가?', '폭락하면 어떻게 해야 하나?' 하며 불안해하면서 주식을 팔아치우려고 한다. 그런 이유로 매도 주문을 낼 때 전일보다 상승한 가격에 팔아달라는 이치에 맞지 않는(?) 주문을 하는 사람도 많이 있다.

이미 매도하려고 마음먹었다면, 가격불문하고 마이너스(-)권이라도 적당히 반등할 때를 이용해 적극 매도해야 한다. 불안하면 먼저 팔아놓고 생각하는 자세가 필요하다. 팔아서 다른 종목을 찾거나 판 것이 후회스러우면, 하락이 멈출 때 다시 되사는 방법이 위험을 줄이는 일이다. 상황이 나빠졌는데도 악착같이 전날보다 오른 가격에 팔려고 한다면 위험한 곳에 있다는 사실을 알고도 피하지 않는 것과 다르지 않다. 안일한 마음으로 주문을 내면 물론 팔리지도 않는다.

급등한 주식을 처분할 때도 마찬가지다. 언제나 당일 최고가로 매도하려는 얌체 심리를 가진 사람도 마찬가지다. 매도하려고 마음먹었다면 확실하게 결정해야 하는데, '팔리지 않으면 말지' 하는 태도는 큰 화(禍)의 원인을 만드는 것이다. 불행한 사건이 일어났는데도 주가가 하루 이틀 사이 반등에 성공한다면 그때는 주식을 팔아야 하는 것이 아니라 오히려 사야 맞다. 일시적인 충격에서 벗어나 주가에 변화를 미칠 새로운 일이 사건을 통해 오히려 만들어진 셈이다.

투자자의 심리를 불안하게 만드는 악재로 불안에 떤 주식 보유자는 팔고 새로운 투자자가 유입되는 손바뀜이 일어나기 때문이다. 팔고 싶은 사람이다 팔아야 주가가 세차게 반등한다. 횡보하던 주식이 오를 듯 오르지 못하다가 충격으로 급락할 때 급반등에 성공하는 예가 많은데, 그것은 마지막으로 팔고 싶었던 사람들이 팔아치워 주가 상승의 걸림돌이 없어졌기 때문에 탄력적인 주가 움직임이 나타나는 것이다. 실제로 정 회장의 자살사건으로 손바뀜이 이뤄진 후 현대상선 주가에서 그 비슷한 상황을 볼 수 있었다. 그래서 매도하는 일이 참 어렵다는 것을 더욱 실감한다.

어떻게 주식을 팔고 다시 살 것인지 다시 정리해보겠다.

매도 타이밍을 잡아야 하는 시기

- 호재성 뉴스가 나와 주가가 급등하면 매도할 채비를 한다. 오른 가격에 매도할 수 없었다면 당일 처리하는 편이 다음날보다 낫다.
- 악재성 뉴스가 나왔을 때 사건의 영향 정도를 파악해야 한다. 경영의 근본을 흔드는 일이 아니라면 급하게 매도하지 말고 주가 추이를 보는 것이 좋다. 그러나 회사의 존립에 영향을 줄 중대한 사건이라면 가격불문하고 매도해야 한다.
- 급등한 주식을 매도하려고 마음먹었다면 '시장가'로 과감하게 매도하는 것이 뒤탈이 없다.
- 횡보하다가 급락한 주식이 매도한 가격보다 상승한다면, 자신이 바닥에 헤딩(?)한 것이므로 판 수량만큼 다시 주식을 매수한다.

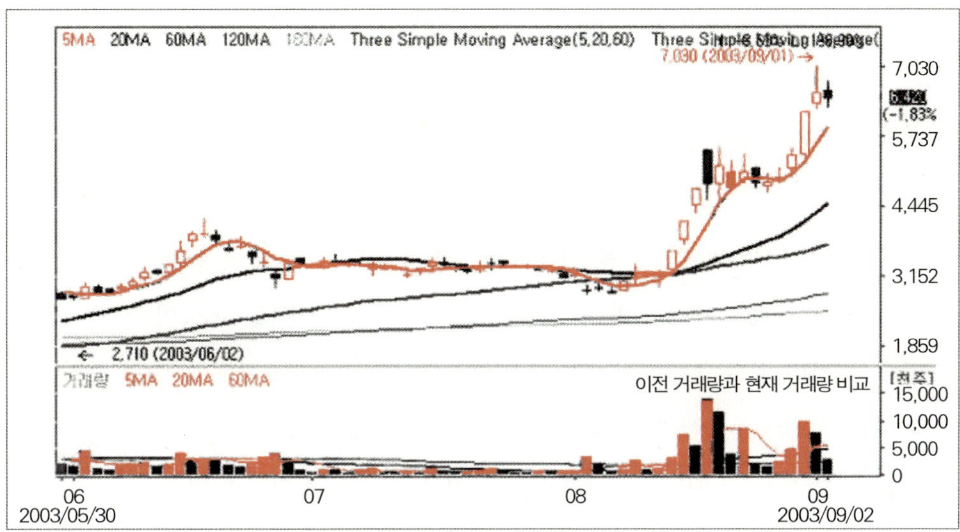

■ 그룹 회장의 자살사건 이후 현대상선 주가 추이 ■

Check Point

그룹 회장의 자살사건이 현대상선의 주가에는 오히려 호재가 된 경우다. 현대그룹 관련 리스크가 회장의 죽음을 계기로 커지는 것 아니냐는 일반의 예상과는 달리 대북관련 사업으로 인한 리스크가 해소될 것이라는 기대감이 더 크게 작용했다. 또한 시기적으로 호황을 누리고 있는 업황과 개선된 재무구조 등으로 인해 주가 상승의 발판은 이미 마련된 상태였지만, 대북관련 사업에서 벗어나서 독자 경영이 가능하다는 시각으로 접근하는 기관투자가와 외국인 투자자가 적극 매수에 가담함으로써 주가가 탄력을 받으며 상승했다. 사건이 오히려 주가 상승의 계기가 된 경우다.

회장의 죽음이 발생했을 때 그 사건으로 인해 회사의 반사이익이 클 것이라고 생각할 수 있는 사람이 얼마나 될까? 현대상선은 며칠 뒤 상반기 영업이익 870억 원을 올리며 국내 해운업계 가운데 최고 실적을 거뒀다는 발표에 주가는 다시 한 번 급등했다. 이는 '실적 향상'이라는 이유만으로 상승한 것은 아니다. 그 후로 재무구조가 부실한 현대건설과 현대상사는 상승하지 못했으나 그룹의 지주회사인 현대상선과 현대엘리베이터는 급등했다. 악재로 인해 물량이 털리고 주가가 급상승한 좋은 사례다.

 차트를 이용해 어떻게 매도 시점을 잡을 수 있나?

 ## 자신에게 맞는 보조지표 2~3가지를 활용

매도 시점을 잡을 때는 차트를 이용하는 방법이 좋다. 그러나 차트를 완벽하게 활용하기에는 차트의 비밀이 너무 많아 우리들은 그것을 다 알아챌 수 없다. 그러니 차트를 통해서 완벽한 매매를 하기에는 실력이 부족할 수밖에. 하지만 다른 방법이 없을 경우에는 차트를 보고 선택하자.

어떻게 차트를 보고 판단하느냐고 묻는 사람들을 위해 몇 가지 방법을 들어보겠다. 이 방법을 다른 자료와 혼합해서 활용하면 된다.

이러지도 저러지도 못하는 어려운 상황에 처해 있을 때마다 비장의 카드로 차트를 쓰면 된다. 이때 너무 의존해도 좋은 결과가 나올 수 없다. 차트를 어설프게 이해했다가는 더 혼란스러울 수 있으므로 전문가의 차트 해설을 참고하는 것이 좋다. 사이버의 고수들은 대부분 차트를 놓고 설명하므로 자세히 읽어보면서 참고하되, 기본적인 매매 기술을 익혀서 반드시 매도해야 하는 시기를 알고 실전에 적용해보자.

 ## 이동평균선 교차시점을 매도 시점으로 포착

5일이동평균선이 20일이동평균선을 상향 돌파하면 '상승 줄기', 하향 돌파하면 '하락 줄기'다. 가장 확실한 매매 신호로 5일선과 20일선 교차시점이 활용된다. 이 신호를 적극적으로 활용하길 권한다. 상승 줄기에서는 하락이 있어도 짧게 일어나고, 하락 줄기에서는 반등은 가능하나 방향은

아래로 향하고 있다는 표시다. 상승 줄기라면 주식을 보지 않고 느긋하게 기다려도 되고, 하락 줄기라면 자신이 보유한 주식을 일단 매도해야 뒤탈이 없다. 더 하락할 것 같은데도 마냥 주식을 가지고 있는 것은 어리석은 일이다. 주식투자를 하면서 마음 상하지 않으려면 '5일선 → 20일선 상향 돌파'해서 주가가 20일선 위에서 움직이면 주식을 보유하고, 장기간 보유하려던 주식이 '5일선 → 20일선 하향 돌파' 상황이 나타나면 '큰일 났다. 줄기가 꺾였으니 처분하고 다시 시작해야겠네'라고 아쉽지만 자신이 애지중지하던 주식과 헤어져야 한다. 이런 신호가 나오면 자신이 고른 주식이 잘못되어가고 있다는 것을 인정해야 한다. 이 같은 매매 방법은 '마지막'이면서 '확실한' 매매 신호이므로 즐겨 사용해도 후회가 없을 것이다.

이동평균선을 이용한 매도 신호를 정리해보겠다.

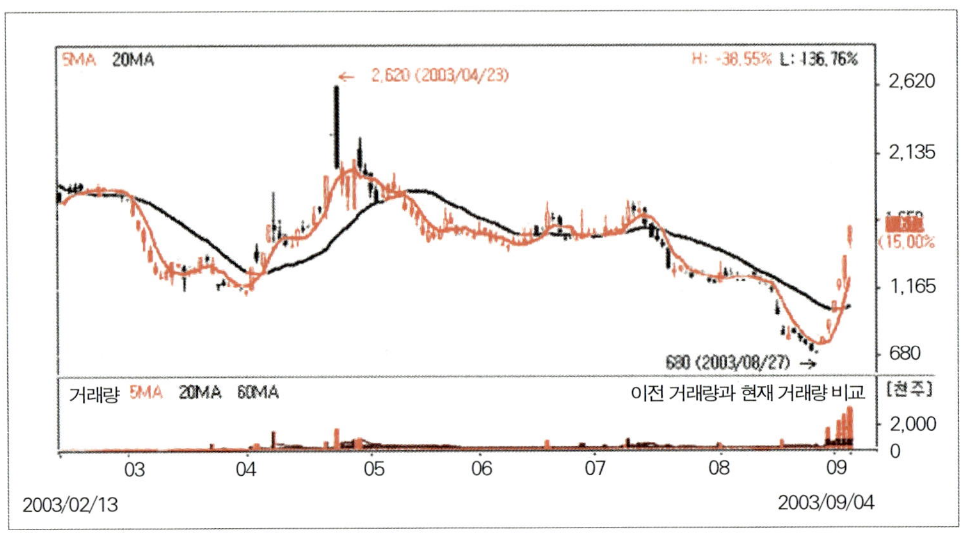

■ 5일이동평균선과 20일이동평균선의 차트, 이노츠 ■

Check Point　　5일이동평균선이 20일이동평균선을 교차하면 '줄기가 변화하고 있다는 것을 마지막(?)으로 알려주는 신호' 또는 '줄기가 변화하고 있다는 것을 확실(?)하게 알려주는 신호'로 해석하면 편하다. '마지막 신호'란 말의 뜻은 조금 늦게 나타나는 매매 신호이므로 빨리 행동으로 옮기라는 얘기다. '확실한 신호'란 말의 뜻은 현재의 주가 진행방향이 당분간 계속될 것이므로 상승하는 과정이면 '매수해도 좋다'는 뜻으로, 하락하는 과정이면 '매도해도 좋다'라고 받아들이면 된다.

 MACD를 이용한 매도 시점 포착

　　MACD를 이용해 매도 시점을 잡는 방법은 조금 더 어렵다. 왜냐하면 MACD는 이동평균선과 마찬가지로 주가 추세를 알아내는 데 더 적합한 지표이기 때문이다. 그래서 매도 시점을 잡는 방법으로 활용할 때는 한발 앞서서 생각해야 한다. MACD가 시그널선을 하향 돌파하는 시점을 매도 시점으로 잡는 방법은 늦기 때문이다. 그러므로 오실레이터를 활용하는 방법이 유용하다. MACD 하나만으로 매도 시점을 잡는다는 것은 무리가 따른다. 2~3개의 보조지표를 보고 고점이라고 판단하면 검증하는 차원에서 MACD를 활용해야 한다.

MACD가 매수 시점을 포착하는 데는 좋다고 했는데 매도 시점을 포착하는 데는 권하고 싶지 않다. 상승하는 주식은 천천히 매수해도 문제가 없지만(또다시 상승하니까) 하락하는 주식은 더욱 빨리 매도해야 하는데 MACD는 이에 잘 맞아떨어지지 않는다. 그러므로 MACD보다 한발 앞서 생각하고 행동하는 지혜가 필요하다.

MACD가 시그널선을 하향 돌파하면 단기이동평균선이 중기이동평균선을 하향 돌파할 때와 마찬가지로 중기적인 관점에서 보유 주식을 줄이고 현금화하는 것이 현명하다.

MACD를 이용한 매도 신호를 정리해보겠다.

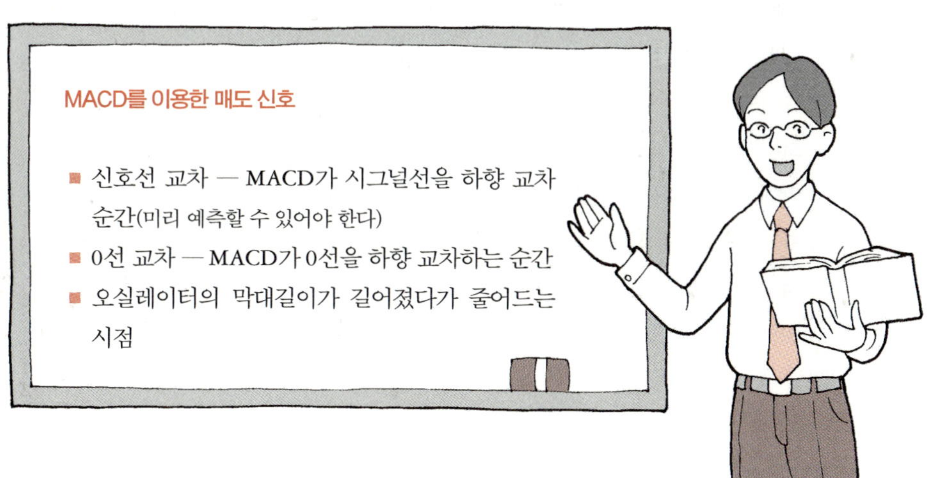

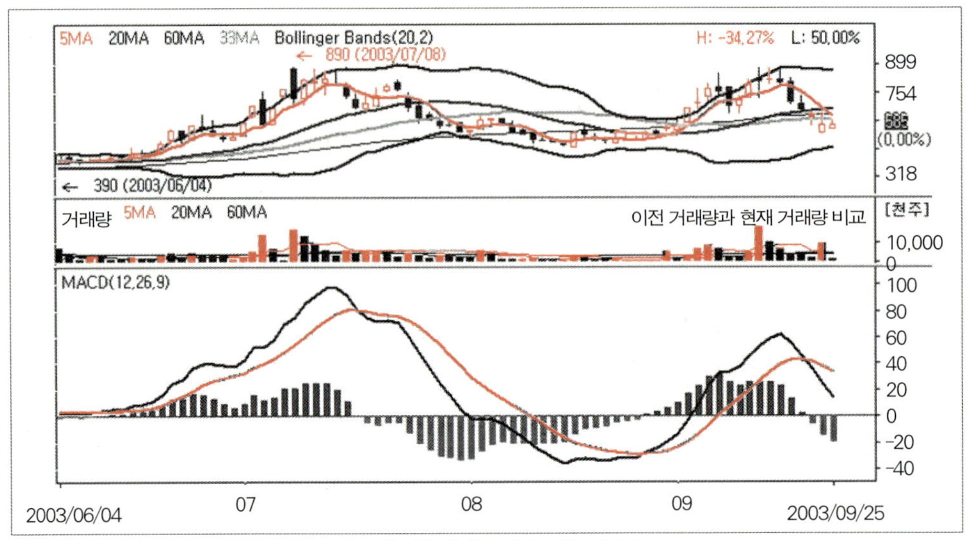

■ MACD를 이용해 매도 시점 포착, 라보라 ■

Check Point MACD가 시그널선을 하향 돌파할 때가 매도 시점이다. 하지만 그렇게 하면 언제나 기대보다 늦게 매도하게 된다. 확인 매매가 아니라 좀더 세련된 매매를 하기 위해서는 MACD가 시그널선을 하향 돌파할 때까지 기다리지 말고 오실레이터의 크기가 줄어들면 매도 시점으로 잡는 것이 효율적이다. 그러므로 매도 시점을 포착하는 것은 시그널선을 이용하는 것보다 오실레이터를 활용하는 것이 더 낫다.

오실레이터는 MACD와 시그널선 간격을 막대로 표시한 것인데, 막대가 줄어든다는 것은 둘 사이의 간격이 점차 줄어들고 있다는 것을 알려준다. 오실레이터의 막대 크기가 줄어들어야 MACD가 시그널선을 하향 돌파하게 되므로(간격이 줄지 않으면 끝까지 하향 돌파하지 못한다. 의미를 모른다면 원리를 다시 한번 생각해보자) 결국 매도 신호를 발생하게 된다. 남들보다 조금 더 빨리 매도하려면 오실레이터의 변화를 이용하는 것이 좋다.

 ## 볼린저밴드를 이용한 매도 시점 포착

볼린저밴드를 이용하는 방법으로도 매도 시점을 비교적 잘 잡을 수 있다. '비교적'이란 말을 쓴 이유는 어떤 보조지표도 완벽한 신호를 나타내주는 것은 없기 때문이다. 다만 보기 편하고 투자자로 하여금 의사결정을 쉽게 내리게 한다면 좋은 지표다.

볼린저밴드의 상단부에 주가가 도달했을 때 매도한다. 물론 주가가 거기까지 도달하지 않고 중간부에서 반락하는 경우도 많다. 그러니 투자자가 그것을 어찌 다 알 수 있겠는가?

주가가 볼린저밴드의 상단부에 도달했다는 뜻은 최근 가격 변동으로 봐 매도 사정권에 들어왔다는 것이다. 그것은 일반적으로 변동폭이 큰 주가 움직임에 해당한다. 앞서 매수 시점 포착에서 상한밴드를 이탈하는 시점이 매수 시점이라고 얘기한 것과 전혀 다른 얘기이므로 혼동하지 마라. 밴드의 폭이 큰 주가의 움직임에 한해서다.

볼린저밴드를 활용해 상한밴드에서 매도하면 그 지점은 꼭대기가 아닐 가능성이 크다. 좀더 상승이 이어지면서 사람의 마음을 후회하게 만든 후 하락하는 것이 주식의 속성이다.

왜 그렇게 될까? 쉽게 풀리지 않는 의문일 수 있다. 주식을 가지고 있는 사람은 주가의 상승을 보면서 합리적(?)으로 생각하고 적절한 가격에 매도하려고 노력하지만, 매수하는 사람의 입장에서 보면 올라가는 주식을 따라잡는 데 바쁘기 때문이다. 파는 사람은 냉정한 마음을 가지고 있고, 사는 사람은 약간 흥분된 상태에 있으니 그렇게 될 수밖에 없다. 사는 사람과 파는 사람의 심리가 서로 이렇게 다르다. 같은 투자자라도 팔 때보다 살 때 더 흥

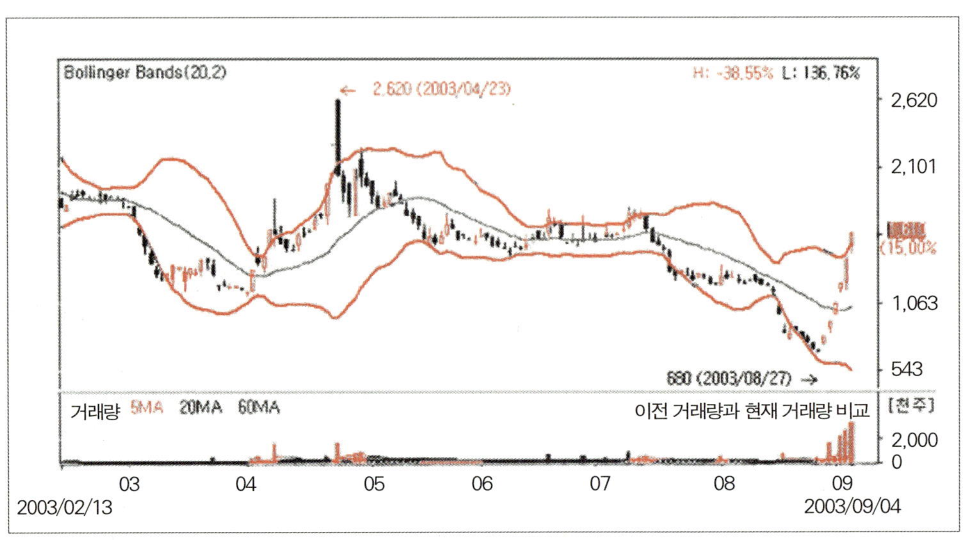

■ 볼린저밴드를 이용한 매도 신호, 이노츠 ■

Check Point 볼린저밴드를 이용할 때 주의할 점 하나. 주가가 상한 밴드를 계속해서 이탈할 경우에는 어떻게 해야 할까?

지속적으로 이탈해 상승한다면 콧노래 부르면서 밴드 안으로 들어올 때까지 끈질기게 보유해야 한다. 상한밴드에서 무조건 매도해서는 안 된다. 이후 주가가 상한밴드 안으로 들어와서 직전 고점을 넘기지 못하고 음선을 만들면 반드시 매도해야 하는 시기다. 정리하면 다음과 같다.

1. 밴드의 폭이 좁아지면 향후 주가가 변화될 것이라고 예상한다.
2. 주가가 음선을 만들면서 밴드 밖으로 이탈할 때 매도한다. 이때 주가가 중심선 아래에서 형성되면 확실한 매도 기회다.
3. 주가가 일정한 수익률을 낸 후 밴드 바깥의 고점보다 밴드 안의 고점이 낮으면 매도한다.

분하니 말이다. 차트로 분석하는 방법말고도 투자심리를 이해하는 것이 플러스 알파 요인이다. 하지만 그런 것까지 이해하고 자신도 같이 흥분하면 잘될 수도 있지만 타이밍을 놓치게 될 수 있으므로 자중하는 것이 더 낫다. 오랜 투자 경험에서 하는 말이다. 적당한(?) 선에서 가격과 타협해야 한다. 그 적당한 가격을 모른다면 볼린저밴드가 제시해주는 상한밴드에 매도하고 끝까지 참으면 된다. 밴드의 상한선에서 매도를 하면 큰 후회는 없다.

하지만 볼린저밴드 하한선에서 매수하는 것은 피해야 한다. 하락하던 주식이 조금 더 하락한 후 멈추는 사례가 많아 밴드의 하한 부분까지 주가가 내려왔다고 해서 덥석 주식을 매수해버리면 나중에 주가가 더 빠졌을 때 매우 힘들어진다. 어디까지 추가 하락할지 모르므로 밴드를 하향 이탈했다고 주가 저점이 형성되는 것은 아니다. 약초도 잘 써야 보약이 되듯 볼린저밴드도 잘 써야 탈이 없다.

상승세로 돌아선 주식을 고른 후 볼린저밴드를 활용해 매도 시점을 잡는 것이 유용하다. 볼린저밴드 이외 보조지표를 참고할 때도 매매 시점을 가장 잘 알려주는 자료가 무엇인지 검증해봐야 한다.

볼린저밴드를 이용한 매도 신호를 정리해보겠다.

볼린저밴드를 이용한 매도 신호
- 밴드의 폭이 넓어지면서(이 말이 중요하다) 밴드의 상한선에 도달하는 시점
- 밴드를 이탈한 주가가 밴드 안으로 들어오면서 음선을 만들 때(이때는 우선 매도한다)
- 밴드 상한선에서 주가가 머물면서 밴드 폭이 점점 줄어들 때

제 ○○ 장

CHAPTER 2

주식투자 이 정도는 꼭 알고 하자

경기의 흐름을 읽으면 주가가 보인다

01 | 경기의 흐름을 아는 사람은 주식에서도 성공한다

 경기의 흐름을 어떻게 알 수 있나?

 **일반인은 경기 흐름을 피부로 느끼지 못해**

신문 경제면의 톱기사를 차지하는 글은 언제나 '경기'에 관한 얘기다. '경기가 4년 만에 최악의 국면이다', '경기호전의 징후가 서서히 나타나고 있다', '경기회복의 기대가 확산되고 있다'는 등의 경기관련 기사는 언제나 신문을 펼쳐든 순간 독자의 눈에 제일 먼저 들어온다.

신문을 편집하는 데스크에서는 왜 그런 얘기를 첫 머리기사로 올릴까? 간단하다. 독자에게 가장 알려주고 싶은 기사이기 때문이다. 또 독자가 먼저 알아야 하는 내용이기도 하다. 만약 주식과 경기가 서로 같은 방향으로 움직인다면 주식투자자에게는 특히 더 관심이 갈 것이다.

'경기가 좋지 않아 살기 힘들다', '개업하고 이렇게 장사가 안 된 경우는 한번도 없었다'며 시장 상인들의 말을 직접 인용하기도 한다. 그런 한탄을 듣는 보통사람들은 '혹시 사업 능력이 부족해서 장사가 안 되는 것을 경기 탓으로 돌리는 것은 아닐까?' 하고 한번쯤은 의심을 하면서도, '경기가 나빠졌다는데 나에게 좋지 않은 일이 생기면 어쩌지?' 하며 자신의 일을 걱정하기도 한다. 경기 사정에 따라 직접 고통을 느끼는 사람도 있지만, 고정급여를 받는 사람은 체감 정도가 낮아 실감하지 못하는 경우도 많다. 경제연구소에서 "시간이 갈수록 경기가 나빠진다"고 말해도 월급 통장에 꼬박꼬박 돈이 들어오니 남의 일처럼 느껴지는 것이다.

하지만 주식에 투자하는 봉급생활자들은 좀더 거시적으로 경제를 봐야 눈이 트인다. 자신의 입장에서 벗어나 장사하는 사람들이 어떻게 생각하고 있는지 관심을 가지면 경기 흐름이 피부에 와닿는다.

우리가 경제학자도 아닌데 '경기의 흐름'을 알자면 머리가 아프다. 또 구체적으로 알 수도 없다. 설령 '경기가 나빠지고 있다'고 하더라도 어떤 행동을 할 수 있는 입장도 아니다. 대부분의 사람들은 그저 경기가 흘러가는 상황에 살고 있을 뿐이다. 나라 경제를 책임지고 있는 경제부처의 장도 아니니 '냉정하고 합리적인 기준'으로 현실을 바라보는 것만으로 충분하다. 그렇다고 경제정책에 대해 방관자가 되라는 뜻은 아니다. 경제상황이 나쁘면 나쁜 대로, 좋아지면 좋아지는 대로 경기의 흐름을 정확하게 보려는 노력을 하자는 것이다. 그래야 경기의 흐름에 맞춰서 주식투자에 도움이 되는 적절한 기준을 세울 수 있기 때문이다.

경기와 주식의 관계를 이해하기 전에 먼저 생각해야 할 일이 있다. 주식투자자의 입장에서 경기 흐름을 냉정하게 바라보자는 것이다.

 경기 흐름에 따라 주가가 움직이나?

 **경기 사이클과 주식 사계절**

"경기는 사이클을 가지고 움직인다"고 한다. 그러나 '지금의 경기 상황이 어떤지' 는 정확히 알기 어렵다. 그것만 제대로 안다면 주식투자의 해답을 반은 찾은 셈이다. 그 이상일 수도 있다. 금리나 환율을 이해하는 것보다 더욱더 중요한 일이다. "경기 사이클보다 앞서 주가가 움직인다"라는 말이 있다. 주식투자를 잘하기 위해서는 경기를 알아야 한다.

그렇다면 주식을 싸게 살 수 있는 시기는 과연 언제일까? 경기가 바닥을 치고 상승기로 돌아서기 직전이 가장 유리한 시점이다. 과연 그 시점을 알 수 있는 방법은 없을까?

일본의 우라카미 구니오는 "경기 흐름에 따라 주가 움직임도 변하는데 그 특징이 따로 있다"고 주장했다. 우리나라에도 그의 책 『주식시장 흐름 읽는 법』이 소개돼 주식투자자들이 새로운 시각으로 '경기 흐름' 을 바라보게 되었는데, 당시 펀드매니저들을 포함한 많은 전문투자가들이 투자교과서로 삼을 만큼 폭발적 인기를 끌었다. "주가는 경기에 선행한다. 지금의 경기 사이클이 어느 시점인지 알면 주식투자에 성공할 수 있다"는 생각을 가지게 할 만큼 영향을 미쳤다.

우라카미 구니오의 이론을 간단히 말하면 이렇다. "경기는 큰 사이클을 그리면서 움직인다. 즉, 회복기 · 성장기 · 쇠퇴기 · 침체기 등 네 국면으로 나타나며, 각 상황마다 시장을 주도하는 업종이 다르다. 40여 년간을 조사해본 결과 시기에 따른 주식 움직임이 비슷했다. 또 이렇게 경기가 변하면서 주식시장의 특성이 변하는 것을 주식시장의 사계절이라고 말할 수 있다"는 내용이다.

몇십 년간 일본의 주식 흐름을 조사한 결과라서 더 관심이 간다. 경험을 바탕으로 해 나온 얘기라 더 설득력 있게 들린다.

우리나라에도 이와 비슷한 내용을 담은 책이 있다. 정남구 기자의 『한국

■ 주식시장에도 사계절이 있다 ■

주식시장 흐름 읽는 법』이라는 책인데, 우리나라 주식시장을 경기 각 상황
에 따라 상승을 주도한 종목을 분석 소개한 글이다. 우라카미 구니오의 내
용이 우리 실정에 똑 맞아떨어지는 것은 아니어서 조금 낯선 내용이 많지
만 누구나 쉽게 이해할 수 있는 현장감 있는 분석이 한눈에 들어온다. 일본
과 우리나라의 주식시장을 '경기 흐름' 속에서 분석한 두 사람의 주장에서
공통점을 찾는다면 "경기와 주가는 서로 관련이 있다"는 것이다.

Q 주가 상승은 경기 상승보다 한발 앞서 움직인다는데 어떻게 알
수 있나?

 **주가가 경기를 앞서간다?**

"경기가 좋아질 때는 주가가 먼저 상승하고, 경기가 나빠질 때는 주가가
먼저 하락한다"라는 말이 있다. 하지만 이에 대해 의문이 생긴다.
"현재의 경기가 어떤 상황인가?"
"경기가 앞으로 어떻게 전개될 것인가?"
"언제 경기가 회복될 것인가?"
"경기가 나빠지는 것을 우리 일반투자자는 어떻게 알 수 있나?"
이런 질문에 정확히 답할 수 있을 거 같지는 않다. 증권회사에서 오래 근
무했어도 주식투자를 오래했어도, 이에 대한 답을 쉽게 얻기는 힘들다. 경
기에 변화가 와도 소리가 나지 않기 때문이다. 그것만 알면 주식시장에 잘
적응할 수 있을 텐데, 그게 어디 쉬운 일인가? 그래서 경기 사이클에 대한

기본 상식을 놓치지 않고 여러 상황에 적합한 투자방법을 익히는 것이 매우 중요하다.

"주가가 경기를 앞서 가는가?", "주가는 경기를 선행하는가?"라는 질문에는 실제로 경기 흐름과 주가를 비교해보면 된다고 했는데, 이론적으로 경기가 어떻게 주가를 움직이는지 알아보자.

 ## 경기가 호전할 때 주가 상승

경기가 좋아지고 있다고 가정해보자. 경기호전이 주가 상승을 유도하는 과정이다. 산업 전반에 걸쳐서 상품이 잘 팔린다. 그 동안 창고에 쌓아두었던 재고가 점점 없어지며 생산량이 늘어난다. 공장 가동률이 높아지면서 기업은 생산에 필요한 재료를 구입한다. 납품회사의 영업활동도 증대한다. 생산활동이 활발해지면서 인력 수요가 늘어난다. 노동자의 소득이 늘어나면서 소비가 늘어난다. 그 덕분에 기업은 더 많은 상품을 판매하게 되고 이윤이 발생한다. 기업 활동으로 이익이 창출되는 것을 확인한 기업가는 더 많은 투자를 한다. 공장과 시설 투자가 늘어나면서 이에 따른 설비 증설로 일자리는 더욱 늘어난다. 국가적으로 수요가 늘어나며 개인들의 부가 축적된다. 기업의 실적호전이 눈에 띄게 나아지면서 사람들은 그 회사 주식에 관심을 가지고 투자한다. 주식시장에 자금이 유입되면서 주가가 상승한다.

경기호전이 주가 상승을 일으키는 과정

상품 판매량 증가 → 재고 물량 감소 → 생산량 증가 → 공장 가동률 증가 → 인력수요 창출 → 소득 증가 → 소비규모 증가 → 기업 이윤 증대 → 기업 재투자활동 → 국민 총수요 증대 → 주식시장으로 자금유입 → 주가상승

경기가 하락할 때 주가 하락

반대로 경기가 나빠지는 상황을 가정해보자. 경기가 나빠지는 흐름에는 경기가 좋았다가 나빠지는 경우도 있고, 나쁜 상황에서 더 나빠질 수도 있다. 경기가 최고점을 지나 나빠지는 상황부터 보자.

경기 하락이 주가 하락을 부추기는 과정이다. 경기가 과열되면 정부는 경기를 진정시키기 위해서 긴축정책을 쓴다. 자연스럽게 경기를 위축시켜 금리나 통화량을 조절하려 한다. 그러면 기업들은 생산활동을 둔화시켜서 경기가 나빠질 것에 대비한다. 생산량을 줄이면 개인의 일자리가 줄어들고 소득이 감소한다. 소득 감소로 개인들은 소비를 줄일 수밖에 없으며, 소비를 하지 않게 되면서 점차 상품 판매량도 아울러 줄어든다. 그렇게 되면 기업은 더욱 생산활동을 줄이려고 하며 신규투자를 억제한다. 더 이상 고용 창출이 일어나지 않는다.

국민 총수요가 크게 위축되면서 소비활동을 하지 않게 되어 기업 이윤도 크게 떨어진다. 개인의 주머니 사정도 힘들어져 주식에 관심을 갖지 않고, 기업 실적호전을 기대하지 못하기 때문에 주식시장으로 자금이 유입되지

생산활동을 늘리려면 기존 시설로는 부족하다. 따라서 신규 시설

경기하락이 주가 하락을 일으키는 과정

정부의 긴축정책 → 생산활동 둔화 → 생산량 감소 → 고용 감소 → 소득 감소 → 소비 위축 → 상품 판매량 하락 → 신규투자 억제 → 신규고용 제한 → 국민 총수요 감소 → 기업 이윤 하락 → 주식에 대해 무관심 → 주가 하락

않는다. 기업 실적은 더 나빠지며 주가는 하락한다

기업이 생산활동을 늘리려면 기존 시설로는 부족하다. 따라서 신규 시설을 늘려야 하는데 이를 신규 설비투자라 한다. 새로운 사업이나 생산량을 늘리기 위해 행하는 시설투자로서 앞으로의 경기회복에 대한 자신감이 없으면 일어나기 힘들다. 이러한 설비투자는 경기회복에 대한 기업들의 판단에 따라 달라지는데, 이는 기업실사지수로도 알 수 있다.

주가와 경기를 연결해 파악하기 위해서는 서로 물고 물리는 연관성을 이해해야 한다. 큰 흐름을 이해하면 경기가 어떻게 주가에 영향을 주는지 알 수 있다. 경기 사이클의 변곡점에서는 좋은 투자기회가 오기도 하고, 막대한 투자손실이 발생하기도 한다. 주식투자하는 사람의 입장에선 '경기 변화'를 파악하는 일이 무엇보다도 중요하다.

 ## 주가가 경기와 무관하게 움직일 수도 있다

주가가 경기와 무관하게 움직였던 사례도 있다. 1992년 8월 종합주가지수 460포인트에서 1994년 11월 종합주가지수 1,100포인트에 이르는 급등

장세는 어떤 거시경제지표로도 설명하기 어렵다. 같은 기간 중 경기선행지수는 18.5% 상승한 반면, 종합주가지수는 149% 상승했기 때문이다. 경기 호전 정도보다 지나치게 주가가 급등한 경우다.

이때는 경기에 대한 확신보다 외국인 주식투자 한도 확대에 따라 자금이 일시에 유입되는 유동성 장세로 이해해야 한다. '돈으로 밀어붙이는 장'이 선 것이다. 흔히 말하는 '유동성 장세'라고 하는 장이다. 언뜻 보면 돈과 관련된 금융주가 상승을 주도하는 장세로 알기 쉽지만, 반드시 그런 것만은 아니다. 금융주도 하나의 대상일 뿐이다. 외국인 투자자의 돈으로 상승이 이뤄졌을 때는 업종 대표주, 특히 반도체 · 통신 · 인터넷주였다. '유동성 장세'에 대한 확실한 구분이 필요하다.

경기 흐름이 주식시장에 자금이 유입될 수 있는 원인을 제공하는 중요한 요소라고 했지만 이를 무시하고 외국 자본이 급격히 유입되면서 시장에 자금이 넘쳐남으로써 주가 상승이 이뤄진 것이다.

물론 이러한 경기 상황을 무시한 주가 상승은 일정한 상승이 지나고 나면 거품이 해소되는 과정을 겪게 되는데, 1998년 6월 종합주가지수가 280포인트 대로 추락한다.

그 당시의 경험을 통해 투자자들은 '경기가 하락하는 상황에서 다른 요인으로 인해 주식시장에 자금이 몰려든다면, 그것이 일시적이든 아니든 주가는 상승할 수 있으며, 또 그 주가는 원래의 위치로 돌아간다'는 뼈저린 교훈을 얻었다.

 경기가 좋아진다는데 주가는 하락할 수 있나?

 ## 주가는 미래에 대한 현재의 반영

주가와 경기의 상관관계를 파악했다면 이젠 주가의 선행성을 이해해야 한다. 이론적으로는 주가는 실물경기를 선행해 반영한다. 만약 주식시장이 투자자들의 동원 가능한 모든 정보를 반영하는 효율적 시장이라면, 주가는 경기에 대한 투자자들의 예상을 반영해 경기 흐름에 선행해야 한다.

왜 그럴까? 주가를 결정하는 정보 중에서 가장 주가와 밀접하게 관련된 것은 '기업의 미래실적'이다. 현재 기업 실적이 좋다고 하더라도 내년 또는 앞으로 실적이 나빠질 것이라는 예상이 지배적이라면, 또 그것이 확실하다면 주가는 하락한다. 그러한 정보를 입수한 펀드매니저와 외국인 투자자들이 그 주식을 처분하려 하기 때문이다. 경기가 좋은 상태에서도 주가에 곧바로 영향을 미치는 '기업 실적 악화'는 현재 경기상황에 상관없이 주가가 하락하는 원인이 된다.

반대로 현재 경기가 나쁘더라도 향후 실적이 좋아질 것으로 예상한다면 미리 그 정보를 입수한 사람은 주식을 매수한다. 선취매를 하는 사람은 기업 분석에 능통한 펀드매니저와 외국인 투자자들이지만 시간이 지난 후에는 그 귀중한(?) 정보도 신문이나 뉴스를 통해서 많은 사람이 알게 되고 실적이 좋아질 것을 확신한 투자자들이 주식을 매수하려 들면서, 경기 상황이 좋지 않음에도 불구하고 주가는 상승할 수 있다.

"현재의 경기 하나만을 가지고 주식시장을 판단하지 말라"는 이유가 여기에 있다.

그러나 경기만 정확히 분석해서는 주식투자에 성공하기가 어렵다. 현재의 경기호전이 주식 상승으로 나타나지 않는 경우도 많기 때문이다.

'모든 여건이 좋아지고 있는데도 주가가 하락한다.'

이를 어떻게 해석해야 할지 난감할 때가 있다. 그것은 경기가 상승곡선을 그리면서 호전되고 있지만 향후 경기 상황에 큰 변화(경기가 나빠질 징후)를 미칠 요인이 추가 매수를 방해하는 이유로 작용하기 때문이다. 경기가 본격적으로 상승하지 못하고 다시 악화될 수 있는 가능성이 높아질 것이라는 우려가 나타나면 현재의 경기 호전과 반대로 주가 하락이 나타난다.

가장 상식적인 설명으로는 "주가는 미래에 대한 예상을 반영한 것이기 때문에 실물경기보다 한참 앞서간다"는 것이다. 주가는 경기보다 보통 6개월에서 9개월 정도 앞서서 움직인다고 한다. 이는 물론 경험적 수치이다. 정확한 것은 주가 바닥이나 상투를 지나봐야 아는 것처럼 경기도 시간이 지나봐야 알 수 있다.

그러나 분명한 사실은 주가는 경기보다 앞서 움직이므로 경기선행지표라는 점이다. '현재의 경기상황'보다 '미래의 경기상황'을 이해해야 하는 이유가 여기에 있다.

더블딥 장기간에 걸쳐 하락했던 경기가 짧게 회복된 뒤 재차 하락하는 현상을 뜻하는 말이다. 이때는 경기가 호전되는 모습을 보여도 경기가 다시 나빠질 것으로 여겨 주가는 지속 하락한다. 더블딥이 발생하면 경기가 돌아설 것으로 믿고 신규 투자한 기업들은 큰 손실을 본다.

 경기 흐름을 어떻게 주식투자에 연결하나?

 **경기를 예측하는 실력이 없다면 남의 지식을 빌려야**

주가는 경기에 앞서서 움직이는 선행지표라고 했는데, 일반투자자들은 경기의 흐름을 어떻게 파악해야 할지, 또 경기의 흐름을 파악했다 하더라도 어떻게 주식투자에 활용할지 고민이 생긴다.

"앞으로 반년 또는 일년 후의 경기상황을 예측할 수 있어야 한다"고 하는데 "지금의 경기조차 판단하기도 힘든데, 앞으로의 경기를 예측하라"니 더 어렵게만 느껴진다.

주식시장의 큰 흐름을 잡아나가기 위해서는 경기 사이클을 알아야 하는 것은 반드시 필요한 과제이다. 무엇보다 경기의 확장, 정점, 수축, 바닥 등 네 순환구조에서 지금이 어느 국면에 있는지 경제주기를 먼저 파악한 후 상황에 맞는 투자를 결정해야 한다. 그렇지 않으면 날마다 가장 발빠르게 (?) 움직이는 종목을 골라내는 편이 훨씬 낫다. 가장 좋은 방법은 투자자 자신이 모든 내용을 알아내려고 하지 말고 전문가의 귀와 눈을 빌리는 것이다.

경제연구소의 전문가는 우리나라 경기뿐 아니라 세계 경기가 좋아지고 있는지, 나빠지고 있는지를 하루 종일 연구한다. 경기선행지표와 경기동행지표를 통해 현재의 경기 상황이 어떤지를 추출해내는 것이 그들의 일이다. 자신이 연구한 결과를 펀드매니저나 기자들에게 알려주기도 한다. 경제신문은 그 내용을 인용해서 독자들에게 우리나라의 경기상황을 알려준다. 그 가운데에는 발표한 예상이 틀릴 내용도 있고 맞을 내용도 있다.

하지만 골치 아픈 일을 대신해주는 전문가의 말에 귀 기울일 필요는 있다. 효율적인 방법으로 남의 지식을 빌리는 것은 괜찮다. 내가 머리 싸매고 연구하지 않아도 된다. 경기가 어떤 이유로 좋아질 것인가보다 좋아지는 시기가 언제쯤인가에 초점을 맞춰 관심을 가지면 된다. 주식은 타이밍이 중요하므로 대략적인 경기변화의 변곡점을 예상해보는 일은 반드시 필요하다. 예측이 맞았는지 틀렸는지는 다음에 판단해야 하는 일이다. 발표된 내용을 그대로 활용하는 게 낫다.

예를 들어 포커 게임을 한다고 해보자. 투자자 중에는 게임을 즐기는 사람들이 많으므로 많이 해보았을 것이다. 게임에 참여한 사람에게 주어지는 7장 중 바닥에 깔린 4장의 패를 보고 다른 사람의 패를 추측해낼 줄 알아야 승부에서 이길 수 있다. 가끔은 상대방의 보이는 패를 거짓으로 보고 머리를 굴려 다른쪽으로 생각하기도 하는데, 보이는 대로 상대방의 패를 그대로 읽는 편이 실패를 줄일 수 있다. 이미 오픈된 상대방의 카드가 자신을 누를 수 있는데도 이를 무시하고 무모하게 달려들다가 호되게 당할 수 있기 때문이다. 카드 게임에서는 상대방의 감춰진 패를 읽을 수 없도록 되어 있어 판단하기 힘들지만, 경기 상황을 보이지 않는 카드와 비유하면 재미있다. 보이지 않는 패를 억지로 생각하다가 오히려 큰 낭패를 볼 수 있듯 전문가가 보여주는 예측에 베팅하는(?) 편이 더 안정적이다.

경기 흐름을 자신의 억지대로 판단하려 하지 말라는 의미다. 경기를 움직이는 요인은 모두 다 드러나 있다. 돌발적인 천재지변이나 외환위기와 같은 특별한 경우를 제외하곤 예외는 없다고 봐야 한다. 경제연구소에서는 수많은 자료를 바탕으로 경기 움직임을 판단하기 때문에 특별히 다른 상황이 나오기 힘들다.

구분	선행지수	동행지수	후행지수
구성지표	입이직자비율	노동투입량	
	중간재출하지수	산업생산지수	
	내구소비재출하지수	제조업가동률지수	비농가실업률
	건축허가면적	생산자출하지수	상용근로자수
	건설용중간재생산지수	전력사용량	도시가계소비지출
	기계수주액	도소매판매액지수	기계류수입액
	재고순환지표	비내구소비재출하지수	생산자제품재고지수
	총유동성	시멘트소비량	회사채유통수익률
	수출신용장내도액	수출액	
	수출용원자재수입액	수입액	

■ 경기종합지수 구성지표 ■

Check Point   경기종합지수는 생산, 투자, 소비, 고용, 금융, 무역 등 경제 각 부분의 지표 중에 경기를 잘 반영하는 주요 지표를 선정해 이것들의 움직임을 종합하여 만든다. 경기종합지수를 바탕으로 전체 경기의 변화방향, 국면, 전환점을 판단하고 예측한다.

경기선행지수로는 앞으로의 단기적인 경기를 예측하고, 경기동행지수로는 현재의 경기상태를 측정하며, 경기후행지수로는 현재 경기를 사후적으로 확인한다.

이 가운데 경기선행지수가 주식투자에 가장 유용하게 활용된다. 이는 기계수주액, 건축허가면적, 수출신용장(L/C)내도액, 총유동성(M3) 등과 같이 경기에 대해 선행성이 높은 것으로 검증된 10개 지표들의 움직임을 종합해 작성하며, 대략 실제 경기 움직임을 약 6~9개월 앞서 예고하는 지표이기 때문이다. 일반적으로 경기가 좋아지는지 나빠지는지는 경기선행지수의 전년 동월비가 전월에 비해 증가했는지 감소했는지 여부로 판단한다.

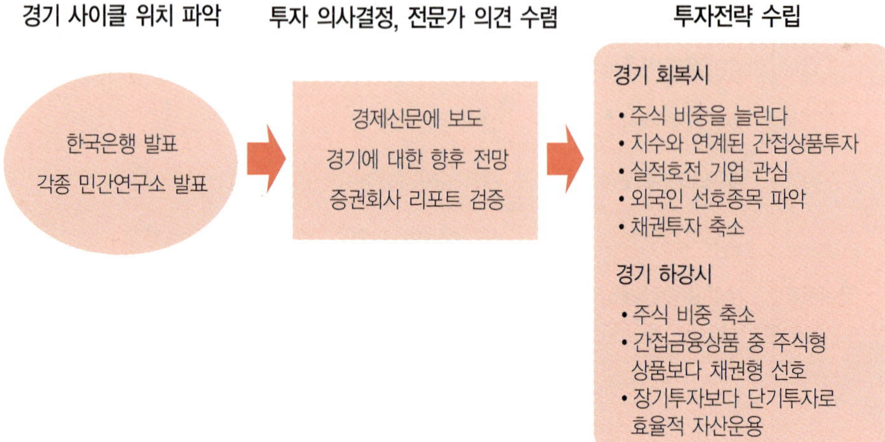

■ 경기저점 판단 방법과 투자전략 ■

그러므로 경기에 대한 판단은 전문가의 입장을 따르는 편이 낫다. 다만 그러한 경기의 움직임을 이용해서 현재 어떻게 대처해야 할 것인가를 투자자는 골몰히 생각해야 한다.

 **Q** 주가의 흐름으로 경기를 알 수 있나?

 **주가로 경기 흐름을 역추적할 수 있다**

주가가 경기에 선행한다는 말이 경험적으로 맞다면, 반대로 주가를 경기 흐름을 예측하는 유용한 정보 변수로 활용할 수 있다. 경기 움직임으로 주가가 움직이기도 하지만 주가 움직임으로 경기를 예측하는 것도 가능하다.

'현재 경기가 나쁜데도 주가가 올라간다'면 이는 '앞으로의 경기는 바닥을 치고 상승할 가능성이 높다'고 많은 전문가들이 판단하는 것으로 보면 된다.

재미있는 사실 하나. 주가가 경기에 앞서 움직인다는 것으로 봐 경기선행지수일 것 같지만 현재 통계청이 사용하는 경기선행지수 항목에는 종합주가지수가 포함되어 있지 않다. 그 이유는 주가가 경기를 얼마만큼 앞서 움직이는지 시차가 불규칙하고, 변동성이 너무 커 경기선행지수에 포함시킬 경우 오히려 경기선행지수의 신뢰성을 떨어뜨리는 결과를 가져올 수 있기 때문이다.

하지만 투자자의 입장에서는 경기 흐름을 예측하는 도구로 충분히 활용할 수 있다. 예를 들어 '일시적인 주가 상승이 있다'고 해도 '향후에 경기가 좋아질 것이다'라고 예측하기는 힘들지만 120/200일 이동평균선이 상승으로 전환한다면 확실하게 경기가 호전될 것으로 예측할 수 있다. 대세가 움직여야 경기 상승을 예측할 수 있는데, 주가 움직임으로 향후 경기를 판단하고자 할 때는 주가의 장기 이동평균선의 상승 전환을 바탕으로 하면 실수가 없다.

경기가 좋아지는지 나빠지는지 어떻게 알 수 있나?

경제지표 중 경기선행지수가 중요

경기가 좋아지고 있는지 나빠지고 있는지 어떻게 알 수 있을까? 일반투자자는 전문가의 연구결과를 잘 살펴보는 것으로 충분하다.

예를 들어 경기가 저점에서 탈출할 때는 "경기선행지수가 종합주가지수를 한두 달 선행해 전환점이 거의 비슷하게 움직이는 양상을 보인다"라고 한다. 종합주가지수가 경기선행지수와 거의 비슷하게 움직인다는 것은 '경기 흐름에 그만큼 앞서간다' 는 것을 의미한다.

주가가 경기 흐름보다 앞서서 움직인다고 했으나 경기선행지수와 동행한다는 점이 중요하다. 1998년과 2001년을 보면 주가 상승보다 경기선행지수가 먼저 상승으로 돌아선 것을 알 수 있다. 경기선행지수가 상승 반전했는데 주가가 하락한다면 좋은 매수 기회다.

 ## 경기선행지수 상승 시점이 펀드매니저 매수 시점

더 실전적인 얘기를 해보자. "경기선행지수를 통해 앞으로 주식시장이 상승할 수 있는지 여부를 알 수 있다"고 했는데, 대부분 차트 분석이 그러하듯 시간이 어느 정도 지나고 나서야 "그때가 바닥이었는데……" 하면서 깨닫는다. 일반 투자자가 매일 그것을 어찌 알 수 있겠는가?

하지만 전문가 투자집단인 외국인 투자자와 기관투자가는 이러한 분석에 뛰어나다. 분석한 결과를 토대로 시장에 투입할 자금 규모를 조절한다. 전체 주식시장을 바라보는 눈은 경기호전 여부에 달려 있다고 봐도 무방하다. 외국인 투자자나 기관투자가의 매수량이 늘어가면 그때는 어떤 이유가 있는 것인데 기준은 '경기의 호전 가능성' 이다.

2003년 5월과 7월 사이 외국인 투자자는 거래소에서만 5조 8천억 원 이상 주식을 사들였다. 개인투자자들이 4조 원을 순매도하는 매도 우위를 보

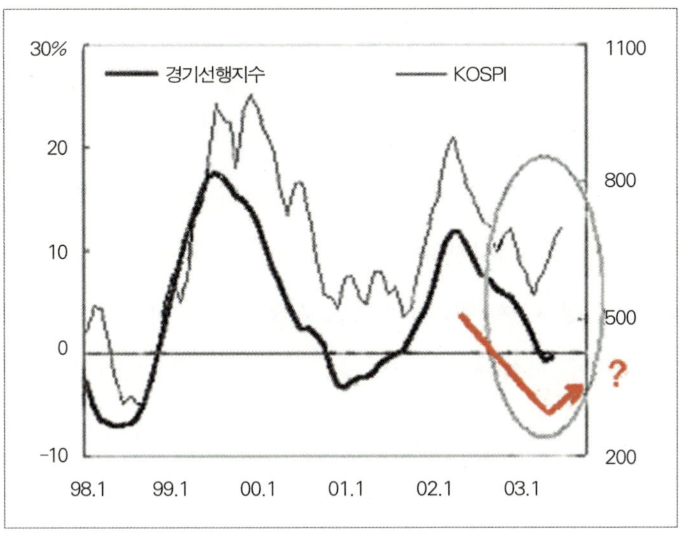

■ 종합주가지수와 경기선행지수와의 상관관계, 대신경제연구소 ■

Check Point

경기순환과 주식시장의 관계를 분석하면서 빼놓을 수 없는 사항이 '산업의 라이프 사이클'이다. 이는 유기적인 생명체와 마찬가지로 "산업도 생성·성장·쇠퇴·소멸 과정을 거쳐 발전해 간다"는 이론이다. 즉 단계별로 각 산업에 속하는 기업들의 매출액, 순이익과 같은 경영성과와 경쟁형태, 사업위험, 경영관리 기능 등이 달라지므로, 투자하려는 기업이 산업 라이프 사이클의 어느 단계에 있는지를 파악하는 것이 매우 중요하다는 것이다. 위의 그림을 보면 KOSPI의 상승이 경기선행지수가 상승곡선을 그리는 5월 이후에 집중적으로 이뤄지는 것을 알 수 있는데, 외국인 투자자의 매수 강도는 경기의 선행지수 방향과 맞물려 있다는 사실이 흥미롭다.

인 것과는 대조적인 매매 패턴을 보였다. 문제는 주가가 어떻게 되었느냐 여부인데, 종합주가지수는 595포인트에서 724포인트까지 120포인트 이상 상승해 개인들은 보유 주식을 뺏기고 팔짱만 낀 채 상승장을 지켜본 셈이다. 외국인 투자자가 완전히 시장을 주도하며 상승을 이끌었다.

"그들은 왜 집중적으로 우리나라 주식을 사들였을까?" 단순하게 경기선행지수 하나만을 놓고 비교해본다면, 그들은 향후 경기의 회복 가능성에 중점을 두고 삼성전자와 옥션 같은 대표 종목의 보유 비중을 늘리면서 마치 '우리나라 전체 주식시장'을 사기라도 하려는 듯 행동했던 것이다. 이렇듯 경험적으로 경기선행지수가 상승으로 돌아서는 시점이 외국인 투자자의 집중적인 매수 시점과 맞아떨어지는 것을 보면서 '경기선행지수'에 대한 중요성을 다시 확인하게 되었다. 경기순환 과정에서 우리의 경기가 어느 단계에 있으며 외국인 투자자들은 어떻게 인식하고 있는가를 판단해서 투자할 것인가 말 것인가를 결정해야 한다.

경기가 바닥이라는 것을 확인하기 어려울 때는 어떻게 해야 하나? 경기선행지수로 판단이 어려울 때는 거시경제지표 중 국내총생산(GDP) 동향과 병행해 활용하면 유용하다. 동행지표와 함께 선행지수가 상승으로 돌아선다면 장기적인 경기회복 국면이 나타나므로 투자전략도 더욱 장기적인 관점에서 세워야 한다.

그러나 동행지표의 상승 반전 없이 경기선행지수만 반등할 경우 단기적인 경기 회복이므로 주식시장도 크게 올랐다가 다시 원점으로 하락하는 모습을 보일 가능성이 커 쉽게 대처해서는 안 된다.

또한 경기의 상승 전환과정도 완만하게 나타나 U자형과 외환위기 때처럼 경기가 급반전하는 V자형, 더 이상 하강하지 않고 옆으로 횡보하는 L자형 등 다양하게 나타날 수 있으므로 어떤 형태의 경기회복 국면인가를 판단해봐야 한다. 물론 자신이 모든 내용을 다 파악할 수 없으므로 한국은행과 민간경제연구소의 리포트를 참조해 판단한다.

경기동행지수 추이로 본 한국경제

'2003년 4월부터 한국경제가 경기 침체에 진입했다'며, 이번 경기 침체가 '10·26사태 직후인 1979~1980년, 외환위기 때인 1997~1998년 때보다 뚜렷하고 확산적이며 오래갈 것'이라고 분석했다. 한국의 경기 침체 이유는 세계경제의 둔화나 이라크전쟁과 같은 외부적인 요인이 아니라 '개인 파산 증가 및 과다한 가계부채 등의 국내 요인이 크다'라고 미국의 정통한 경기사이클연구소인 ECRI(미국의 대표적인 민간경제 예측기관인 경제주기조사연구소)가 발표했다.

'한국의 현재 경기가 주력산업인 정보기술(IT) 분야의 경기가 개선되고 있지만 불확실성이 너무 크다'며, 많은 전문가들이 '한국경제가 하반기에 회복될 것'이라고 전망하고 있지만 '가계 부채가 해소되고 제조업 투자가 증가하며 금융시장의 왜곡이 해소되기 전까지는 경기회복이 어렵다'고 전망했다.

ECRI는 수십 개의 거시지표를 종합해서 월별 선행지수와 동행지수를 산출해 경기 사이클을 분석하는데 경기 침체의 정도를 '명확성(pronouced)', '확산성(pervasive)', '지속성(persistent)' 등 3P의 기준으로 진단한다고 한다.

『서울경제신문』 2003년 8월 4일

위의 기사는 경기동행지수를 참고로 해 분석한 우리나라 경기 사이클에 관한 내용이다. 2003년 4/4분기부터 경기회복을 낙관하던 우리나라 경제전문가의 견해와 상반된 것이어서 당혹스럽기까지 하다. 선행지수 상승과 반대되는 주장이다. 그러나 어떠한 전망이 확실하게 맞을지 머리를 싸매고 고민할 필요는 없다. 결과는 시간이 지나봐야 아는 것이므로 반드시 누가 옳다고 단정할 수는 없기 때문이다.

그렇지만 자신의 생각과 반대 견해를 피력한 기사를 접했다면 일단 주의를 해야 한다. 중·장기적인 관점에서 보수적인 태도를 견지해야겠다는 마음을 가져야 한다. '경기선행지표가 상승으로 반전하다가 다시 반락할 수 있다'는 가정이 현실화될 수 있기 때문이다. 조금이라도 경기가 나빠질 것 같으면 점차 주식 보유 비중을 줄이되, 재매수해야 할 업종을 미리 점찍어둬야 한다. 비관적인 견해에서도 '업황 호전이 가시화된다는 IT산업이 매우 유망하다'는 정보를 토대로 관심 종목을 새롭게 구성해도 좋을 듯하다.

Q 경기 상황에 따라 투자방법을 달리해야 하나?

경기순환과 종목선택

일반투자자는 외국인 투자자처럼 전체 시장을 살 돈도 없을 뿐더러 경기가 좋아질 것이라는 확신이 들더라도 언제까지 한 종목에 매달릴 수는 없다. 답답하기도 하고 지루하다.

그렇다면 어떻게 해야 하나? "시장은 호전될 것 같은데 어떤 종목을 사야 하지?" 고민스러울 때가 많다. 이럴 때는 테마별로 움직이는 종목을 매수하거나 무상증자 계획을 발표했거나 실적이 호전되었다고 발표한 종목을 찾아서 매매하는 것이 가장 이상적인 방법이다.

하지만 여기서도 놓쳐서는 안 되는 사항이 큰 줄기를 거스르지 않고 매매하는 것이다. "대세를 타고 다닌다"는 표현을 하는데, 잠시 조정을 받더라도 재상승할 수 있다면 손실을 많이 줄일 수 있으며 기다릴 수 있다.

또 대부분의 투자자들은 손실을 보면 참고 기다리는 일에는 아주 끈질기므로 언제라도 상승 준비를 하는 대세장이 일반투자자 체질에 맞는다. '기다리면 다시 올라오는 강세장'에서 매매하는 것이 좋다. 그러므로 경기 상황 변화에 따라 가장 혜택을 많이 보는 업종을 찾고, 거기에서 실적호전이 예상되는 종목을 찾아야 한다.

빨라진 경기순환 사이클

최근에는 경기순환과 산업의 라이프 사이클의 변화 속도가 예전과 비교할 수 없을 정도로 빠르고 불규칙하다는 점을 잊어선 안 된다. 경기 사이클 자체가 불규칙하고 기간이 짧다면 주식시장의 상승과 하락의 주기도 짧게 변할 수 있다. 그 이유는 정보화 사회가 진전되면서 기술진보 속도가 빨라졌고, 인터넷 발달로 정보 공유가 손쉽게 이뤄지기 때문이다. 컴퓨터나 휴대전화, TV의 교체 주기를 보면 어느 정도인지 실감할 수 있다.

또한 외국 자본의 유입으로 인해 경제시장이 세계화되어서 이제는 세계 경기의 흐름도 이해해야 한다. 갈수록 주식투자하기가 복잡해지고 힘들어지지만 기본은 하나다. 미국이든 우리나라든 '주가에 영향을 주는 경기 흐름이 앞으로는 어떠할 것 같은가?' 이다.

우리나라 증시가 세계 증시와 동조화하면서 미국 경기에 관심을 가지지 않을 수 없게 된 상황도 경기 관련성과 무관하지 않다. 경기 사이클과 어떤

업종이 경기를 주도할 것인가에 대한 생각은 곧바로 투자수익과도 직결되
므로 한번 연구해볼 만하다. 얻고자 노력한 것만큼 이익이 나온다.

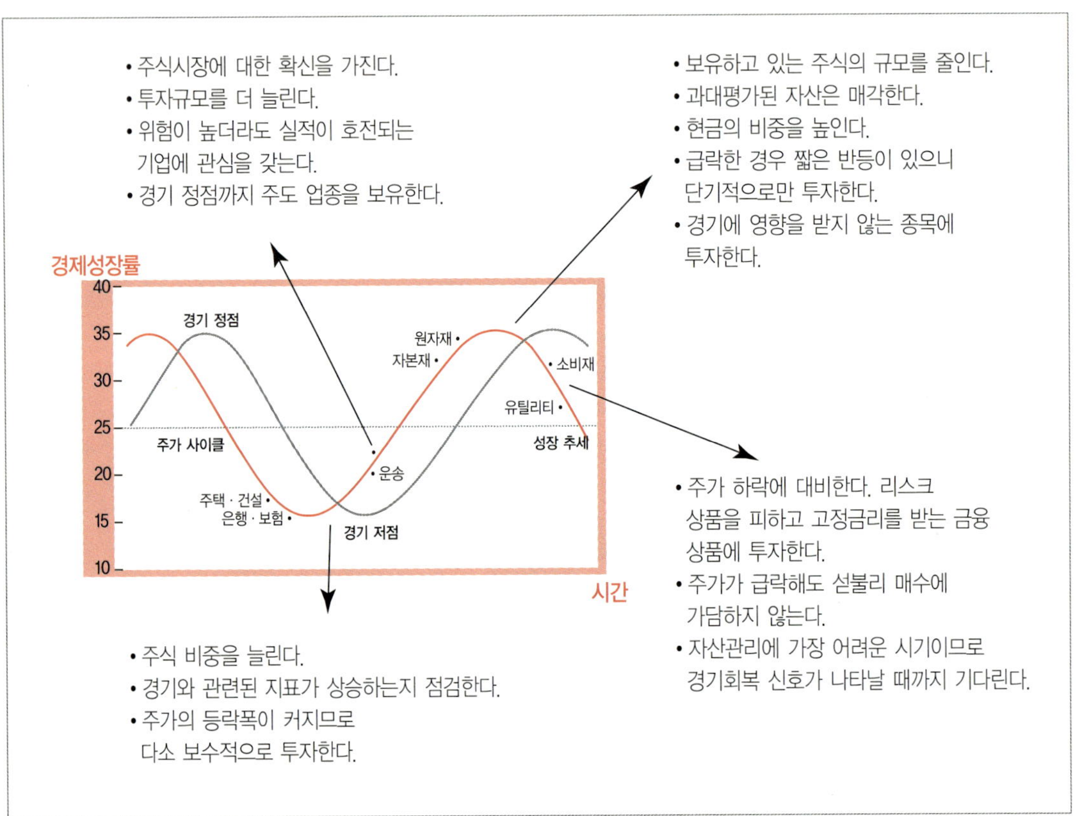

■ 경기국면별 투자전략과 상승 주도 업종 ■

경기 상황에 따른 투자 업종을 구분해놓은 표다. 현재의 경기 상황이 어느 단계인지를 먼저 파악
하고 관심 업종을 국면별로 바꿔야 한다. 그 이유는 경기가 호전되면서 금리와 산업동향, 그리고
기업 실적이 달라지기 때문이다.

금리는 주가의 어머니

Q 금리 변화가 주가에 어떤 영향을 미치나?

금리는 이자율이다

"금리와 주가는 어떤 상관관계가 있나?"

"금리와 주가는 서로 상관없다?"

아무리 생각해도 잘 모를 것 같은 이야기다.

"주식투자는 종목 선택만 잘하면 되지 금리와는 무관해"라고 생각하기 쉽지만, 신문과 방송에서 자꾸 '금리'를 들먹이니 모르면 짜증날 일이다.

미국의 예를 드는 것이 좋겠다. 미연방준비위원장인 그린스펀은 미국의 단기금리의 조정 권한을 갖고 있다. 그래서 미국의 투자자들은 그린스펀의 행동을 예의 주시한다. 우리는 금리 문제에 별 관심을 보이지 않지만 미국 투자자들은 지나칠 정도로 금리 변화에 관심을 보인다. 그린스펀의 한마디에 주가가 출렁거린다. 금리 인하의 신호가 감지되면 미국 주가는 급등하고, 금리인하 폭이 시장의 기대에 못 미치면 주가는 급락한다. 금리 변화로 출렁이는 미국 주식시장의 영향으로 다음날 아침 우리 주식시장도 덩달아 춤을 춘다. 우리 주식시장이 미국 금리의 영향을 받는다는 사실을 받아들이기 힘들 수 있다.

정말 금리가 오르면 주가는 내리고, 금리가 내리면 주가는 오르는 것일까?

먼저 금리에 대해 이해해보자. 금리(金利)는 '금, 즉 돈(金)에 대한 이자(利)'를 말한다. '돈 값'인 셈이다. 금리는 '돈을 사용하는 대가(代價)'다. '누군가에게서 돈을 빌려 쓰고 원금에 대해 이자로 지불하는 비율'이 금리다. 보통 '이자율'이라고 한다. "이자가 몇 퍼센트냐?"는 말에는 익숙하지만 "금리가 몇 퍼센트냐?"는 말은 어색하게 들린다. 은행에서 돈을 빌릴 경우 1년 단위로 '원금의 몇 퍼센트의 이자를 내는가?'가 금리 개념이다.

어떤 경제전문가는 "이렇게 경기가 침체되는 상황에서 기업들의 고통을 줄이려면 금리인하가 꼭 필요하다"고 하기도 하고, 또 어떤 이는 "금리를 내리면 경기가 좋아질 수도 있다"고도 말한다. 또는 "금리를 내린다고 경기가 좋아진다는 보장이 없다"며 금리인하를 반대하기도 한다.

왜 이렇듯 '금리 논쟁'을 펼까?

우리는 '금리 논쟁'이 벌어지면 남의 일 보듯 지나치며, "이번엔 정부가 무슨 일을 하나보네", "미국이 금리를 자꾸 내리니 우리도 내리나", "금리를 내리면 우리가 받게 될 이자가 적어지는 것 아닌가?"라고 무심코 받아들이기 일쑤다.

이런 눈으로 금리 논쟁을 바라본다면 주식투자자로서 더 이상의 발전이 없다. 주식에 관심이 있다면 적어도 금리가 시장에 어떤 영향을 주는지 알아야 한다. 경제를 알려면 금리에 대한 이해가 첫 번째다.

이를 삼단논법으로 말하면 다음과 같다.

"주가는 경기에 영향을 받는다."

"금리는 경기에 영향을 미친다."

"그러므로 금리는 주가에 영향을 준다."

경기의 진행 방향이야말로 주식시장의 미래를 판단하는 척도이므로, 금리는 어떤 식으로든 주식의 흐름에 영향을 준다. 그러므로 금리 변화를 읽고 이를 통해서 투자 시기를 결정하면 현명한 판단을 내릴 수 있다.

■ 금리 ⇔ 경기 ⇔ 주가 ■

 정부는 금리를 어떤 방법으로 조절하나?

 ## 정부는 콜금리로 경기조절

정부가 금리를 내리거나 올린다고 하는데 과연 어떤 방식으로 할까? 정부의 입장에서 생각해보자.

정부가 금리를 규제하는 이유는 단 한 가지 '경기조절'을 하기 위해서다. 침체된 경기를 살리려고 하거나 과열된 경기를 가라앉히려고 할 때 '금리 인상·인하 정책'을 편다. 그렇다면 "경기가 좋다는데, 왜 금리를 올려 경기조절을 하지?"라는 의문이 생길 수 있다. 이유는 경기가 너무 과열되면 급격하게 나빠질 가능성이 있기 때문에 속도를 조절하기 위해서다. 기본적으로 경기가 나빠지기를 바라는 정부는 없다. 경기가 과열되었을 때는 경기 연착륙을, 경기가 침체되었을 때는 경기를 활성화시키기 위해서다.

과거에는 정부가 경기조절을 통화량, 즉 '돈을 많이 푸느냐' 아니면 '돈줄을 죄느냐'의 방법을 택하기도 했는데, 통화량이 경기 변화에 미치는 영향이 점차 줄어들면서 금리를 통한 경기조절방식을 쓴다.

금리의 종류에는 예금금리, 대출금리, 장·단기 채권금리, 콜금리 등 여러 가지가 있지만 정부는 '콜금리를 규제'하는 방법을 사용한다.

1999년부터 한국은행은 콜금리를 규제하며 금리에 개입했다. 콜금리는 '금융회사 간의 초단기 자금거래 때 적용되는 단기금리'다.

왜 콜금리를 관리하는 방법을 쓸까?

콜금리로 금리를 조절하는 이유는 다른 금리의 기준인 콜금리가 장기금리를 비롯한 대부분 금리에 영향을 주기 때문이다. 금리 중에서도 가장 민감한 초단기 거래시의 금리를 규제하면 나머지 금리가 저절로 따라오게 하는 방법을 택한 것이다. 정부가 '금리를 내렸다'고 하면 '콜금리'를 내린 것이며, 콜금리 인하는 전반적인 금리인하를 암시한다.

 금리가 낮을 때는 어떻게 투자해야 하나?

 **돈은 금리 따라 움직인다**

돈을 가진 사람의 입장에서 금리를 바라보자. 돈을 가진 사람에게 금리의 높고 낮음은 "돈을 어디에 투자할 것인가?"를 결정하는 중요한 기준이 된다.

"금리를 낮추면 부동산 투기가 일어난다"고 전문가들은 우려한다. 별다른 투자처를 찾지 못하고 떠돌아다니는 유동자금이 부동산시장으로 몰릴 것을 염려하는 말이다. 실제로 시중 금리가 낮으면 부동산으로 돈이 흘러가 부동산 과열을 불러일으키기도 한다. 낮은 금리로는 예금이자에 대한 기대치를 채워주지 못하기 때문에 더욱 수익이 많이 나는 곳으로 돈이 움직이기 때문이다. 규모가 큰 자금을 은행이나 투자신탁에 예금했다면 적은 금리 변화에도 엄청난 이자 차이가 생기므로 금리에 민감해질 수밖에 없다.

물이 높은 곳에서 낮은 곳으로 흐른다면 '돈은 이자율이 낮은 곳에서 높은 곳으로 흐른다'.

금리하락과 경기호전이 맞물려야 주가가 상승한다

금리가 낮을 경우 부동산으로만 돈이 흘러가는 가는 것은 아니다. 금리가 낮아지는 상황에서 경기가 호전될 기미가 있을 때는 주식시장으로 돈이 모여든다. 단 '주식시장이 활성화될 것 같으면'이라는 전제조건이 성립될 때에 해당한다. 가능성이 있을 때만 은행보다 주식을 선호하면서 주식시장으로의 참여가 늘어난다.

주가와 금리는 반대로 움직인다는 사실은 우리 증시를 통해서도 알 수 있다. 외환위기 직전인 1997년 말 종합주가지수는 376.3포인트, 금리는 회사채 기준으로 두 자리 수인 14.9%를 기록했다. 1999년 말에는 금리가 한 자리 수인 8.8%로 하락한 반면, 주가는 1028포인트를 나타냈는데 금리가 하락하면서 경기가 최악의 상태를 벗어나 좋아진다는 확신이 들던 시기였다.

그렇다고 금리와 주가가 반드시 반대로 움직이는 것은 아니다. 경기가 불투명하고 주식시장이 불안하면 금리가 낮아도 주식은 상승하지 않는다. 금리가 낮은 상태가 계속되더라도 반드시 유휴자금이 주식시장으로 유입되는 것은 아니므로 주의할 일이다.

2001년 9월 종합주가지수는 463포인트, 금리는 6.35%로 주가와 금리가 동반 하락했다. 금리가 더 떨어졌는데도 주가는 오르지 못하고 계속 하락했다. 어디에 함정이 있었을까?

이유는 한국 기업에 대한 외국인 투자자의 불신과 기업 수익전망이 어두워 미래에 대한 비관론이 금리하락 효과를 덮어버렸기 때문이다. 그러니 금리와 주가에 대한 관계를 여러 각도로 이해할 일이다.

# 기관투자가는 금리가 낮으면 채권보다 주식을 선호한다

금리를 통해 돈 많은 사람들의 행동을 분석해보면 어떻게 처신해야 하는지 알 수 있다. 낮은 이자에 불만을 가지기는 일반투자자뿐만 아니라 기관투자가도 마찬가지다. 낮은 금리는 기관투자가들의 돈을 주식시장으로 끌어들이는 원인을 제공한다는 점에서 부동산의 경우와 비슷하다. 은행이나 투신사처럼 돈을 운용하며 자금을 불리는 기관투자가들도 금리가 낮으면 채권보다 주식을 선호하게 된다. 이자율이 낮은 채권형 상품에 투자해서는 고객의 높은 수익률 요구를 충족시켜 주지 못하기 때문에 더 많은 수익이 기대되는 주식형 상품으로 자금을 편입하는 것이다. 펀드매니저들이 주식에 더 관심을 가지게 되면서 주요 매수 세력으로 등장해 주가 상승에 일조하기도 한다.

하지만 그들 역시 경기상황이 경기호전과 맞물려 주가가 상승할 수 있다는 확신이 들어야 움직인다는 사실을 잊어서는 안 된다.

결론적으로 큰돈을 만지는 사람은 금리가 낮으면 부동산이나 주식과 같은 실물자산에 투자하는 것은 확실하나 주식으로 승산이 있을 경우에만 주식시장으로 돈을 옮긴다는 사실이다. 금리가 하락한다고 해서 무조건 주가 상승으로 이어지는 것은 아니다.

 금리 변화가 회사 경영에 어떤 영향을 주나?

 ## 금리가 높으면 회사는 사업확장을 꺼려

돈을 빌려 쓰는 사람의 입장에서 판단해보면 금리 변화가 회사에 미치는 영향이 머릿속에 쉽게 들어올 것이다. 보통 회사는 돈을 예금하기보다 빌려 사업자금으로 활용하는 경우가 많기 때문에 금리에 매우 민감하다. 금리는 '회사가 신규사업을 할 것인가, 말 것인가?'를 판단하는 기준이 된다. '금리가 높다'는 말은 '돈을 빌리면 많은 이자를 지불해야 하므로 신규로 돈을 빌리는 데 부담스럽다'라고 해석해야 하고, '금리가 낮다'는 말은 '돈을 빌려 사업을 해도 이자를 갚기 쉬워져 뭔가 해볼 수 있겠다'라고 해석하면 이해가 빨리 된다.

금리를 올리면 이자 부담이 커지고 돈을 빌려쓰기 힘들어진다. 회사 입장에서 높은 이자 부담은 아무리 벌어도 수익이 나지 않는 결과로 이어진다. 금리가 높을 때 신규투자를 하지 않는 이유가 된다. 적어도 이자를 지불하고도 남을 만큼의 장사를 해야 하는데, 그럴 자신이 없으면 사업확장을 하지 않는 것은 당연하다.

남의 돈을 빌려 사업하는 일이 어디 쉬운가? 외환위기 때 도산한 기업 대부분이 돈을 무작정 끌어들여 사업을 확장했던 업체들이다. 금리가 20%(연간 기준)가 넘었으니 수천, 수백억 원씩 빌려 쓴 회사는 이자가 엄청난 부담으로 다가와 이를 처리하기 힘들었다. 가지고 있는 부동산이나 자산이 많음에도 불구하고 이자 부담을 견디지 못해 부도를 낸 사례가 허다했다. 벌어들이는 돈은 꽤 되는데 갚아야 할 이자가 많아 도산하는 것을 흑자 도산이라 한다. '앞으로 남고 뒤로 밑지는 장사'를 한 셈이다. 흑자 도산을 하는 가장 큰 이유가 이자 부담이라면 금리는 돈을 많이 빌려 써야 하는 회사 입장에서는 아주 중요한 요소가 된다.

 ## 금리가 낮아지면 이자 경감분만큼 이익

금리가 내려가면 회사는 신규투자를 하면서 공장도 세우고 가동에 필요한 원자재도 사야 한다. 이로 인해 다른 회사의 팔리지 않던 원자재가 팔리고 설비 증설로 건설회사나 철강회사의 일거리가 자연히 생긴다. 낮은 금리가 회사의 이자 부담을 크게 줄여주면서 회사가 벌어들인 영업이익 가운데 이자 경감분만큼 이자로 빠져나가지 않고 이익으로 남는다.

매출실적이 전년도와 같아도 이익은 자연스레 호전된다. 우리나라의 기업 중 30% 이상이 영업이익으로 이자 지불도 감당하지 못하는 현실에서 부채가 많은 회사엔 금리 변화가 아주 중요한 영향을 미친다는 사실을 알 수 있다.

회사가 벌어들인 영업이익으로 이자를 지급할 능력이 있느냐 없느냐는 이자보상배율로 판단하는데, 1 이하이면 영업이익으로 이자를 못 갚을 정도로 부실한 회사다. 신문에 이자보상배율에 대한 이야기가 나오면 신경 쓰고 봐야 한다.

또 자동차나 가전제품을 바꾸고 싶어했던 사람들은 금리가 내려가면 이자를 지불하고도 은행에서 대출받아 자동차나 가전제품 등을 바꾼다. 즉, 금리인하로 물건을 사려는 수요가 늘어나며 판매가 원활하게 일어난다. 자동차 회사에서 판매가 부진한 기간에 무이자 할부판매를 실시하면 판매가 늘어나는 이치와 같다. 돈을 꿔서라도 물건을 사게 됨으로써 회사 재고가 점차 줄어들고 생산이 늘어나면서 회사 실적은 호전된다. 이렇듯 금리 인하가 소비욕구를 불러일으키면서 회사 실적을 좋아지게 하는 요인으로 작용하기도 한다. 산업 전반을 보더라도 한 산업의 활성화에 따른 파급효과가 관련 산업으로까지 영향을 미친다. 즉 금리하락이 여러 관련 산업으로 퍼져 경기가 활성화되도록 돕는 것이다.

그렇다고 금리를 내린다고 해서 갑자기 경기가 좋아지지는 않는다. 금리를 내린다고 잘 팔리지 않던 물건이 날개 돋친 듯 팔리는 것도 아니다. 돈의 흐름에도 속도가 있듯 경기가 좋아지는 데도 얼마 동안의 시간이 걸린다. 주식시장도 급격히 좋아지는 것이 아니다. 경기가 좋아지는 속도만큼 주식시장도 호전된다. 서서히 좋아질 가능성이 크다.

이자보상배율 이자보상배율은 영업이익(매출액에서 매출원가와 판매관리비를 뺀 금액)을 이자 비용으로 나눈 값이다. 이자보상배율이 '1 이상'이면 영업이익으로 이자를 갚을 능력이 있고, '1 미만'이면 영업이익으로 이자도 못 갚는다는 뜻이다. 금리가 낮아지면 기업의 영업이익은 줄더라도 저금리로 이자비용이 줄면서 수익을 내는 기업이 증가하는데 이는 이자부담을 크게 덜었기 때문이다.

 금리가 인하되면 주식투자를 하는 것이 좋은가?

 **금리 변화는 경기회복 단계를 거쳐야 주가 상승을 유도**

만약 금리인하로 주가가 급격하게 상승했더라도 주식시장에 급하게 뛰

어드는 일은 일단 참아볼 일이다. 금리인하가 중·장기적인 관점에서 경기 흐름을 천천히 변화시키는 것이지 갑작스레 바꾸지는 못한다. 오히려 추가적인 금리인하를 단행해야 할 만큼 효력이 없을 경우가 생긴다. 기업의 수익기반이 취약할 때 금리인하가 물가만을 올려 장기적으로 주가를 떨어뜨리는 역효과 가능성도 유의해야 한다. 따라서 금리효과는 경기 변화라는 중간단계를 거쳐 주식시장에 영향을 미친다.

금리가 인상된다면 '경기의 상승 속도를 조절하겠다'는 정부의 의지를 알아채야 한다. 주식시장은 상승한다는 기대가 없으면 급격하게 하락하는 속성이 있으므로 금리인상으로 향후 경기가 하락할 것이라는 예측이 지속적으로 나온다면 일단 주식시장에서 손을 떼는 것이 좋다. "정부에 맞서지 말라"는 증시 속담이 있듯 정부가 금리정책을 시행할 때 그 의미를 간파하는 것이 급선무다.

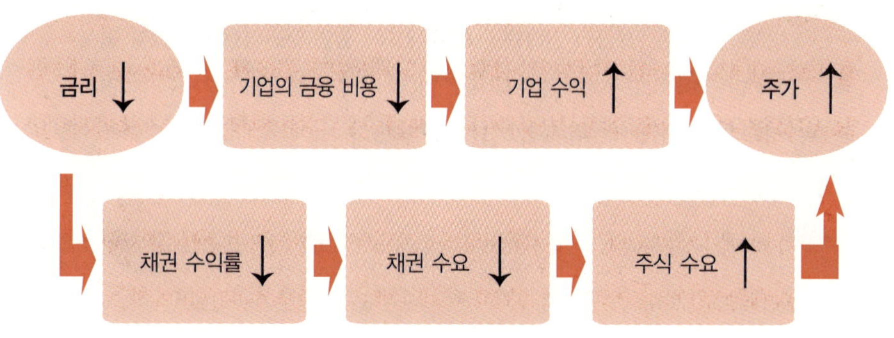

■ 금리와 주가의 상관관계 흐름 ■

금리인하로 인한 주가 상승의 사례

금리인하가 이뤄진 뒤 주식시장은 시간이 흐를수록 뚜렷한 상승세를 보인 것으로 분석됐다. 한양증권에 따르면 2001년 네 차례의 금리인하 단행과 증시의 관계를 분석한 결과 인하 당일에는 별다른 특징이 없었지만 5개월 후에는 명백한 상승세를 나타냈다.

2001년 7월 5일 콜금리가 0.25% 인하된 당일 종합주가지수는 0.61% 하락했다. 한 달 뒤와 3개월 뒤에도 각각 4.08%, 15.45% 하락했지만 5개월 후에는 15.95% 상승 반전했다. 8월 9일 역시 0.25% 인하 당일에도 주가는 2.87% 떨어졌으나 3개월 후 4.93%, 5개월 후에는 36.74% 상승했다.

9월 19일 0.5% 인하 당일에는 지수가 0.38% 올랐고 3개월 후에는 32.93%, 5개월 뒤에는 무려 60.71% 급등했다. 2월 8일 0.25% 인하 당시에만 지수가 당일 2.67% 올랐다가 5개월 후 5.34% 하락했다. 또 작년 5월 7일 콜금리를 0.25% 인상했을 때는 당일 지수가 0.06% 하락한 뒤 3개월 후 17.79% 내리고, 5개월 후 24.07% 하락했다.

홍순표 연구원은 "콜금리 인하는 증시 자금 유·출입에도 영향을 미쳤다"면서 "인하 단행 이후 고객예탁금은 대체로 한 달 간 감소했다가 점차 증가하면서 증시에 유동성이 보강됐음을 보여줬다"고 말했다.

『조선일보』 2003년 5월 9일

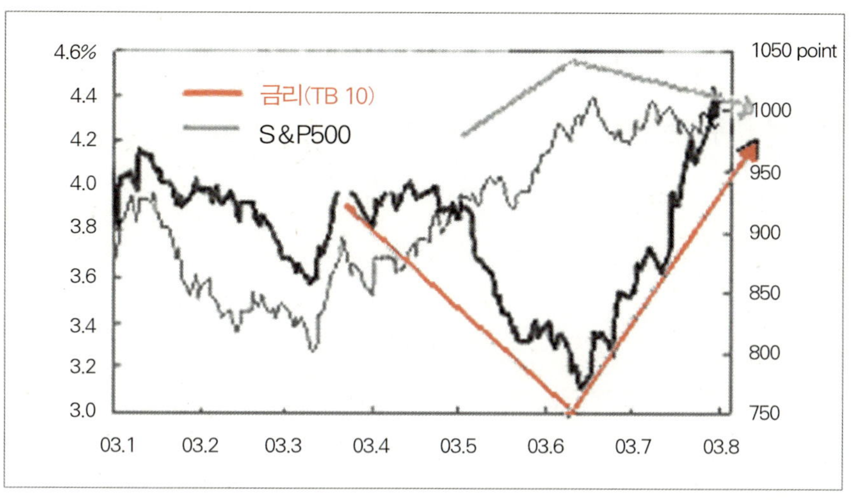

■ 미국의 주가(S&P500)와 금리관계, 블룸버그(Bloomberg) ■

2003년 6월 미국 금리가 상승 추세로 전환하면서 지속적으로 상승했던 미국 주가(S&P500)는 상승 탄력이 유지되지 못한 채 1개월 이상 횡보세를 나타내고 있다. 금리 급등이 추후 경기 회복 가능성에 주로 기인한다고 하더라도 금리상승은 주가 반락을 유도하고 있음을 보여준다. 미국 과 우리나라의 주식시장은 경기회복이나 기업실적 호전 등의 내용뿐 아니라 저금리 상황에서의 유동성 확대가 주가 상승의 절대요인으로 작용한다.

주가는 기업 실적의 그림자

03 주가는 현재와 미래의 기업 실적을 나타내는 바로미터이다

 회사 실적이 주가에 어떤 영향을 미치나?

 **주가는 기업 실적의 그림자**

가끔 이런 질문을 받는다.

"실적이 뭐 그리 중요해? 차트 모양이 좋으면 그걸 따라붙으면 돼."

차트로 모든 판단을 하는 사람, 즉 차티스트들이 주로 하는 말이다. 그러나 여기에서 하나 짚고 넘어갈 일이 있다. 주식을 대량으로 매수하는 주체, 즉 외국인 투자자나 기관투자가는 차트 모양을 보고 투자를 결정하지 않으며, 회사 내용을 보고 판단한다는 점이다. 차트는 상승하려는 힘이 큰지 작은지를 판단하는 자료이지, 주가의 상승 여부를 결정하는 것은 아니다.

"주가는 기업 실적의 그림자다"라고 한다.

"정말 실적이 좋아지면 주가가 올라갈까?" 의아해할 수 있다. 주식을 매

수하려는 시점을 기준으로 보면, 한 달 전 또는 한 달 후 기업 실적이 크게 바뀌지는 않기 때문에 "주가가 실적을 바탕으로 움직인다"는 말은 이치에 맞지 않은 것처럼 보이기도 한다. 주식투자자라면 드는 의문이다.

하지만 단순하게 "기업은 벌어들인 이익을 배당을 통해서 주주에게 나눠 준다"는 점을 생각해보면 당연하게 받아들여야 할 내용이다. 이익을 많이 내야 주주의 배당 몫이 늘어나므로 이익의 크기가 주주에겐 중요하다. 그러니 실적이 좋은 회사가 이익을 많이 내며, 이에 따라 서로 주주가 되려는 사람이 많은 것만으로 곧바로 주가 상승으로 이어진다. 실적과 주가 상승의 관련을 무시할 수 없는 구도다.

그렇지만 "기업의 실적을 놓고 어떻게 주가의 높고 낮음을 판단하는 데 적용할 것인가?"가 투자하려는 입장에서는 또 다른 문제다.

 ## 꿈이 있어야 주가가 상승한다

실적이 눈에 보이기 전에 주가는 미리 오른다. 즉 내년도의 실적이나 다음 분기에 실적호전이 예상되면 그러한 기대 심리 탓에 주가는 미리 상승한다. 2003년 상반기 미국의 나스닥지수를 보면 모든 경제지표가 아직 호전되지 않고 있음에도 주가는 바닥을 치고 상승했다.

미국 경제지표는 좋지 않다는데 주가는 왜 오를까? 주식투자자라면 누구나 한번쯤 가져봤을 궁금증이다.

기업 실적, 경제지표 등 외형상으로 볼 때 아직 주식을 안심하고 살 단계는 아니었지만 미국 스탠다드앤푸어스500 구성 기업 2분기 주당순이익(EPS) 전망치는 전년 동기 대비 약 5.3% 증가할 것으로 전망했는데 그렇게 실적 호전이 나타난 것은 아니었다. 그런데도 미국의 나스닥은 꾸준히 상승했다.

이는 미국 투자자들은 경기회복이 가시화되는 3분기 실적에 기대를 하며 실적발표에 긍정적인 내용이 있을 것으로 보고 미리 주식을 사두려는 결과다. 1,256포인트(3.12)에서 1,776포인트(7.12)까지 520포인트나 상승했다. 실적호전이 가시화되지 않더라도 '실적호전의 기대감'으로도 충분히 주가가 상승할 수 있다는 것을 보여준다.

현재 실적이 좋은 것보다 기대치가 나스닥의 상승을 이끌었다는 결론인데, 우리나라 주식시장보다 미국 시장은 실적에 대한 예상치에 굉장히 민감하다. 우리나라 투자자들이 생각하는 것보다 반응이 매우 예민하다. 그래서 소비자신뢰지수나 고용지수와 같은 여러 지표 및 주요 회사들의 실적발표에 투자자들은 신경을 곤두세운다. 발표 하나에 주가가 큰 변동을 보

이니 우리나라 투자자들도 밤을 새우면서까지 발표 내용에 관심을 가질 수밖에 없다.

미국 시장은 어찌 보면 단조롭다. '실적예상'과 '현실화된 실적'의 비교에서 '예상보다 좋아지면 상승', '예상보다 나빠지면 하락'의 공식이 성립한다.

"주식은 꿈이 있어야 상승한다"고 한다. '꿈'은 '상승에 대한 기대'다. 막연히 "많이 빠졌기 때문에 이제는 오르겠지" 하는 편한 생각으로는 언제나 실망감을 느낄 뿐이다. 꿈이 있어야 상승하고, 또 그 꿈이 상승을 이어간다. 너나 할 것 없이 꿈을 키워가면서 매수에 가담하기 때문이다. 기대가 없다면 무엇이든 열심히 할 수 없는 인간의 심리와 같다. 실적이 호전되고 경기가 좋아지면서 더불어 '주가가 상승할 수 있다'라는 꿈이 있을 때 상승의 힘은 가속돼 투자자들은 더욱 몰려든다.

 ## 성장성을 가진 회사의 주가가 상승

실적과 주가의 관련에 대해 여러 의문점을 가지고 있다면 실제상황을 검증해볼 필요가 있다. 실적이 좋아진 회사에 관심을 가지고 시간이 지난 후 그 회사의 주가 움직임을 살펴보면 '아, 그때 장기적인 안목을 가지고 투자할 것을……' 하며 아쉬워할지 모른다.

성장성과 수익성을 기본으로 가장 많이 오른 대표주인 SK텔레콤 얘기를 해보자. 1989년에 상장된 SK텔레콤의 상승과정은 우리나라 주식시장에서 실적을 바탕으로 가장 오랫동안 큰 폭으로 상승한 종목이다. 이동통신 시장이 지금 같지 않던 1991년도에는 최저가 2,850원이었던 주가가 2000년에

507,000원을 기록하면서 9년 동안 177배의 상승을 기록했으니 주식투자로도 커다란 수익을 얻을 수 있음을 보여줬다. 매년 받은 배당과 유상증자를 포함한다면 그 이상이다.

투자자들 사이에서는 주식을 매수하고 난 뒤 "주식을 출고해서 집안의 장롱 속에 깊이 묻어두자"며 하루의 주가 변동에 마음이 흔들리는 것을 다 잡겠다고 생각하는 사람도 있었다. 우리 사주를 보유한 직원들은 특별한 사유가 발생해야 우리 사주를 팔 수 있기에 울며 겨자 먹기 식으로 주식을 가지고 있었는데 주식을 팔지 못해서 이득을 본 경우다.

휴대전화의 수요가 이렇게 폭발적으로 있으리라고는 상상하지 못했던 시기, 생활패턴 변화에 적합한 종목이었으리라. 당시는 이동전화 분야에서 독점적인 지위를 가져 수익은 급상승을 그렸고, 자본금 449억 원의 회사가 당기순이익 1조 5천억 원(2002년 기준)을 낼 만큼 급성장했다.

처음 실적이 좋아진다는 예측이 있을 때 주가 움직임이 눈에 들어오지 않겠지만, 결국 "주가는 실적을 바탕으로 움직이며 일시적으로 인기를 끌던 종목은 시간이 지나면 다시 그 회사의 가치만큼 하락하게 된다"는 것을 알게 될 것이다.

 턴어라운드 기업이 상승 커

주식시장에서는 상승폭이 가장 큰 종목이 좋은 주식이다. 그러나 무턱대고 오르기만 하는 '묻지 마' 주식은 이익을 제대로 보고 있는지 아닌지 투자자도 모를 수 있다. 상한가로 진행하다가 어느새 하한가로 전락하기 십상이다. 돈은 되는 거 같지만 정말 불안하다. 주식투자자는 수익도 중요하지만 마음 편히 해야 시장에서 오래 버틸 수 있다. 버티면서 이익을 내면 더 이상 바랄 게 없다. 그런 점에서 안전하고도 등락이 큰 종목은 바로 '실적이 아주 나빴다가 호전되는 회사'다. 이른바 '턴어라운드(turn-around) 기업'이라 한다. 'turn-around'라는 말은 '진로가 180도 바뀐다'는 뜻이다.

주식시장에는 '기업 실적이 적자에서 흑자로 180도 돌아선다'는 의미로 '턴어라운드'라는 말을 사용하는데, 특히 경기가 좋아질 것이라는 기대감으로 약세장에서 강세장으로 변할 때 이 회사들은 위력을 발휘한다. 이때 턴어라운드 기업이 가장 높은 수익률을 보일 가능성이 크다.

만약 매매에 자신이 없다면 실적호전에 따른 주가 상승 모멘텀이 강하게 작용하면서 전년도 적자에서 올해 흑자로 전환하는 회사를 골라 '그냥 묻어두는' 중·장기 투자를 하면 절대 손해는 보지 않는다.

주가는 항상 오르내리는데 이들 종목은 '상승 N자형'을 만들면서 움직이니 단기적인 매매 타깃으로 안성맞춤이다.

■ 턴어라운드 기업의 주가 추이, 다산네트웍스 ■

2002년 8억 원의 적자에서 2003년 59억 원의 흑자전환이 가능하다는 리포트(2003년 4월 한화 증권)가 발표된 이후 N자형' 상승 추세를 이어갔다.

Check Point 어느 한 종목을 가지고 상승하기만을 기다리는 것은 일반투자자로서 하기 힘든 방법이다. 따라서 턴어라운드 기업으로 추천된 종목이 여러 개 있다면 관심 종목으로 선택해두었다가 강하게 움직일 때 종목을 바꿔가면서 투자하는 방법을 쓰면 지루하지 않다. 약한 종목을 강한 종목으로 바꾸는 방법이 더 낫다는 말이다.

 실적을 어떻게 주식투자에 이용하나?

 ## 추정 실적에 관심을 가져야

"어떤 방법으로 기업의 실적을 파악하며, 또 어떻게 주식투자에 활용해야 할까?"

"실적이 좋아진다는 것을 어떻게 찾아낼 수 있나?"

머리로는 알겠는데 행동으로 옮기기 어려운 일이다. 실적을 추정하고 확인해 종목을 선택하는 일은 생각만큼 쉽지 않다.

그러나 답은 가까운 곳에 있다. 실적에 대한 분석자료는 여러 곳에 있으며, 정리가 안 될 만큼 많다. 신문, 뉴스, 인터넷 정보, 그리고 증권회사 속보를 통해서도 제공된다. 증권회사에서는 분기별로 추정 실적을 정리해 발표하는데 이를 잘 이용하면 편리하다. 주식투자자는 이렇게 발표된 추정 실적을 살펴보면서 관심 종목을 선정하면 된다.

특히 기업 미래실적을 높여줄 수 있는 내용을 발표한 회사가 어딘지 열심히 찾아봐야 한다. "수급이 재료에 우선한다"는 증시 격언이 있지만, '실적이 좋아진다' 는 재료보다 꾸준하게 매수를 불러일으키는 더 좋은 재료는 없다. 기초를 튼튼히 지은 건물이 안정적이고 오래가는 것과 같은 이치다.

주가에 즉각 반영이 되는 내용을 '호재' 라고 하는데, '신제품 개발' 이나 '좋은 거래선 확보' 와 같은 호재는 그 기업의 수익모델을 창출할 수 있다는 기대감을 투자자에게 충족시켜주었을 때 주가가 힘을 받는다.

보통은 장중에 '호재성 재료' 가 소문이나 뉴스로 알려지면서 장중에도 주가가 급등하기도 하지만, 하루 정도 그 소식을 접하지 못했다고 아쉬워할 것은 아니다. 왜냐하면 소문으로 급등했다가 다시 원상 복귀하는 모습을 무수히 보아왔으니까.

이럴 때는 차라리 조금 늦는 편이 낫다. 사실을 확인하고 매수해도 늦지 않다. 실적을 바탕으로 주가가 상승할 때는 하루 이틀로 그치지 않고 지속적으로 상승하기 때문이다.

 **실적이 좋아지는 기업을 찾아내는 것을 재미로**

자신이 투자하려는 관심 종목을 선정하기에 앞서 기업 실적 변화에 관한 얘기가 있는지 뉴스, 신문, 인터넷사이트 등을 모두 검색해봐야 하는데 뭐든 억지로 하려면 눈에 잘 띄지 않는다. "신문에 실릴 정도가 되면 주식을 매수하기에 너무 늦은 거 아니냐?"고 걱정하는 사람도 있지만, 그 정도로는 늦지 않다. 단지 하루 늦었을 뿐이다. 열심히 무엇인가 얻으려고 하는 사람에게 정보가 주어진다. 투자자 모두가 매일 연구하지 않으니 걱정할 것 없다.

편하게 인터넷 서핑을 하면서 증권전문 사이트를 접속하거나 아침에 커피 한잔 마시면서 경제신문을 뒤적이면서 '돈 될 만한' 정보를 찾아보면 된다. 우연하게 얻은 것이야말로 행운이다. 물론 자신이 노력한 결과이다. 마음을 편하게 먹고 연구하는 것뿐이지만 실제로는 그것이 바로 땀의 결실로 이어진다.

이런 방법으로 정보의 바다 속에 숨어 있는 진주, 즉 실적호전 종목을 찾아내는 것도 재미있다. 만약 기업 실적 내용이 불확실하거나 더욱 궁금한 점이 있다면 직접 그 회사의 주식담당자나 경리부에 전화를 걸어 알아보면 속시원하다. 대부분 친절히 가르쳐준다.

부실했던 실적이 갑자기 높게 나오거나 특별이익이 많이 발생하는 회사는 주의가 필요하고, 다시 내용을 확인해야 한다. 어떤 내용이든 숨기고 가르쳐주지 않는 회사는 일단 의심하고 투자대상에서 제외해야 한다.

경제신문을 구독하지 않으면서 일간지만 보는 주식투자자도 있다. 인터넷으로도 볼 수 있지 않느냐고 하지만 그렇게 매일 정보를 검색하는 일은 쉽지 않다. 최근에는 일간지도 경제면을 확대해 자세한 기업정보를 제공한다. 상승하는 종목이 왜 상승했는가를 자세히 설명까지 달아놓는다. 주식이 오르거나 내리는 이유에 대해 설명하는 일은 참 어려운 일인데, 신문기자는 잘도 설명한다. 여기서 '실적호전이 기대되어서 올랐다'고 하는 기업을 자신의 관심 종목으로 선택하면 안심할 수 있다. 누군가 고른 종목에서 다시 선별하는 방법이니 어렵지 않다. 특이하게 움직인다며 사람들이 주목하는 종목에 관심을 가지면 된다.

이렇게 해서 실적호전을 기본으로 주식을 선별한다면 나쁜 주식, 즉 어떤 이유로든 급락하는 주식을 고르는 잘못을 하지 않는다. 일간지보다 경제신문이 회사에 대한 실적정보가 자세하고 풍부한 것은 사실이다. 어떤 경로를 통해서든 적어도 자신이 '나는 주식투자한다'고 할 정도면 그 날 어떤 종목이 강하게 움직였는지 정도는 알아야 한다.

 ### 증권회사의 인터넷사이트도 좋은 정보의 출처

자신이 거래하는 증권회사 사이트에 들어가도 실적에 관한 많은 정보를 알 수 있다. 증권사에는 각 업종별로 회사를 분석하며 보고서를 쓰는 애널

리스트가 따로 있어 그들이 제공하는 자료를 읽어보면 많은 도움을 받을 수 있다. 과거에는 비실명으로 누가 그 자료를 작성했는지 알 수 없었지만, 요즘은 분석자료를 올리는 애널리스트의 이름이 실명으로 나온다. 물론 실력 차이가 있겠지만 애널리스트 자신의 이름을 걸고 정보를 제공하니 그만큼 신뢰도가 높을 수밖에 없다. 각 증권사의 유능한 애널리스트는 기관투자가에게나 외국인 투자자, 그리고 신문기자에게 자신이 만든 리포트를 보내줘서 투자에 활용하게 한다고 하니 좋은 자료는 언제나 증권회사에서 만든다고 해도 틀린 말은 아니다.

그러나 주의해야 할 것 하나. '향후 실적이 호전된다'고 주장한 리포트를 보고 주식을 매수했는데, 예상과 달리 주가가 상승하지 않고 곧바로 하락하는 경우다. 이런 경우 "당신의 분석자료를 보고 주식을 샀는데, 왜 하락하느냐?"며 애널리스트에게 항의성 전화를 많이 한다고 한다.

리포트의 내용에 궁금한 점이 있거나 애널리스트의 예측과 크게 다르게 주가가 움직이면 직접 그 자료를 작성한 사람에게 전화를 걸어 물어본다. 글을 통해서는 알 수 없었던 뒷이야기를 애널리스트에게 직접 들어보는 것도 투자자의 마음을 정리하는 데 도움이 된다.

만약 회사 실적과 주가가 상반되게 움직이고 있는 상황이라면 그것은 아직 시장에 그 내용이 반영되지 않았거나, 다 알려져 있는 사실로 이미 시장에 반영된 이후일 것이다.

"내가 산 주식의 회사 실적이 좋은데, 왜 주가가 안 오르느냐?"고 물어보면 답은 간단하다. "이미 주가에 반영되어 있으므로, 즉 주가가 그 기업의 가치만큼 올라 있어 향후 실적이 현재와 비슷하기 때문에 크게 오를 이유가 없다"는 것이다.

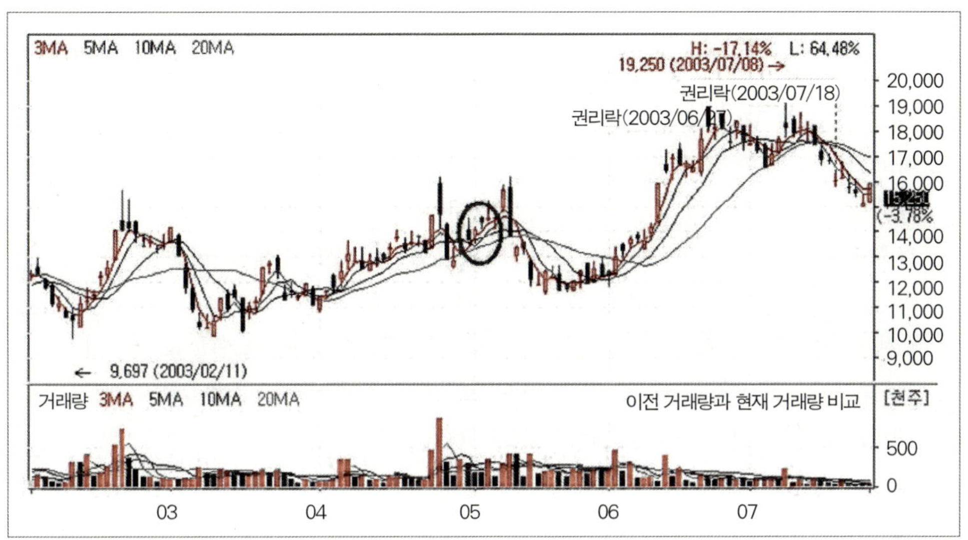

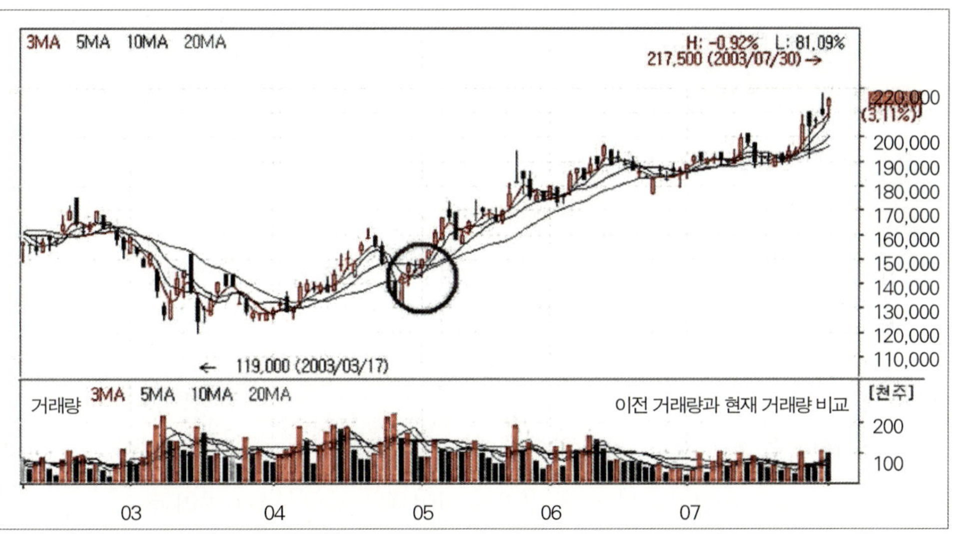

■ LG증권 유망종목 추천 사례 중 케이비티와 신세계. 2003년 4월 28일 ■

기업실적, 저평가 정도 등을 종합적으로 고려한 2003년 5월 유망종목(*Top Picks*)은 영원무역, 엔씨소프트, 신세계, *NHN*, 케이비티, 포스데이타, 현대모비스, 대우조선, *LG* 건설, 한미약품, 성신양회, 태평양, *KH* 바텍, 서울반도체, 휴맥스 등이다.

추천 유망종목은 추후 시장을 주도하며 상승을 주도했다. 다만 4월 말에 추천되었다고 하더라도 종목에 따라서는 상승 시기가 다르다는 것을 결과로 알 수 있다. 케이비티는 추천된 후 곧바로 상승하다가 반락한 모습을 보인다. 1개월이 지난 6월 초순부터 급등했는데, 유망 추천종목이 하락했다고 해서 무시할 것이 아니라는 사실이다. 매수 타이밍을 잡는 일은 투자자 자신의 몫이며, 일단 관심권에 들어오면 지속적으로 관찰해야 주가가 하락할 때 저가권에서도 매수할 용기가 생긴다.

신세계처럼 추천 시기가 정확하게 바닥을 짚어주는 경우도 많다. 신세계는 4월 말 이후로 지속적인 상승을 했는데 추천된 이후 7월 말까지 3개월 동안 145,500원부터 215,500원까지 48%의 상승을 해 상승폭과 기간이 컸다.

정확히 말하면 애널리스트는 '기업 실적을 분석해 향후 전망치를 내놓는 것'이지 날마다의 주가를 분석하는 것은 아니다. "실적이 좋아질 것이다"라고 말한 것은 '당장 오늘 매수하라'는 뜻이 아님을 이해해야 한다.

주가의 일일 변동을 정확하게 예측하는 일은 누구일지라도 불가능한 일이므로 회사에 대한 실적호전 여부를 판단하는 자료 정도로 생각해야 한다. 결론적으로 매매 타이밍을 잡는 일은 별개의 문제다.

"주가는 기업의 미래가치를 먹고 산다"고도 한다. 일반투자자는 전문적으로 조사활동을 하지 않으므로 회사의 내면을 깊이 알지 못한다. 시기적으로 조금 늦더라도 전문가의 말을 빌리는 편이 확실하다. 남의 머리를 잘 이용하는 사람이 사업에 성공한다고 한다. 혼자서 모든 것을 해결해나갈 수는 없다. '주식투자가 사업'이라면 주변에 자기가 해야 할 기업탐방이나 실적분석을 잘하는 사람을 가까이 둬야 사업에 성공한다. 참모를 잘 써야 한다. 그러니 모르면 애널리스트에게 자꾸 물어봐야 한다. '무릎에서 주식을 산다' 는 기분으로 여러 리포트를 읽어보고 관심 종목을 발굴하면 투자 의욕을 잃지 않게 된다. 만약 기업분석까지 잘하는 만능선수가 되려면 아마도 십수 년은 걸릴 것이다.

 ## 산업동향을 파악해 선택 폭을 좁혀야

하루 종일 주식시장의 변화를 지켜볼 수 없다면 신문기자의 눈을 통해서 보라. 그래야 어떤 산업이 호전되고 있는지 알 수 있으며, 전체적인 시장 흐름을 파악할 수 있다. 업황이 좋아지면 어느 한 회사뿐만 아니라 그에 연관된 회사들까지 더불어 실적이 호전된다.

'반도체 경기가 좋아진다. 반도체 가격이 상승하고 있다.'

'LCD가 PC에서 TV로 영역을 확대하면서 적어도 앞으로 10년 동안 초고속성장이 예상되며 우리나라 최고 수출 주력상품이 될 것이다.'

'차세대 TV로 분류되는 플라스마디스플레이패널(PDP) 판매가 급증하고 있다. PDP TV를 중심으로 한 디지털 TV 수요 증가가 예상된다.'

이렇게 신문에는 직접적으로 회사 이름을 들어 말하는 경우보다 산업동향에 대해서 언급하는 기사가 많다. 기사 행간을 읽으면서 향후 기업 실적을 추측해낼 수 있으면 더 좋다. 업종에 대한 얘기라고 무심히 흘려듣지 말아야 한다. 우리가 미처 생각하지 못한 여러 얘기가 산업동향 분석에 들어 있으니 꼼꼼하게 살필 일이다.

 ## 펀드매니저는 실적 정보를 가장 빨리 수집

　기관투자가나 외국인 투자자라고 해서 특별히 다른 조건에서 투자하지는 않는다. 제도적으로는 일반투자자와 같은 조건에서 머니게임을 벌이고 있다. 단지 전체적인 투자결과는 많이 다르다. 왜 그럴까? 같은 조건이라도 분석하는 능력과 자료를 수집하는 통로에서 차이가 나기 때문이다.

　정형화된 정보채널을 통해서 정확한 실적치를 받을 수 있는 사람과 정보를 부지런히 얻으려고 하는 사람은 빨리 행동으로 옮길 수 있고 그 투자결과도 좋다. 시장에 적응하지 못하는 사람은 널려 있는 정보와 자료를 찾으려 노력하지 않으며, 발견하지 못한 사람이다. 시선을 다양한 각도로 넓혀서 최근 기업 이익에 변화를 주는 내용이 무엇인지 신경을 곤두세워야 한다. 그래야 펀드매니저의 생각을 이해하게 된다. '펀드매니저 따라잡기'는 정보수집에서부터 시작된다.

　시간을 투자하면서 실적을 연구한다면 자신이 주식시장에서 특별하게 소외되거나 무시될 이유는 없다.

 　실적에 관한 자료가 너무 복잡한데, 다 알아야 하나?

 ## 영업이익과 매출 증가율이 가장 중요

　실적에서는 어떤 사항을 봐야 할까? '손익계산서'와 '대차대조표'를 알면 좋지만 그게 쉽지만은 않다. 기업의 재무구조나 손익상태를 알 수 있는

머리 아픈(?) 여러 사항 중에 몇 가지만 보면 손쉽게 그 회사의 실적호전 여부를 판단할 수 있다. 보통 여러 방법으로 회사 실적을 표기하지만 그 중 매출액과 영업이익이 가장 중요한 사항이다. 즉, 장사를 잘하거나 이익을 많이 내는 회사의 주가가 오를 가능성이 큰 것이다.

여기서 '이익이 많이 나야 좋다' 는 말은 누구나 쉽게 이해할 수 있을 것인데, '매출에 관심을 가지라' 는 말은 한번 더 곱씹어봐야 할 내용이다. 매출은 많되 이익이 적은 회사가 여럿 있기 때문이다.

매출이 없으면 이익이 많이 날 수 없다. 그런데 적은 매출로 많은 이익을 올렸다면 어딘지 이상하다. 혹시 그 회사가 부당이득을 취한 것은 아닌지 의심해봐야 한다. 아무리 부가가치가 높은 상품을 생산한다고 해도 물건을 많이 팔아서 이익을 남겨야지 적게 팔면서 많은 이익을 남겼다면 '영업기반이 취약하다' 고 봐야 한다. 수요가 많은 상품을 만들어 파는 회사는 경기 부침에 상관없이 꾸준하게 실적을 올릴 수 있다. '매출이 많다' 는 것은 그만큼 수요가 많다는 의미이고, 더 안정적이라는 말이다.

 ## 인터넷 관련 종목은 매출 증가 여부로 판단

또 한 가지 유의할 점은 인터넷 관련 코스닥 종목은 이익의 크기만으로 그 회사의 가치를 판단할 수 없다는 점이다. 당장 이익은 적게 나지만 미래에 큰 '수익을 가져다줄 기술력' 을 가지고 있다면 '성장 기대감' 하나만으로 주가가 움직이기 때문이다. 매출 증가는 코스닥 종목에서 기술력을 기초로 성장할 수 있는가를 판단할 중요한 기준이 된다. 팔리지 않는 제품을 만드는 회사는 미래에도 크게 발전할 가능성이 적기 때문이다. 그렇다고

매출 크기만 볼 것이 아니라 전년과 대비해 성장해가는 회사를 찾아야 한다. 당연한 얘기라고 하겠지만 실제로 종목을 선택하면서도 한번 이상 회사 실적을 확인하는 사람이 몇 사람이나 될까?

전년대비 또는 지난 분기대비 매출실적을 비교해 상승하는 회사가 성장 가능성이 있는 회사다. 매출 신장률이 큰 회사는 주가도 그만큼 상승할 가능성이 크다. 그 이유는 일반적으로 기업들은 매출액이 증가할 가능성이 높은 경우에만 설비투자를 늘리기 때문이다. 기업 발전의 기초인 매출액 증가율이 경영주의 기업확장 의지를 좌우하는 중요한 사항이다.

따라서 매출액 증가율은 설비투자 여부를 결정하는 주요 지표가 되는데, 이것을 주가와 비교한 것이 PSR(주가매출액비율)다.

 PSR로 성장성 있는 회사를 선별해야

PSR(Price Earnings Ratio)가 낮은 회사는 중소형주를 좋아하는 펀드매니저나 큰손의 표적이 되기 쉽다. 사람들에게 널리 알려져 있지 않아 이름조

PSR(Prices per Sales Ratio 또는 Corporate Power Index(CPI, 기업역량지수)) – 주가매출액비율 = 주가/주당매출액 또는 주식의 시가총액/매출액

PSR는 통신, 인터넷, 반도체 기업 등 나스닥시장에서 거래되는 기업들의 평가에 사용하는 투자지표로서 현재 주가가 주당 매출액의 몇 배인가를 나타내는 수치다. 기업의 미래 성장성에 주안점을 두고 상대적으로 저평가된 주식을 발굴하는 데 이용되는 성장성 투자 지표다. PSR가 낮은 기업일수록 성장 잠재력에 비해 주가가 저평가된 주식이다. 우리나라에서도 벤처기업이나 국내 코스닥 등록기업의 평가에 유용한 지표로 사용한다. PSR와 함께 매출액 증가율, 영업이익률을 동시에 고려해 성장성과 수익성을 판단한다.

차 낯설지만 거래량이 많지 않아 매집하기 쉽기 때문에 큰손의 관심대상 제1호라는 얘기다.

투자자 자신이 노력해서 매출액이 크게 신장한 회사를 발굴했다면 곧바로 매수에 가담하지 말고 '과연 큰손이 관심을 가지고 있나?'를 관찰해봐야 한다. 그 종목에 대해 계속 예의 주시하다가 거래가 많아지면서 상승할 때 그때 매수에 동참하면 된다. 타이밍을 맞추는 일이다. '아! 이제 내가 찾은 종목에 큰손이 관심을 가지는구나' 하면서 기뻐하면 된다. 그러면서 감춰져 있던 사실, 즉 '실적이 좋아진다'는 사실이 차츰 알려져 사람들이 그 주식을 사기 시작했다는 신호와 더불어 더 많은 사람들이 매수에 참가해 주가가 더욱 상승할 때까지 자신감 있게 기다린다.

사전에 그러한 내용을 알지 못했다면 자신이 산 종목에 대해 확신이 생기지 않아 주가의 오르내림에 흔들리기 쉽고, 오래 보유하기 힘들어 수익을 극대화할 수 없다.

PER와 EPS

실적 중에서는 영업이익이 중요하다고 했다. 그런데 영업이익이 100억 원이라고 하면, 그 영업이익이 얼마나 주가에 반영되어 있는지를 판단하기 어렵다. 회사 이익이 주가에 얼마나 반영되어 있는가를 쉽게 알기 위해서 만든 수치가 바로 PER다. 이익을 주가와 비교해서 만들었으니 PER에는 주가가 하나의 종속변수로 들어간 셈이므로, 이를 통해 주가가 이익에 비해 높은지 낮은지를 알 수 있다.

그리고 PER는 주당순이익비율이라고 하는데, 어떤 기업의 현재 주가를 동 기업의 주당순이익으로 나눈 값이다. 주당순이익은 EPS(Earnings Per Share)라고 하는데 당기순이익을 주식 수로 나눈 값이다.

1990년대 외국인 투자자가 처음 우리나라 주식을 사들이면서 매수 기준으로 삼은 지표다. 그들은 당시 백양, 남영나일론 등 이익이 많이 났던, PER가 낮은 종목만을 집중 매수했는데 다른 종목은 계속 하락하는데도 PER가 낮다는 이유 하나만으로도 몇 배씩 주가가 상승했다. 일반 투자자들은 주로 작전종목이나 업종투자에 익숙해서 저PER 종목을 외국인 투자자가 왜 매수하는지 이유를 이해하지 못했다. 시간이 지나면서 PER를 기준으로 하는 것이 올바른 가치투자 방법이라는 것을 깨닫게 되었다.

그때를 '저PER 혁명의 시기'라고 부르는데, 특정종목의 가격이 몇 배씩 올라 '혁명'이란 단어가 붙은 것이 아니라 주식을 바라보는 우리 투자자의 투자기준을 바꾸었다고 해서 혁명이라고 한다.

일반적으로 PER가 낮을수록 수익에 비해 주가가 저평가되었다고 할 수 있으며, 시장 평균치나 같은 업종 평균치 등과 비교해 현재 주가 수준의 적정성을 평가하는 데 유용하게 쓰인다.

그런데 현재 PER는 이미 나와 있는 실적을 기준으로 한 것이기 때문에 PER가 낮은데 주식이 왜 오르지 않느냐고 의문을 제기할 필요는 없다. 기업의 장래 수익성을 높이 평가하면 주가가 상승하면서 PER가 자연스레 높아지고, 낮게 전망하면 주가가 하락하면서 PER가 낮아진다. 이는 투자자들의 당해기업 미래 기대 수익력에 대한 평가를 주가에 반영하는 과정에서 나타난다. 따라서 '현재의 PER'보다 미래 이익을 반영할 수 있는 '미래의 PER'를 생각해야 한다. 영업이익이 점점 커가는 회사는 미래의 PER가 낮아지고, 영업이익이 줄어드는 회사는 미래의 PER가 자연히 높아가므로 서로 연결해서 생각하면 발전하는 회사인지 아닌지를 알 수 있다. 이를 통해 주가에 수익이 어느 정도 반영되었는지 이해할 수 있고, 이익이 꾸준히 증가하는 회사 주식을 고른다면 곧 미래의 저PER 종목을 말한다.

기본적으로 영업이익률이 높고 PER가 낮은 종목에 관심을 둬야 한다. 이는 실적이 양호하고, 배당 여력이 많다는 뜻이므로 당연히 주가에 긍정적인 영향을 미친다.

 ## 경제적 부가가치(EVA)

EVA(Economic Value Added)는 세후 영업이익에서 자본 비용을 뺀 값으로 주주가 기업에 투자한 자본으로 얼마만큼의 부가가치를 생산했느냐를 나타내는 척도다. 최근 들어 증권분석에서 기업의 내재가치를 평가할 때 중요한 지표로 사용하는 EPS보다 주가 추이를 더 잘 설명해주는 것으로 평가한다. 당연히 그 값이 높을수록 분석대상 기업의 수익성과 안정성이 높고, 따라서 주가 역시 상승 여력이 있는 것으로 판단한다.

M&A는 주가의 최고 상승 재료

 M&A는 주가에 어떤 영향을 미치나?

 **M&A는 최고의 주가 상승 재료**

M&A란 말이 신문지상에 오르내리면 그게 뭘까 하고 궁금해진다. 당시
에 가장 많이 오르면서 인기를 끄는 주식을 이른바 '스타주' 라고 하는데,
'스타주' 의 반열에는 언제나 M&A 관련주가 들어 있다.

대중의 관심을 끄는 종목은 시대 흐름이나 경제 상황에 따라서 바뀌기
마련이다. 1990년대 자본시장의 개방으로 외국인 투자자가 좋아하는 '블
루칩' 이 시장을 주도한 적이 있고, 뒤를 이어 '저PER주혁명' 이라고 해 실
적과 재무구조가 우량한 회사가 급등하고 다른 일반 종목은 폭락하는 양극
화 현상이 두드러진 시기도 있었다. '자산주' 가 시장을 주름잡은 시절도 있
었고, 코스닥시장 개장으로 '인터넷 관련업종' 이 어디가 상투인지조차 모

를 정도로 오르기도 했다. '사스'가 세계를 뒤흔들었을 때는 '제약주'가 큰 폭의 상승을 나타냈다. 이렇듯 '스타주'는 휘몰아치듯 나타났다가 사라지곤 하는데, 시대 변화에도 아랑곳하지 않고 늘 '스타주'로 탄생되는 부류가 있다. 바로 'M&A 관련주'다.

부동산이나 주식 거래는 수요와 공급의 힘겨루기에서 가격이 결정된다. 수요가 공급보다 많으면 가격이 올라간다. 즉 사는 사람이 확실하게 있으면 주가 상승은 당연한 일이다. 매수처가 있다는 사실 하나만으로도 팔려고 했던 마음을 접어버린다. 이는 매물 감소를 불러와 탄력적인 주가 상승을 가능하게 한다. 오르면 더 오르고 내리면 더 내리는 주가 움직임은 그런 심리에서 나온다.

M&A와 사스 관련주 - 올해의 최고 스타주

M&A와 사스 관련주가 올 코스닥 최고 스타주로 부상했다. 반면 퇴출 강화로 저가·부실주들은 폭락세를 면치 못했다. 올 들어 코스닥시장에서 주가가 가장 많이 오른 종목은 씨큐리콥으로 지난 1월 1,180원이던 주가가 5월 2일에는 4,000원까지 올랐다. 인수 후 개발(A&D)의 귀재로 알려진 최유신 전 리타워텍 회장이 최대주주로 부상했다는 소식이 알려지면서 씨큐리콥 주가는 올 들어 239%포인트 급등했다.

미르피아와 마담포라 등도 제3자배정 유상증자 등을 통한 최대주주 변경을 재료로 올 들어 주가가 수직 상승했다. 『내외경제』 2003년 5월 5일

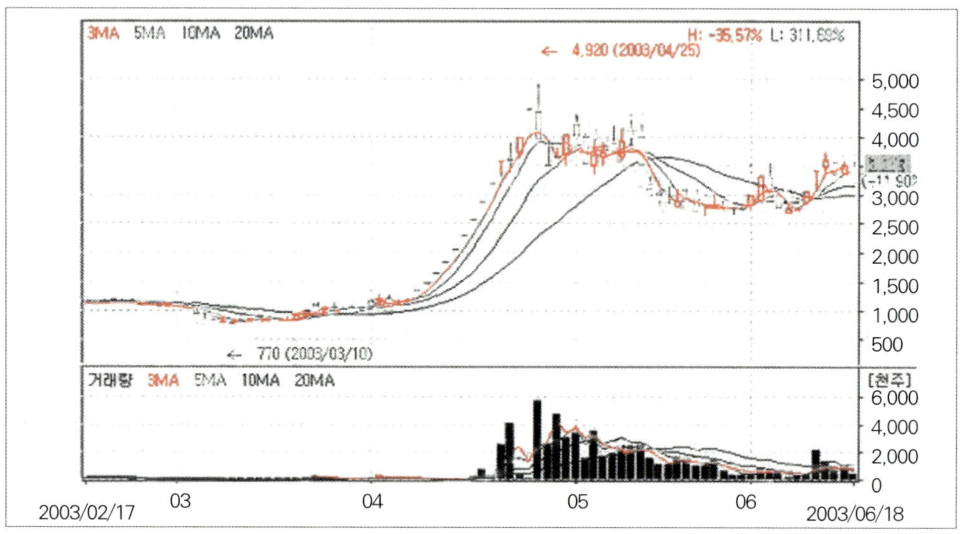

■ 씨큐리콤의 주가 급등, 2003년 2~6월 추이 ■

증권회사 분석자료를 보면 씨큐리콤에 대해 '매출 증가와 수익성 하락'이란 타이틀로 '전년 대비해 매출은 증가하지만 원가율 상승과 판매 관리비 증가로 영업이익이 감소해 수익성이 악화될 것'이라는 전망을 했으나 최대주주의 변경을 재료로 이상 급등한 사례다. 2003년 4월 17일 회사측에서 공시한 내용은 '한반도 에너지개발기구시설 구축 입찰 참여 중이지만 결정된 사항은 없다'. 또한 '유상증자 결의에 따른 증자대금 납입이 완료되면 최대주주가 변경될 예정'이라고 해 최대주주가 버뮤다에 국적을 둔 컨설러데이티드사이언스코프(*CONSOLIDATED SCIENCE CORP.,LTD.*)로 변경됐다고 밝혀 투자자의 관심을 끌었다. 공시 발표한 날 2,870원이던 주가가 4,920원까지 상승해 뉴스가 발표된 이후에도 지속적 상승을 했음을 보여준다.

주식을 가지고 있는 사람들의 팔려는 마음을 없애주는 내용은 내 주식을 누가 확실하게 비싸게 사주는 경우다. M&A 관련주란 그렇게 주식을 사고자 하는 사람이 있는 주식이다. 이런 수급 논리로 보면 M&A 관련주의 상승은 투자자가 주식시장에서 찾아야 할 영원한 테마다.

 M&A는 무엇인가?

 M&A는 인수합병

M&A는 관심을 가질 만한 대상이다. 다른 어떤 내용보다 중요하다. 곧바로 수익과 직결되므로 자세히 알아둘 필요가 있다.

M&A는 인수(Mergers)와 합병(Acquisitions)을 뜻하는 영어의 첫 글자를 따온 말이다. 'Mergers'의 사전적 의미는 '회사간의 합병'이란 뜻이고, 'Acquisitions'는 '습득'이란 뜻이다.

M&A는 어떤 회사를 지배하기 위한 모든 형태의 거래를 말한다. 가장 쉽게 주식을 사들이는 방법을 쓴다. 주식시장을 통하는 방법과 주식시장 외에서 주식을 매입하는 방법 어느 쪽도 가능하다. 주식 이외에 자산을 획득하면서 지배하는 방법도 쓸 수도 있다. M&A에는 어떤 종류가 있으며, 어떤 방식으로 이뤄지는지 알아보자.

 적대적 M&A와 우호적 M&A

적대적 M&A는 회사 입장에서 보면 자신한테 허락도 받지 않고 경영권을 넘보는 측에 맞서 끝까지 경영권을 유지하겠다는 의사를 갖는 경우를 말한다. 적대적 M&A를 시도하는 측을 일러 '기업사냥꾼'이라는 표현을 쓰기도 하는데 상대 회사 경영진이 반대하는 경우다. 적대적 M&A를 당하는 측은 회사를 지키기 위해 다양한 방법을 동원한다.

재벌그룹도 M&A 대상

우리나라의 재계 3위 그룹인 SK그룹 사례를 보자.

2003년 4월 SK(주)가 외국인 회사에 적대적 M&A의 표적인 된 것이다. 당시 SK그룹 계열사인 SK글로벌의 분식회계와 편법지분 거래가 드러나 주가가 급락했는데, 이때 외국인 투자자는 SK그룹의 대표회사인 SK(주)가 자산가치나 잠재능력에 비해 주가가 너무 낮다고 판단해 주가가 급락하는 틈을 타 주식을 매입한 것이다. 모나코에 기반을 둔 소버린이라는 외국인투자운용회사가 SK(주) 전체 지분의 14.99%(1,902만 주)를 1,768억 원을 투자해 집중적으로 사들여 SK그룹의 최대주주로 올라서며 SK그룹을 당황케 했다.

SK그룹측은 경영권 방어에 초비상이 걸렸다. 외국인 투자자가 주식을 매수한 지 20일 만에 재벌의 최대주주가 바뀌었는데 지분을 확보한 외국인 회사는 순수투자 목적이라고 했지만 SK그룹 입장으로는 원치 않는 대주주가 생긴 셈이다. 게다가 제1대 최대주주로 부상했으니 더욱더 그러하다. 소버린이 지난 18일 "SK(주) 주식을 더 이상 사지 않을 것이며 SK텔레콤의 경영에 관여할 뜻도 없다"고 발표하면서 적대적 인수합병(M&A)의 가능성은 크게 줄어들었지만 주가 움직임은 상당히 탄력적이었다.

소버린은 SK(주) 주식 1,902만 주를 매수하는 데 주당 평균단가가 9,293원이라고 금융감독원에 신고했으니 평균단가로 계산해보면 당시의 최저가 5,890보다 58% 상승한 가격으로 지분매입을 한 것이다.

M&A가 진행되고 있다는 소식과 함께 투자자의 관심이 집중되면서 최고 14,300원까지 상승했으니 M&A 재료로 저점과 비교해 143%의 주가 상승률을 기록한 것이다. 'M&A가 진행 중'이라는 재료는 이처럼 실제로 엄청난 위력을 발휘한다.

M&A를 시도한 측의 지분을 되사거나 시장에서 더 많은 지분을 확보하기 위해 계열사와 공조를 취하기도 한다.

우호적 M&A는 인수대상 회사의 경영진이 상대의 M&A 행위에 대해 지지하는 것을 말한다. 자기 회사가 M&A 대상이 된 것에 대해 우호적인 태도를 보이는 경우다. M&A하려는 측이 공개적으로 주식을 매수하겠다고 공고하기도 하는데, 이때 회사측에서는 주주들에게 적극적으로 공개매수에 응하도록 권유하기도 한다.

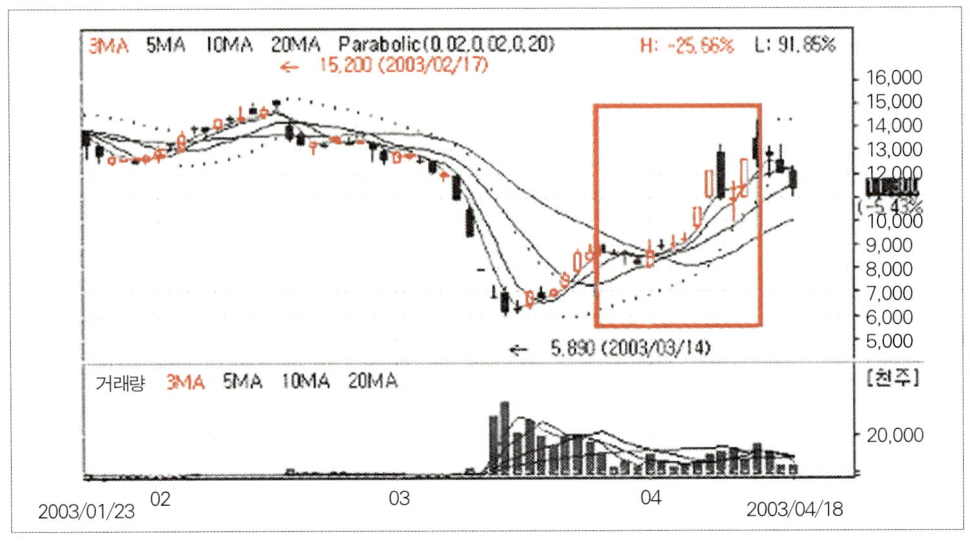

■ M&A 시도로 주가가 상승한 SK(주)의 주가 변동 추이 ■

Check Point 재벌그룹에 대해 실제로 M&A가 이뤄질까 의심을 하지만 SK(주) 사례는 우리가 경험한 상황이다. M&A는 대주주에게 그 사실이 알려진 뒤에도 재료로서 힘을 발휘한다. 왜냐하면 투자자에게 '누군가 이 주식을 살 수밖에 없다면 주가는 무조건 상승할 것' 이란 기대가 팽배해지기 때문이다. 현실적으로 하루나 이틀로 상승이 끝나지 않고, 사고 싶어하는 매수처가 살 만큼의 수량을 모두 확보하고 나면 주가는 조금 더 오른 후 상승을 멈추는 예가 많다.

 M&A는 어떤 식으로 이뤄지나?

 **시장매수, 공개매수, 지배주식 양도, 위임장 경쟁**

M&A를 하기 위한 주식 취득은 주식시장 또는 시장 외에서 M&A 대상

회사의 주식을 거두어들이는 것인데 시장매수, 공개매수, 지배주식 양도, 위임장 경쟁이라는 네 가지 방법이 있다.

시장매수는 주식시장 내에서 일반투자자와 같이 거래하면서 주식을 사들이는 것인데, 주가에 상당한 영향을 미친다. 짧은 시간에 많은 주식을 매수하려면 높은 가격으로 주문을 낼 수밖에 없기 때문이다.

그렇다면 누군가가 주식을 매수하고 있다는 정보만 안다면 주가 상승을 기대할 수 있지 않을까? 보통 M&A는 그 회사의 잠재가치에 비해 주가가 현저히 낮아야 대상이 된다. 경영진의 잘못된 경영이나 대주주 지분이 적으면서 주식이든 토지든 자산이 많은 회사가 주 타깃이다. 하지만 일반투자자가 그것을 판단하기엔 정보가 뒤진다. 이럴 때는 우량한 회사인데 주가가 급락했다가 거래가 느는 종목에 관심을 가져야 한다. 주가는 사려는 사람이 많아야 상승할 수 있다. 사는 쪽과 파는 쪽의 힘이 팽팽할 때는 시세가 움직이지 않지만 어느 한쪽으로 균형이 깨질 때 힘이 큰 쪽으로 움직이기 마련이다. 수요(M&A를 시도하려는 측)가 확실하다면 주가는 자연스럽게 상승한다는 사실을 이해해야 한다.

공개매수는 특정기업을 인수하기 위해 주식을 시가보다 비싼 가격에 사겠다는 의사를 밝히는 것으로 적대적 M&A의 한 방법이다. 매수하겠다고 한 측은 매수 기간과 매수 가격을 공시한다. 공개매수는 대부분 시장가격보다 확실하게 비싸야 주식을 소유한 자가 받아들이기 때문에 현재 시세보다 높게 공개 매수하므로 이를 이용해도 좋다.

지배주식의 양도는 지배주주가 자신들의 보유 주식을 합의에 따라 이전하는 방법이다. 지배주식이란 회사 경영을 지배할 만한 대량의 주식군을 말하며, 보통은 의결권의 과반수를 뜻한다. 회사 주인이 합의에 따라 바뀌

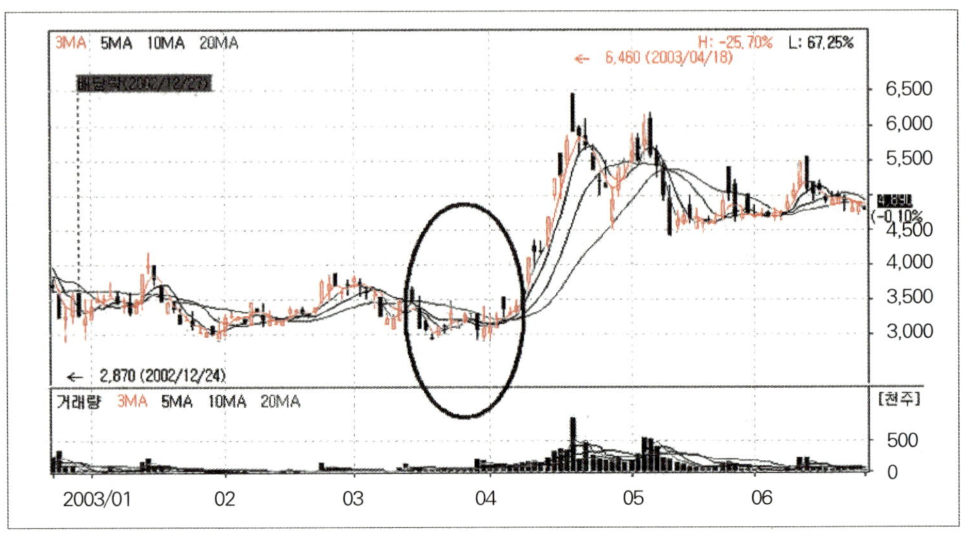

■ 나모인터렉티브의 주가 모습 ■

2003년 3월 14일 나모인터렉티브는 "매출 감소 등으로 지난해 72억 6,545만 원의 순손실을 기록, 적자 전환했다"고 공시했으나 부실한 경영실적에도 경영권 분쟁으로 주가가 2,940원에서 6,490원까지 오른 사례다. 경영권 분쟁이 마무리된 이후에는 더 이상 상승하지 못했음을 볼 수 있다. 나모인터렉티브는 추후 세중나모인터렉티브로 상호를 바꿨다.

므로 소액주주에게는 선택 권한이 없다.

위임장 경쟁은 주주들의 의사를 묻는 방법으로 '위임장 투쟁'이라고도 한다. 일반적으로 투자를 목적으로 하는 소액주주들은 기업경영에 대한 의사결정보다 배당과 주가 차익에 더 많은 관심을 둔다. 하지만 경영권을 행사하는 대주주들은 주주총회에서 자신의 의사를 관철하려면 일정 이상의 투표권이 있어야 하는데 이때 소액주주가 보유한 투표권을 위임받아 자신의 발언권에 포함시키려고 한다. 이렇게 소액주주의 투표권을 획득하기 위해 벌이는 대주주 간의 경쟁을 '위임장 경쟁'이라 한다. 이 제도는 실제 실행과정에서 많은 비용이 들고, 지배권 취득에 이르기까지는 상대적으로 많은 기간이 필요하다는 점이 다른 M&A에 비해 단점으로 지적된다.

 ## M&A를 앉아서 당하나?

 ### 사전 · 사후 전략

사전 예방전략과 사후 방어전략이 있다. 사전 예방전략으로는 평소에 대주주 입장에서 안정적 지분 확보를 하는 일이다. 주식시장에서 누군가 M&A를 시도하고 있는지를 계속해 확인하는 방법을 취한다. 만일 M&A가 진행되고 있다면 대주주는 이에 대응해서 자사주 매입이나 역공개매수, 백기사(whitenight)전략 등을 펼치는 사후 방어전략을 펼 수 있다.

 ### 자사주 매입

자사주 매입은 "회사가 자사의 주식을 자기의 재산으로 다시 취득해 보관하거나 소각하는 것"을 말한다. 자사주 매입을 하는 경우는 일반적으로 해당 기업의 주가가 시장에서 저평가되어 있을 때, 주식가치 하락을 방지하거나 지분율을 높여 적대적 M&A 대상에서 벗어나려는 목적에서 이뤄진다.

또한 주주에게 배당금 지급 대신 그 자금으로 자사주를 매입함으로써 배당에 대한 주주 소득세를 피하거나 외부 투자자의 투자 기회를 줄여 M&A로부터 보호하려는 목적에서도 이뤄진다.

법적으로 자사주 매입은 제한되어 있다. 상법과 증권거래법이 서로 다른 해석을 하고 있는데, 상법에서는 주식 소각·합병 또는 영업양수·채권회수 등 극히 제한적인 경우에만 자사주 매입을 허용하고 있는 반면, 특별법인 증권거래법에서는 예외적으로 경영과 주가 안정을 목적으로 자사주를 매입할 수 있는 길을 터놓고 있다. 증권거래법에서는 M&A의 영향력을 인정해주는 셈이다. 특별법 우선의 원칙에 따라 자사주 매입에 대해서는 증권거래법이 우선 적용된다.

다만 증권거래법에서는 자사주 매입으로 주가 조작을 하지 못하도록 최대 총 발행주식의 10%까지, 이익배당 가능 한도(순자산에서 법정적립금을 차감) 안에서, 거래소시장을 통해, 매수 주문 직전일 종가에(2003년 8월 개장 중에도 자사주를 매매할 수 있도록 완화조치), 신고 수량의 3%(단 5천 주 이상)씩 하루에 매수 주문할 수 있도록 하고 있으며, 반드시 증권거래소와 금융감독원에 사전·사후 신고한다.

 ## 백기사 전략

사후 방어전략으로 백기사(whitenight) 전략이 있다. 신문에 '포스코, SKT의 백기사로 나설까'라는 제목이 눈에 띈다. 이때 '백기사'란 무슨 뜻인가. 말대로 해석하면 '백마를 타고 온 기사'라는 뜻일 게다. '어려운 상황에 있는 누군가를 구해주는 사람'이라는 뜻인데 경제용어로도 활용되니 재미있다.

SK의 '백기사' 역할을 한 팬택앤큐리텔

팬택앤큐리텔이 주요 공급처인 SK텔레콤과의 관계를 고려해 매입한 주식이 백기사 역할과 매각차익이라는 일석이조의 효과를 거둔 것으로 나타났다.

SK의 백기사를 자처했던 팬택앤큐리텔은 정기 주주총회 주주확정일(거래일 기준 12월 26일)이 지나면서 지난 8일 이사회를 열어 보유 중인 SK 주식 126만 9,420주를 투자자금 회수 차원에서 모두 처분한다고 밝혔다.

팬택앤큐리텔은 이에 따라 지난 8일 43만 5,307주(34.29%)를 128억 6,023만 원(주당 평균 29,543원)에, 지난 9일 33만 8,372주(26.66%)를 99억 718만 원(주당 평균 29,279원)에 각각 매도했다. 여기에 나머지 49만 5,741주를 지난 9일 종가로 매각한 것을 가정할 경우의 143억 7,648만 원까지 합하면 총 매각대금은 371억 원을 넘게 된다. 주식시장 상승세를 고려하면 이보다 매각대금이 더 늘어날 가능성도 있다.

결국 지난해 12월 24일 SK 주식 126만 9,420주(주당 평균 27,894원)를 354억 원에 매입한 것을 고려하면 단기 17억 원 이상의 매각차익을 얻은 것이다.

한편 백기사 역할을 했던 SK의 거래선인 일본 이토추상사와 태양석유(다이오 오일컴퍼니)는 각각 63만 주, 31만 주를 아직 보유하고 있는 상태다.

『파이낸셜뉴스』 2004년 1월 11일

 자사주를 매입하려는 회사의 주가 추이는?

 **자사주는 주가에 긍정적으로 작용하나 지나친 기대는 말아야**

자사주 매입을 공시하면 주가가 오를 수 있느냐는 질문을 받는다. 약간 애매한 답을 할 수밖에 없는데 자사주를 매입하겠다고 하는 경우는 비교적 현금 보유가 많은 회사이거나 M&A를 방어하려고 어쩔 수 없이 자사주를 매입하는 두 가지 경우다.

자금 사정이 풍부한 회사가 주로 경영권 방어를 위한 사전보호 차원에서 시행하는 경우가 많아 우량한 회사가 많다. 하지만 자사주 매입이 주가에 영향을 미치는 정도는 긴박하게 경영권 분쟁에 휘말릴 때보다 덜하다.

결론적으로 회사가 자사주 매입에 나서면 그만큼 매수세가 커진다. 이에 따라 대부분 주가에 긍정적인 영향을 미쳐 중·장기적으로 봐서는 자사주 매입은 주가에 좋은 영향을 준다.

왜냐하면 자사주로 매입된 물량만큼 주식이 시장에 돌아다니지 않게 됨으로써 물량 감소현상을 보이기 때문이다. 수요와 공급 측면에서 보더라도 공급이 줄어드는 셈이니 상승할 때 주가는 가벼운 행보를 할 수 있다.

다만 자사주는 많은 물량을 매수한다고 해서 가격이 급상승하는 것은 아니다. 하락을 저지한다고 생각하는 편이 더 정확한 판단이다. '주가 상승'을 기대하기보다 '누군가 매수해주겠지' 하는 기대를 갖게 하는 수준에서 보면 큰 탈이 없다. 너무 기대하지 않는 것이 좋다는 말이다.

일단 취득한 자사주는 상여금이나 포상용으로 임직원에게 주는 것을 제외하고는 어떤 시장에서든 6개월 이내에 팔 수 없게 되어 있다. 이는 자사주 매입으로 인한 주가의 급등락을 막겠다는 의도인데, 하지만 소각을 목적으로 하지 않는 자사주는 장기적으로 매물이 될 수 있다는 점에 유의해야 한다.

 M&A 테마주로 부상할 종목에는 어떤 것이 있나?

 **현금과 주식을 많이 보유한 회사가 대상**

M&A는 증시의 영원한 테마라고 한다. 그만큼 주가에 영향력을 발휘하는 재료다. 특별한 재료가 없을 경우 툭 튀어나오는 소재이기도 하다. 심심치 않게 발표되고, 그 재료에 많은 투자자가 달려들어 주가가 일시에 상승하기도 한다.

전문가들은 "M&A가 향후 한국 증시에서 가장 중요한 화두로 자리잡을 것으로 보인다"고 입을 모은다. 기업 M&A 활성화에 대한 정부의 의지도 강하다. 왜 그럴까? 정부는 점차 재벌의 독·과점을 규제하려고 하며, 중소기업에 대한 재벌 지배력을 약화시키려고 하기 때문이다. 또한 기업 체질개선을 위해서는 외국인 투자자의 직접투자나 적대적 M&A도 허용하는 방향으로 가고 있어 더 활성화될 가능성이 높다.

그렇다면 어떤 회사가 M&A 대상이 될까? 시티그룹 글로벌마켓(CGM)증권에서 조사한 바에 따르면(2003년 8월 11일) "시가총액 이상의 현금 흐름을 보유하고 있거나, 현금 수익률이 회사채 이자율보다 높은 기업들이 매력적인 M&A 대상이 될 것이다"라고 했다. "시가총액 이상으로 현금을 보유한 기업을 대상으로 한다"는 말을 쉽게 풀이해보면 그 회사 주식을 현재 주가대로 다 사들여도 보유 현금이 그 이상이기 때문에 M&A 대상으로 가치가 있다는 말이다.

즉, 발행주식 모두를 매수할 필요 없이 최대주주로 부상할 만큼만 주식을 사들이면, 그 회사의 경영권을 지배할 수 있게 되니 비싼 회사를 싼값에 사들일 수 있는 방법이다.

또 "주당 장부가치와 최대주주 지분율, 높은 배당률 등을 기준으로 M&A 가능성이 있다"고 하는데, 주당 장부가치는 그 회사의 자산가치가 높은 회사, 최대주주의 지분이 적은 회사, 배당을 많이 주는 이익이 많이 나는 회사로 이해하면 된다.

M&A가 가능한 기업

시가총액 100위 내 비금융기업 가운데 삼성물산, 대우자동차판매, 케이피케미칼, 새한, 한솔제지, SK글로벌, 대우건설, 현대건설, 동국제강, 기아차, LG상사, 효성, SK, 삼보컴퓨터, 쌍용양회, 쌍용차, 현대차, 현대산업, 대림산업, 전기초자 등 20개를 선정했다.

금융업종에서는 신흥증권·신영증권·외환은행·현대해상·제주은행, ·국민은행·하나은행 등을 선정했는데, 특히 하나은행·LG카드·한미은행·부산은행·대구은행 등이 지속적인 M&A 가능성을 갖고 있는 것으로 분석했다. 『매일경제』 2003년 8월 11일

외국인 투자자와 미국 시장

 외국인 투자자가 우리 시장을 주도할 수 있나?

 **외국인 투자자의 시장 영향력은 커져만 가고**

2003년 8월 현재 외국인 투자자의 주식보유 비중은 38.11%에 다다른다 (증권거래소, 2003년 8월 25일 기준). 주식시장의 시가총액(315조 4,581억 2,000만 원) 중 120조 2,167억 2,600만 원을 외국인 투자자가 보유하고 있는 셈이다. 이 사실 하나만으로도 우리 시장이 미국 시장의 영향을 받는 이유가 된다.

1992년 외국인 투자자에게 주식시장이 개방되기 전까지만 해도 큰손과 기관투자가가 양대 축을 이루면서 힘의 균형을 유지하고 있었는데, 여기에 외국인 투자자가 가세하면서 많은 변화가 생겼다. 외국인 투자자는 막대한 자금과 정보력, 선진매매 기법으로 우리 시장을 쥐락펴락하면서 '구르는

돌이 박힌 돌 빼내듯' 주인행세를 하며 우리 시장을 뒤집어놓았다.

기업의 수익가치에 중점을 두고 특정종목에만 매달리는 외국인 투자자의 매매 행태에 우리 투자자들은 처음엔 적응이 잘 되지 않았다. 흔히 말하는 "가는 종목만 간다"는 말이 유행할 정도로 외국인 투자자는 업종 대표종목만 집중적으로 사들여 상상을 초월할 만큼 주가를 끌어올렸다. 외국인 투자자들은 해외에서도 인정받는 회사에 집중 투자하였는데, 예를 들어 통신업종에서는 SK텔레콤, 전자업종에서는 삼성전자, 철강업종에서는 포항제철, 은행업종에서는 국민은행 이외에는 거의 쳐다보지도 않았다. 이러한 외국인 투자자들의 매매 형태는 선호 대표종목과 그렇지 못한 종목의 주가에 엄청난 차이를 가져왔고, 기관투자가를 포함한 우리나라 모든 투자자들에게 큰 영향을 미쳤다. 과거 업종 중심 투자에 익숙해 있던 우리나라 투자자들은 종합주가지수는 큰 폭으로 상승하는 상황에서도 자신이 보유한 주식은 전혀 오르지 않아 큰 낭패감을 맛보기도 했다.

이제는 외국인 투자자가 우리 증시에 미치는 영향력을 대세로 인정하면서 우리나라 투자자들도 그들의 매매 패턴을 따르는 상황으로 변화했다. 그러면서 외국인 투자자의 사고방식을 이해하는 일이 주식시장을 보는 하나의 열쇠가 되었다.

 ## 합리적이고 냉정한 외국인 투자자

외국인 투자자는 정부의 입김으로 조금씩 과대 포장되어 온 우리 경제를 정확한 눈으로 바라보았으며 잘 드러나지 않았던 대우, 기아, 삼미그룹과 같은 부실 기업을 속속들이 파헤치며 냉정하게 주식을 처분하는 합리적 사

고로 대응했다.

때론 경기가 호전된다 싶으면 과감하게 자금력으로 밀어붙이는 강수(?)를 두며 막대한 이익을 챙길 만큼 투기적이기도 했다. 이런 외국인 투자자에게 우리는 무엇을 배울 수 있을까?

"외국인 투자자의 매매 방법이 옳았다"는 것을 계속된 경험으로 깨달으면서 외국인 투자자를 쫓아 매매하는 사람들이 많아졌다. 여러 번의 시행착오 끝에 생긴 결론이다. '학습효과'인 셈이다.

"수익을 내기 위해서는 외국인 투자자가 사면 같이 사고, 외국인 투자자가 팔면 같이 파는 투자방법을 쓰면 된다"며 맹목적으로 지지하는 사람도 있으나 대부분 결과가 틀리지 않아 그들을 비난만 할 수는 없게 되었다. 외국인 투자자에게 동조하는 투자자가 많아질수록 시장 흐름의 주도권이 외국인 투자자가 생각하는 대로 흘러가게 되어 주식시장에서 그들의 힘을 실감하게 된다.

심지어는 외국인 투자자가 매수하는 종목만 사면 잠시 하락할 수는 있어도 중·장기적으론 실패가 없다는 얘기까지 한다. 모두 경험에서 나온 얘기이므로 귀 기울여볼 일이다. 어쨌든 그들의 매매 스타일을 알아야 우리 시장에 적응하는 시대가 되었다는 것을 인정할 수밖에 없는 게 지금의 주식시장이다.

 ## 외국인 투자자를 알면 시장 변화에 빠르게 대응할 수 있다

"주식거래에서는 파는 사람과 사는 사람 쌍방이 반드시 존재한다"는 점을 염두에 두고 외국인 투자자를 판단해보자. 시장에 존재하는 투자 주체

는 세 부류이다. '외국인', '기관', '개인'인데, 큰손은 개인에 속한다. 기관에는 증권, 보험, 은행, 연금, 기금 등 주식투자를 허가받은 법인이 모두 포함된다. 보통 주식시장에서 거래가 형성되었다면 이들 셋이 서로 주고받은 것이다. 이들 이외의 거래 구성원은 없으니까.

이 주체들 가운데 외국인 투자자의 매매 형태를 살펴보면 특이하다. 외국인 투자자는 기관투자가, 개인투자자들과 반대로 매매를 하는 경우가 많다. '외국인 투자자나 기관투자가나 다 모두 전문적인 펀드매니저 아닌가? 그런데 왜 서로 반대로 매매하지?', '기관이 열심히 주가를 떠받치고 있는데, 왜 외국인 투자자는 무자비하게 파는 거야?', '이렇게 많이 올랐는데도 더 매수할까?' 하며 자신의 생각에서 벗어나는 외국인 투자자의 매매를 보면 이상하기 그지없다. 그들이 궁금해지고 알고 싶어진다.

외국인 투자자와 기관투자가가 마음을 맞춰서 매도에 나선다면 당연히 장은 대세 하락이다. 또 외국인 투자자와 기관투자가가 매수를 같이한다면 상승의 힘은 엄청나다. 대세 하락의 경우 투자 주체 중 나머지 하나인 개인투자자들이 외국인 투자자와 기관투자가의 물량을 모두 떠맡는 결과가 돼버리는데, 이때 개인투자자의 손실은 엄청나게 커진다.

시장의 흐름이 크게 변하는 변곡점에는 언제나 외국인 투자자가 있다. 외국인 투자자 나름대로 합리적인 분석을 거친 후에 행한 매매의 결과라고 생각하며 시장에 접근해야 주식투자가 편해진다. 그래서 외국인 투자자의 매매를 이해하면 그만큼 시장 변화를 빨리 읽을 수 있다.

주식시장에서의 한우와 수입육

외국인 투자자와 기관투자가의 매매 대결은 우리나라의 소고기 시장을 개방하고 난 후에 보여진 '한우'와 '수입육'과의 대결구도 같기도 하다.

처음 소고기가 수입됐을 때 맛과 품질에 대한 거부감으로 '수입육'에 대한 비판적인 말들이 많았으나 사람들의 선입견이 줄어들면서, 우리나라 전체 소고기 소비량의 66%(2002년 기준)를 수입육이 차지하고 있다. 처음에 아무리 반감을 가지고 있다고 하더라도 소비자에게 싸고 좋은 품질로 접근하면 시간이 가면서 서서히 자리를 잡아나간다는 사실을 볼 수 있다. 주식시장도 마찬가지라는 느낌이다. 한우가 기관투자가와 개인투자자라면 수입육은 외국인 투자자에 비유할 수 있다.

우리 주식시장을 외국인 투자자에게 전면 개방하기 전에는 외국인 투자자는 한도 제한에 묶여 사고 싶지 않은 주식도 다른 외국인 투자자에게 물량을 뺏길까 봐 조급하게 한도를 채우는 등의 비정상적인 매매를 하곤 했다. 외국인 투자자의 한도가 있을 때는 한도가 생기면 외국인 투자자가 선호하는 종목에는 무조건 상한가로 주문을 내어 미리 물량을 확보하려 했기 때문에 시초가부터 급등하는 등의 시장가격의 왜곡 현상이 있었다.

하지만 시장의 전면 개방으로 물량확보 식의 매매 패턴이 사라지면서 외국인 투자자 특유의 수익가치에 기초를 둔 투자형태가 자리잡게 된다. 현재는 철저한 기업 분석과 우리 경제에 대한 전망 여부에 따른 전략을 편다.

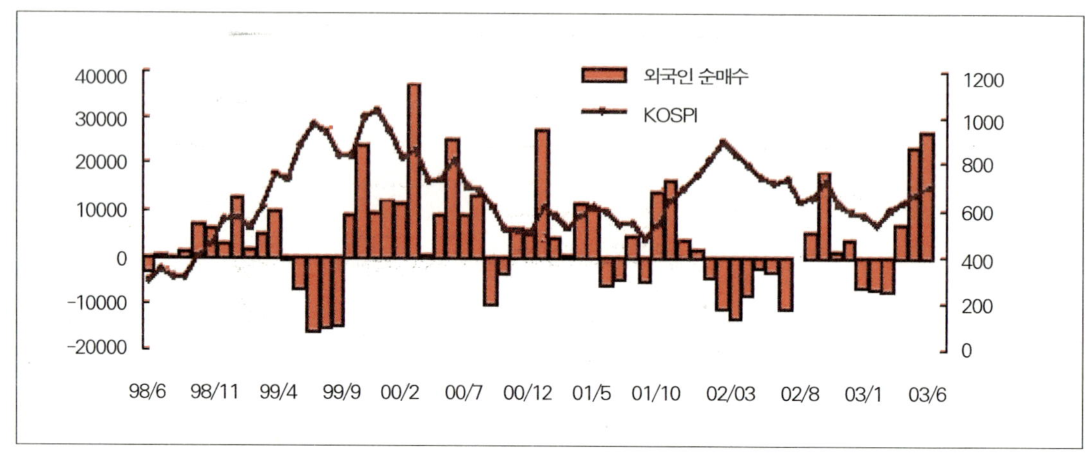

■ KOSPI와 외국인 순매수 추이 변화 ■

단위 : 만 주/억 원

구 분	순 매 수	
	수 량	금 액
외국인	15,620	54,851
개인	681	-34,899
기관계	-16,670	-25,962
은행	-7,472	-2,199
종금신금	-2,646	-490
증권	-1,890	-2,094
보험	-894	-1,176
기금공제	3,215	4,243
투자신탁	-6,983	-24,246
기타	377	6,029

■ 투자 주체별 매매 동향, 2003년 5월 1일~7월 18일 ■

외국인 투자자는 두 달 반 동안에 5조 원 이상을 매수했으며 기관투자가와 개인투자자는 매도
로 대응했다. 이 기간에 종합주가지수는 최저 595포인트에서 최고 724포인트까지 상승했으므
로 외국인 투자자가 우리나라 상승의 주요 매수처임을 알 수 있다.

Check Point

기관투자가라고 하면 어떤 사람들일까 궁금할 것이다. 기관에는 증권, 보험, 은행, 연금, 기금 등 주식투자를 허가받은 법인이 모두 포함되어 있다. 매매 규모가 큰 투자신탁회사와 증권회사가 주류이며 기관 역시 수익을 추구하는 곳이므로, 기관이라고 하락장에서 주식을 선뜻 매수하지는 않는다. 펀드를 운용하는 펀드매니저도 다 같은 투자자라고 생각하고 그들의 매매 패턴을 분석하면 된다. 기관의 매매 패턴은 특징이 있다. 투자신탁회사는 장기적인 수익률을 추구하고, 증권회사는 단기매매로 빠른 승부를 노리는 경우가 많으며, 보험회사는 대세장에서 공격적인 매매 패턴을 보인다.

 **외국인 투자자의 매매 동향으로 시장의 줄기를 잡아야**

우리 시장의 매매 비중 40% 이상을 차지하고 있는 외국인 투자자의 매매 스타일은 어떠할까? 기간을 설정해서 판단해보면 그들은 나름대로 큰 줄기를 가지고 매매하고 있다는 점을 볼 수 있는데, 그래서 외국인 투자자 매매 동향으로 시장의 큰 흐름을 잡아가는 것이 실패하지 않는 한 방법이기도 하다.

개인투자자의 투자 성향은 매우 불규칙하다. 자기 감정대로 멋대로 매매하는 사람부터 밤새워서 연구하는 전업투자자까지 여러 부류가 있다. 딱히 뭐라 할 수 없을 만큼 다양한 형태의 매매를 한다.

시장의 움직이는 방향대로 좇아가는 것이 개인투자자다. 하루하루 매매 스타일이 다르다. 적은 자금으로 운영하기 때문에 쉽게 마음을 바꿀 수도 있다. 개인투자자는 눈치를 보며 시장의 흐름에 재빠르게 편승한다. 매매 성향이 너무 다양하다. 그리고 시장이 나쁘나 좋으나 언제나 매수에 가담하려는 심리를 가지고 있다. 상승장에서도 빠르게 움직이지만 하락장에서도 매수가 많다. 그러나 절대 놓쳐서는 안 될 점은 하락장은 기관투자가와 외국인 투자자가 매도에 가담함으로써 형성된다고 봐야 한다는 것이다.

이에 반해 큰손은 욕심은 많으나 매매를 계획적으로 한다. 자신의 갈 길을 갈 뿐이다. 독자적인 스타일로 시장에서 누구의 영향도 받지 않는다. 시장의 전체 흐름보다 관심 있는 종목에만 집중 투자를 한다. 개인투자자는 시장의 흐름을 뒤쫓아가고 큰손은 사고 싶어하는 종목에만 관심을 가지되 시장에는 무심하니 개인투자자나 큰손은 어느 쪽도 시장을 이끌어가지 못한다.

그렇다면 기관투자가와 외국인 투자자가 시장을 주도할 수밖에 없는데 양쪽이 모두 매수에 가담한다면 누가 물건을 내놓을까? 개인투자자들의 보유 주식을 가져갔다고 생각하면 된다. 개인투자자들은 시장을 주도하려 하지 않기 때문에 금방 자신의 역할을 깨닫는다. "잘못 팔았구나"라는 생각이 들면 다음날이라도 곧 매수에 가담해 시장 주도는 기관투자가와 외국인 투자자가 맡게 된다.

'홍콩 물고기'와 같이 단기투기성 자금을 운용하는 외국인 투자자 세력이 존재하긴 하지만 대부분의 외국인 투자자는 중·장기 투자에 강하다. 시장의 추세에 따라 일관된 투자를 한다. 상승 추세에서는 한 달 이상 매수를 하는 반면, 하락 추세에 접어들면 지속적으로 매도를 한다. 외국인 투자자의 매매 형태로 시장의 줄기를 잡을 수 있는 길을 놓쳐서는 안 된다.

■ 외국인 투자자 매수가 집중된 종목, 다음커뮤니케이션의 주봉차트 ■

Check Point 외국인 투자자는 약세장에서는 삼성전자, SK텔레콤 등을 매수하지 않고 주로 개별 중소형 우량주를 매매 타깃으로 삼는다. 약세장에서는 매수처가 있다는 사실 하나만으로도 주가의 상승이 이어진다. 2003년 3월의 주요 매수 종목군을 보면 인터넷, 낙폭과대주, 휴대전화 부품주, 실적 우량주 등에 외국인 투자자의 매수가 집중되고 있다. 다음, 옥션, NHN 등의 인터넷주는 외국인 투자자의 15일 연속 순매도 기간에도 매수한 종목이다. 이들 종목은 그 이후로 주식시장이 상승장이 되었을 때 매수 주도 종목이 되었으니 외국인 투자자의 매수 종목에 관심을 가질 만하다.

외국인 매수 종목 수익률 좋다

카드채 부실, 북핵 문제 등으로 인한 전반적인 주식시장 침체 속에서도 외국인 투자자들의 매수세가 두드러진 일부 종목은 수익률이 상대적으로 좋았던 것으로 나타났다. 교보증권 이혜린 선임연구원은 30일 '3월 중 외국인 매수 종목 유형 분석'이라는 제목의 분석 보고서에서 "지난 2월 이후 외국인 투자자들의 매도 규모가 커지고 있지만 외국인 투자자들이 사들인 개별 중소형주들은 이 기간 동안에도 높은 수익률을 나타냈다"고 밝혔다.

이 연구원은 "외국인들의 3월 매수 종목이 LG카드, 신한지주 등을 제외하면 모두 중소형주라는 점에서 외국인 투자자들의 매매 영향력이 시장 전체에 크게 미치지는 못하고 있지만 매수 대상을 찾는 데 외국인 매매 동향이 하나의 주요한 포인트가 될 것"이라고 내다봤다. 『경향신문』 2003월 3월 30일

 미국 시장이 우리나라 주식시장에 어떤 영향을 미치나?

 **미국 시장 때문에 잠 못 드는 투자자**

"김 대리, 밤새 미국이 어떻게 됐어요?"

이 말은 미국의 추가테러 발생을 걱정해서 하는 말이 아니다. 미국의 주식시장인 다우와 나스닥지수가 어떻게 마감했는지를 고객이 증권 회사직원에게 물어보는 말이다.

"나스닥이 많이 올랐어요. 우리도 오르겠네요, 갭상승할 거 같아요."

"다우와 나스닥이 동반 폭락했어요. 동시호가 예상지수 -10포인트예요."

우리나라 주식투자자들의 아침 인사말이 다우와 나스닥지수를 묻는 말로 변한 지 꽤 오래되었다. '주식 한다는 사람' 치고 아침에 눈뜨면 제일 먼저 밤새 열린 미국 시장의 결과를 알고 싶어하지 않는 사람이 없다. 미국 시장이 궁금해서 잠자는 것을 포기하고 새벽까지 증권방송을 보거나 인터넷에 접속하기도 한다. 미국 시장의 결과가 오전 동시호가의 가격 결정에 영향을 주는 일이 많아졌기 때문이다. 다우지수가 200포인트 이상 폭등하면 우리도 영락없이 10포인트 이상 상승하면서 장을 시작하고, 100포인트 이상 하락하면 5포인트 이상 빠지면서 시작한다.

80년의 역사를 가진 미국은 세계 증시의 선두 주자로서 다른 지역 증시에 큰 영향을 미쳤다. 미국은 국제통화 기준인 달러와 세계 금융의 중심인 월스트리트를 바탕으로 세계 자본시장의 중심으로 활동해왔다. 미국은 그 힘을 기반으로 전 세계 금융시장을 지배해왔는데 한국도 예외가 아니다. 다른 나라 모두가 미국 영향을 받아 움직이는데, 우리 시장만이 미국 증시에 연동되지 않는다는 것도 이상한 일이다. 미국과 같이 움직이는 것이 따로 노는 것보다 당연하게 여겨진 지 오래다. 미국이 세계의 자본시장을 지배하는 한, 또 외국인 투자자가 우리 주식시장 거래량의 30% 이상을 차지하는 한 지금과 같은 분위기는 당분간 변하지 않을 것이다.

미국과 우리나라의 시간을 비교해보면 우리가 하루 빠르다. 뉴욕증권거래소와 우리나라 시간 차이가 14시간이니까 반나절이 넘는다(참고로 미국 주식시장은 동부 기준으로 오전 9시 30분부터 오후 4시까지 현물시장이 열리는데, 우리나라 시간으로는 오후 11시 30분부터 다음날 오전 6시까지다. 그리고 미국이 서머타임을 실시하는 하절기인 4월 둘째 주~10월 넷째 주에는 오후 10시 30분부터 다음날 오전 5시까지다).

날짜로 따지면 우리나라 시장이 먼저 열리고 나서 미국 시장이 열린다. 그런데도 하루 늦게 열리는 미국이 세계 자본시장의 중심이 되어 우리 시장에 영향력을 행사하니 그들의 힘을 인정하지 않을 수 없다. 우리나라뿐 아니라 유럽은 우리보다 시간이 더 빠르나 유럽시장에 미치는 영향 역시 마찬가지다. 세계 증시가 하나로 뭉쳐서 움직이는 듯하다. 정치, 경제, 문화, 스포츠 심지어 군사력까지 장악하고 있는 미국이 얄밉지만 어쩔 수 없는 노릇이다. 물론 미국에서 우리나라 주식을 매매할 수도 있고 프랑스, 영국 주식도 매매할 수 있어 세계의 자본시장은 개방된 상태이긴 하다. 세계가 하나로 움직일 만큼 시스템이 개발된 것도 미국 시장의 영향력을 확대시킨 하나의 이유이다.

 ## 미국이 상승하면 우리도 상승한다?

"정말 미국이 상승하면 매번 우리도 상승할까?" 늘 가져온 의문이다. 반드시 그렇지 않지만, 웃을 수도 없는 일은 우리나라 월요일 시장이 미국의 금요일 지수 향방에 따라 움직이는 날이 많다는 사실이다. 이틀이나 지난 후에도 미국의 힘이 발휘된다……

만약 금요일 미국 증시가 폭락했을 경우, 선물이나 콜옵션 매수자는 주말 이틀을 불안한 마음으로 보내야 한다. 월요일 아침 동시호가가 하락하면서 출발할까 걱정돼서다. 매도 모르고 맞아야 덜 아픈데, 미리 맞을 준비를 하며 휴일을 보낸다.

선물이나 옵션을 보유한 채로 오버나잇하면 미국 시장에 더욱 관심을 가질 수밖에 없다. 미국이 혹시 잘못됐다가는(자신이 예상과 반대로 가면) 영락없이 반토막(?)이 될 수 있기 때문이다. 자신이 매매한 투자전략이 단지 미국 시장 결과 때문에 망쳐버리니 참으로 원통할 일이다.

그러나 언제나 미국 시장이 영향을 미치는 것은 아니다. 미국 시장의 움직임과 다르게 우리 시장이 움직이는 경우도 많다. 금요일 미국 시장 결과가 우리 시장에 영향을 미치지 않은 예를 하나 들어보자.

2003년 3월 21일 금요일.

우리 시장은 5일 동안 종합주가지수가 512포인트에서 576포인트까지 상승하며 한

주를 마감했다. 당시는 계속적인 침체 분위기에서 벗어나 오랜만에 활기찬 거래량을 보이면서 상승폭을 크게 한 한 주여서 시장에 대한 낙관적인 견해가 팽배했다.

또 다음날 마감한 다우지수는 235포인트 상승해 월요일 아침을 기대하기에 여건이 충분했는데 막상 투자자들이 이틀이나 가슴을 설레며 기다렸던 3월 24일 월요일 시장은 4포인트 상승으로 시작해 5.92포인트 하락으로 장을 마감했다.

다우지수의 큰 폭의 상승이 있고 난 다음날 우리 시장의 상승으로 이어지지 못한 특별한(?)날이었다.

"미국도 폭등하고, 그래서 괜찮을 것이란 생각으로 주식을 팔지 않았는데……"

"이럴 줄 알았으면 차라리 아침 동시호가에 팔아버릴 걸……" 하며 아쉬워하는 소리가 그 날 여기저기서 들렸다.

우리 시장이 급등한 후에 미국 시장이 폭등하면 그 효과가 생각보다 크지 않다. 위의 사례는 오히려 미국이 급등하고 우리나라가 하락한 날이다. 주식시장에는 '반드시', '꼭', '언제나' 등이라는 말을 쓸 수 있는 확실하고 완전한 것은 없다. 늘 예외가 있기 마련인데, 미국과 우리나라와의 주식 연관성도 마찬가지다. 그렇다고 미국을 쳐다보지 않고 주식을 한다는 것은 힘들다. 하지만 미국 시장은 다음날 또 열리니 투자자에겐 어찌할 수 없는 존재가 되어버렸다.

 한 · 미 주식시장의 상관관계는?

 **미국과 우리나라 주식의 상관관계**

어느 애널리스트는 미국 시장이 우리 시장에 미치는 영향 정도를 측정한 상관계수가 얼마인지 알려주기도 한다. 미국 시장과 우리 시장과의 상관관계가 높은 시기가 있고 아닐 때도 있다고 한다.

"누가 뭐 그런 거 모르나?" 반론을 제기하는 사람이 있을 수 있다. 주식 투자자의 입장에서는 '상관관계'라는 예민한 수치 차이가 복잡하기만 하지, 실제 매매에는 도움이 되지 못한다. '상관관계'가 얼마나 매매에 유용하게 활용될지는 의문이다. '미국 시장의 등락'을 물어보는 말이 인사말이 될 정도가 되었다면, 미국 시장과 우리 주식시장과의 상관관계가 있느냐 없느냐를 따지는 것은 더 이상 의미가 없다.

사람들의 마음속에는 '상관관계가 무척 깊다'는 생각이 굳어버려 상관관계가 크고 작음이 별로 중요치 않게 되어버린 것이다.

'우리 시장이 미국 시장에 얼마나 영향을 받느냐?'가 중요한 것이 아니다. 이미 우리 투자자 모두가 미국 시장에 관심을 가지고 있으며, 미국 시장이 좋지 않으면 하락을 걱정하고, 폭등하면 주가 상승의 기대를 가지는 생각으로 굳어져가고 있다는 현실을 받아들이는 것이 더 중요하다.

앞 글에서 알 수 있듯 실제로 상승시에 10일 중 6일이 미국 시장과 비슷하게 움직였다. 같이 움직이는 날이 61%라면 '많다'고 느껴지지 않는다. 심리적으로는 미국 시장과 거의 같이 움직인다는 느낌인데 따지고 보니 아닌 날도 꽤 많다.

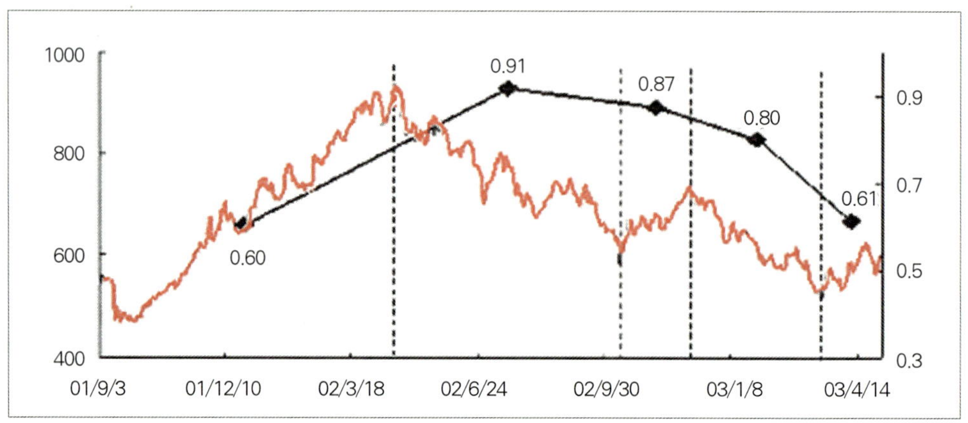

■ 종합주가지수와 S&P500 국면별 상관관계(2001년 9월~2003년 4월) ■

미국 시장의 강세로 한국 시장에도 훈풍이 불지 않을까 하는 기대를 가졌던 시기다. 그러나 국면별로 미국 시장과의 상관관계를 살펴보면 상승시(0.61)보다 하락시(0.91) 상관관계가 훨씬 높으며, 상승 국면에서도 미국 시장과 역차별적인 디커플링(Decoupling)이 진행 중임을 알 수 있다. 따라서 미국 시장의 상승이 반드시 한국 시장의 강세 흐름으로 나타나지 않을 가능성과 상대적으로 작은 상승 탄력을 보일 가능성에 주목해야 한다.

Check Point   상관관계가 1이라면 '똑같이 움직인다'로 해석한다. 상관관계가 0.91이면 '거의 비슷하게 움직인다'고 봐야 하는데, 그래도 9%는 반대로 움직였다는 말이다. 0.61이면 '절반 조금 넘게 같이 움직였다'는 뜻이다. (어! 생각만큼 같이 움직이지 않았다.) 그런데도 투자자의 기분은 '미국 시장과 우리 시장이 언제나 같이 움직이고 있다'는 생각이다. 주식을 매수한 상태에서 다음날 미국 시장이 폭등하기를 기대하는 것보다 미국 시장의 흐름을 파악해서 보유할 것인지 매도할 것인지를 판단하는 편이 더 낫다. 시장의 흐름을 이해하는 데 미국 시장을 활용하자.

그렇지만 현재는 지수 상승과 하락 이유를 묻는 질문에 서슴없이 "미국 때문예요"라고 답해도 누구 하나 이의를 다는 사람이 없다. 그러니 미국 시

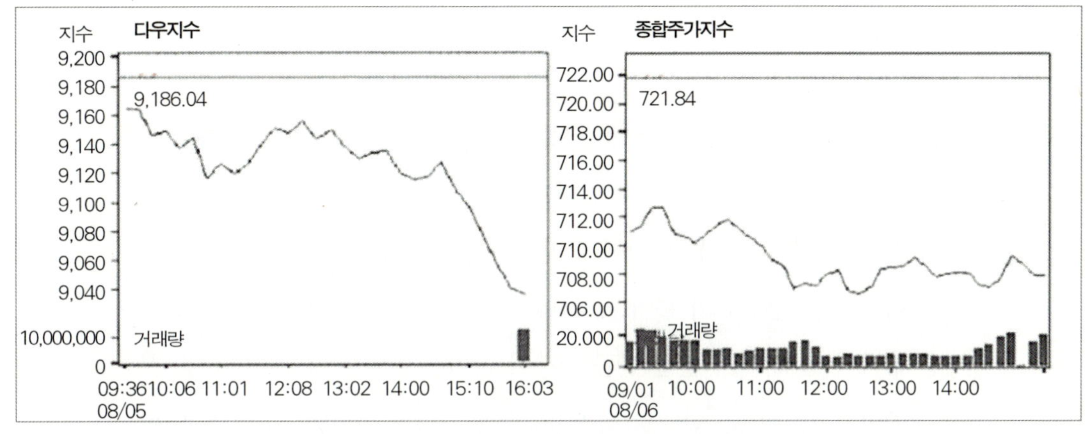

■ 미국 시장의 한국 시장 영향 비교, 2003년 8월 6일 ■

왼쪽 그림은 2003년 8월 5일 미국의 다우지수의 일일 변화 모습이다. 등락을 거듭하다가 오후에 급락하는 모습을 보여 149포인트(1.63%) 하락한 9,036포인트로 마감했다. 8월 6일 우리나라 종합주가지수는 전날보다 11포인트(1.52%) 하락으로 시작해 장중 내내 반등하지 못하고 13.96포인트(1.93%) 하락한 707.88포인트로 마감했다. 다우지수의 큰 폭 하락은 투자자의 불안 심리를 일으켜 매도 물량을 늘림으로써 오전 동시호가의 가격 하락을 부추겼다.

Check Point

우리 시장이 열려 있는 장중에 다음날 미국 시장이 어떻게 될 것인가를 예측하는 일은 힘들다. 나스닥선물을 기준으로 다음날 미국 시장을 판단하려는 사람이 있지만 안정적으로 활용할 수 있는 기준은 되지 못한다. 나스닥선물로 기대했다가 낭패를 보기 일쑤다. 특히 선물·옵션 거래자는 나스닥선물을 신뢰해서는 안 된다. 미국의 장중 흐름을 보고 우리나라의 강세 약세를 판단하는 것이 좋다. 또한 전체 시장보다 어느 업종이 상승을 보였는지, 투자자가 어디에 관심을 가지고 있는지를 분석하는 것이 더 효율적이다.

장의 흐름을 파악해 큰 줄기를 잡을 수 있다. 그러나 하루 등락이 심한 미국 시장의 일일 변동을 정확히 맞추는 일은 사실상 불가능하다. 투자전략을 짤 때, 미국 시장을 참고로 이용하는 데 그쳐야 한다. 경험으로 보면 미국 시장이 급락한 경우 우리 시장은 비슷하게 급락하다가 반전해 오히려 상승으로 끝나는 날이 많았다. 반대로 급등한 경우 우리도 급등했다가 다시 하락하면서 장을 마감하는 날도 많았다. 미국 시장이 급등한 다음날 우리 시장이 상승하면 이를 이용해 고가에 매도하는 세력도 늘어났다. 미국 시장을 역이용하는 전략을 펴 수익을 극대화하려 하기 위한 것인데, 그런 날은 장중에 다시 살 기회가 생길 만큼 시장이 많이 흔들린다. 그래서 "미국 시장을 좇아가되, 매매는 반대로 하라"는 말까지 나왔다. 기관투자가가 일반 투자자의 기대 심리를 역이용한 매매 방법이다.

완전히 반대로 움직이는 날도 많았다. 그러나 그 특별한 날(미국과 반대로 움직이는 날)을 노리고 매번 '미국 시장의 흐름과 반대로 우리 시장이 움직일 것'이라고 예측하는 것은 크게 잘못된 판단이다.

 ## 미국에 대한 관심은 계속되어야

미국 시장을 매일 확인하고 알려고 하는 번거로운(?) 일이 미국 시장을 모른 채 투자하는 것보다 도움이 된다. 미국의 경기상황과 주가를 시장에 영향을 주는 요인으로 빼놓을 수 없을 만큼 미국 시장이 주가 판단의 한 요인으로 자리잡았다. 미국 시장이 어떻게 움직이는지 알아둬야 한다.

그렇다면 '미국 시장을 반드시 알아야 하나?' '미국 시장을 알더라도 어떻게 우리 시장에 적용할 수 있지?'라는 의문이 생길 수 있다. 매일 거래하는 우리 시장도 알기 어려운데 종목 이름도 모르는 미국 시장을 알기는 더 힘들다. 알려고 해도 어설프게 알 수밖에 없다.

하지만 미국과 우리 시장이 큰 흐름으로는 '비슷하게 움직인다'라는 점을 파악했다면, 시장의 줄기와 테마를 이해하는 데 미국 시장을 참고로 해서 판단할 수 있다. 그러기 위해서는 미국 시장에서 알려주는 여러 정보를 더 구체적으로 알고 우리 것으로 받아들여야 한다. 더불어 미국뿐 아니라 세계 경제에 대해 식견을 쌓는 일에도 노력을 기울여야 한다. 그래야만 더욱 넓은 시야를 가지고 주식투자를 할 수 있다.

 다우지수와 나스닥지수는 어떻게 다른가?

 **미국의 3대 지수**

미국 시장은 우리처럼 하나의 시장으로 구성되어 있지 않다. 나라가 넓고 큰 만큼 증권거래소도 여러 개가 있다. 뉴욕증권거래소와 나스닥시장이 주류이긴 하지만 아메리칸증권거래소와 시카고증권거래소, 필라델피아증권거래소, 캔자스시티증권거래소 등 뉴욕뿐 아니라 다른 도시에도 증권거

New York Stock Exchange(NYSE) 미국에서 가장 오래된 거래소다. 'Big Board'라고도 부르며, 미국의 주식 총 거래량의 75% 정도가 이곳에서 거래된다. 이곳 대장주의 모음을 '다우존스지수'라 한다. 성장성보다는 가치주를 중심으로 주로 블루칩이나 기간산업 분야의 주식들이 많이 상장되어 있다.

아멕스(AMEX) 아메리칸증권거래소를 말한다. 아멕스에서는 개별 주식의 옵션과 지수형 펀드(예를 들어 QQQ)들의 거래를 대부분 담당한다. 아멕스에 상장돼 있는 종목은 600여 개로 뉴욕증권거래소 및 나스닥보다 아주 적으며, 아멕스는 이를 만회하게 위해 최근 선물·옵션과 지수상장펀드(ETF) 거래를 시작했다.

	미국 증시	한국 증시
거래소 이름	뉴욕증권, 나스닥, 아멕스	거래소, 코스닥
평균 거래량	약 40억 주	약 5억 주
평균 거래대금	약 20조 달러	약 5조 원
상한가 · 하한가	없음	있음(거래소 15%, 코스닥 12%)
주식 심벌	알파벳 1~5자	숫자 6자리
공매도(숏 세일)	있음	없음
마진한계	있음(25,000달러 이상)	없음
상승	녹색	빨간색
하락	빨간색	파란색

■ 미국 증시와 한국 증시의 차이, FnLive.com ■

래소가 있다. 대표적인 거래소인 뉴욕증권거래소에 2,800개 사, 나스닥에 4,100개 사의 기업이 등록되어 있다(2002년 기준).

 **다우지수**

뉴스에 자주 나오는 다우지수, 나스닥지수, 스탠다드앤푸어스500지수에 대해 알아보자. 이것들을 미국의 3대지수라 한다.

다우지수는 '다우존스30공업지수'의 줄인 말이다. '다우이론'으로 유명한 찰스 다우의 이름을 따서 다우존스라는 명칭을 썼다. 우리 주식시장이 거래소시장과 코스닥시장으로 나뉘어 있는 것과 달리, 미국 시장은 '다우'

와 '나스닥시장' 으로 나뉘어져 있지 않다. '다우' 라는 별도의 시장이 따로 없다. 그래서 '다우지수' 와 '나스닥지수' 로 말해야 맞다.

'다우지수' 는 뉴욕증권거래소의 대표핵심 블루칩 30종목의 등락을 지수화한 것이다. 우리나라 종합주가지수와 비슷하지만 우리의 종합주가지수가 '거래소에 상장된 전체 종목을 지수화' 한 수치인 데 비해, 다우지수는 '뉴욕증권거래소 대표종목 30개를 지수화' 한 것이다.

다우존스 30산업지수

다우존스사가 발표하는 가장 오래되고 널리 인용되는 여러 시장지수 가운데 하나다. 다우존스 산업지수(DowJones Industrial)는 개인투자자, 기관투자가들이 널리 보유한 30대 주요핵심 기업들의 주식으로 구성된다. 이들 30대 주식들은 총 미국 주식의 시장가치(8조 달러 이상)의 1/5, 뉴욕증권거래소에 상장된 주식가치의 1/4를 차지하고 있다. 나스닥의 인텔과 마이크로소프트가 다우존스에 편입되어 있고, 그 외 28개 주식은 모두 뉴욕증권거래소에 상장되어 있다.

나스닥지수

1971년 출범한 나스닥은 '컴퓨터망을 통해 거래되는 장외거래시장' 이다. 나스닥시장에서 거래되는 종목은 인터넷 등 첨단 관련주나 벤처기업 주식들이 대부분이다. 전통 가치주가 대부분인 뉴욕증권거래소와 다른 별도의 첨단 기술주 중심의 시장이다. 우리나라 '코스닥의 원조' 격이다. 투자

위험은 높지만 고수익을 추구하는 투자자의 구미에 맞는 시장이다.

나스닥지수는 나스닥시장에 상장, 거래되는 모든 국내 · 외 보통주 4,100 개(2002년 말 기준) 이상의 주식을 포함한다는 점이 다우지수와 차이가 난다. 나스닥지수를 100으로 삼은 기준 시점은 1971년 2월 5일이다(참고로 우리나라 종합주가지수 100을 삼은 기준 시점은 1980년 1월 4일이다).

지수산출 방식은 나스닥 증시의 모든 보통주를 시가총액에 따라 가중치를 부여해 사용하는데(시가×총 주식량), 시가총액이 큰 시스코, 마이크로소프트 그리고 인텔의 움직임이 나스닥지수의 움직임을 결정한다고 보아도 된다. 나스닥의 거래방법으로는 MM(Market Maker) 시스템과 ECN (Electronic Communication Network)이 있다.

 ## 나스닥100지수

나스닥100지수는 나스닥지수를 간략히 줄인 것이다. 나스닥100지수는 컴퓨터 하드웨어 · 소프트웨어, 통신, 도 · 소매 무역, 생명과학 등 나스닥의 주요 종목 중 인텔, 마이크로소프트, 시스코 등 가장 규모가 큰 100개의 기업으로 만든다. 대형기술주를 포함하고 있다.

나스닥100지수는 1985년에 처음 발표되었는데 나스닥의 상위종목들로 구성되어 있어 기술주의 움직임을 파악하는 데 유용하며, 하루의 주가 흐름을 파악하려고 할 때 스탠다드앤푸어스500선물과 함께 많이 활용된다. 나스닥지수와 94%의 상관관계를 가진다고 한다. 우리나라 코스닥과 지수 연관성이 높다. 보통 우리 투자자가 말하는 나스닥선물은 바로 CME(시카고선물거래소) 나스닥100지수를 대상으로 한 선물이다.

스탠다드앤푸어스500지수

뉴스에는 주로 다우지수와 나스닥지수의 일일 변동에 대해 많이 보도하지만, 여기에 더해 빠지지 않는 지수가 스탠다드앤푸어스(S&P)500지수다.

미국 시장에는 워낙 많은 지수가 있어 스탠다드앤푸어스500지수도 미국 증시의 3대 지수에 포함된다는 것을 아는 사람이 드물다. 누가 그 많은 지수를 활용하나 의문이 들기도 한다.

스탠다드앤푸어스500지수는 세계적인 신용평가 회사인 스탠다드앤푸어스(Standard & Poor's)가 시가총액을 기준으로 대형주 500개를 업종별로 선정해서 구성한 지수다. 다우지수보다 많은 종목이 포함되어 있기 때문에 '다우지수보다 미국 시장을 더 잘 나타내준다' 고 한다. 주로 광범위한 미국 주식시장 시세를 측정하는 기준으로 활용한다.

스탠다드앤푸어스500지수에 포함된 기업들의 주식은 뉴욕증권거래소에서 거래되고 있으나, 정보통신 및 기술주 발달로 나스닥거래소에서 거래되는 주식 수가 점차 늘어나는 추세에 있다.

스탠다드앤푸어스500지수보다 스탠다드앤푸어스500선물이 시장 상황을 더 잘 표현한다고 한다. 기관투자가와 전문투자가가 시장 판단 기준으로 스탠다드앤푸어스500선물을 많이 본다고 하니 미국 시장을 전망할 때 스탠다드앤푸어스500선물에 한번 더 관심을 가질 만하다. 우리 시장과 비슷하게 스탠다드앤푸어스500선물이 스탠다드앤푸어스500지수보다 낮다면(백워데이션 상태가 되면) 향후 시장에 대해 비관적인 생각을 하는 기관투자가가 많다고 생각하면 된다.

지수 이름 뒤의 500은 '해당 지수에 포함되는 종목이 500개'라는 뜻이다. 이따금 지수 이름 뒤에 숫자가 등장하는데, KOSPI200처럼(KOSPI200은 거래소의 대표 종목 200개를 지수화한 것) 지수에 포함되는 종목 수를 뜻한다.

스탠다드앤푸어스100지수는 스탠다드앤푸어스500지수에 포함된 500종목 중 상위 100종목으로 구성한 지수다. 나스닥100지수와 함께 선물거래에 활용된다.

 우리가 관심을 가져야 할 지수는 무엇인가?

 **필라델피아 반도체지수**

3대 지수에 속하지 않지만 우리가 관심을 가져야 할 지수가 있다. 필라델피아 반도체지수다.

필라델피아 반도체지수는 필라델피아증권거래소(PHLX)에서 거래되는 반도체의 설계, 유통, 제조, 판매와 관련이 있는 미국의 16개 기업들로 구성되어 있다. 1993년 12월 1일을 기준 시점으로 200개로 시작해, 1995년 7월 24일 2 대 1의 분할을 실시했다. 우리나라 삼성전자를 비롯한 반도체 관련주의 상승과 하락에 영향을 주는 지수다. 다우와 나스닥이 동반 상승했다고 하더라도 필라델피아 반도체지수가 하락하면 우리나라 반도체 관련주는 맥을 못 춘다. 반도체산업은 어느 나라에 국한되지 않고 세계가 한 단위로 움직이기 때문이다. 특히 삼성전자의 D램 세계시장 점유율은 21%(2002년 기준)로 세계 1위 자리를 차지하고 있어 더욱 그러하다. 삼성전자뿐만 아니라 중소형 반도체 관련주 역시 영향을 받는다.

필라델피아 반도체지수의 움직임을 알면 우리의 반도체 산업의 흐름을 이해하는 데 도움이 된다. 미국 시장이 하락했다고 하더라도 필라델피아 반도체지수가 상승했다면 '종합주가지수는 조금 하락할 것 같은데, 반도체 주는 괜찮을 것 같다'라고 기대할 수 있다.

그 외 반도체지수로는 편입종목 31개로 가장 광범위하게 반도체 주가를 반영하고 있는 골드만삭스 반도체지수와 메릴린치반도체홀더스(편입종목 20개)가 있다.

기업 명	구성비	업종
KLA텐코	10.54%	반도체 장비
리니어 테크놀러지	9.69%	통신용 반도체
어플라이드 머티리얼	8.80%	반도체 장비
노벨러스 시스템	8.47%	반도체 장비
자일링스	7.96%	통신용 반도체
텍사스 인스트루먼트	7.36%	통신용 반도체
내셔날 세미컨덕터	6.80%	통신용 반도체
인텔	6.17%	마이크로프로세서
테레다인	5.68%	반도체 장비
마이크론 테크놀러지	5.71%	메모리 반도체
알테라	5.22%	통신용 반도체
레티스 세미컨덕터	4.62%	반도체 장비
LSI로직	4.23%	통신용 반도체
모토롤라	4.09%	통신용 반도체
AMD	2.47%	마이크로프로세서
램버스	2.19%	반도체 디자인

■ 필라델피아 반도체지수 구성 종목 및 비율 ■

종목명	현재가	전대비		등락율	종목명	현재가	전대비		등락율
주성엔지니어	7,790	▲	770	10.97%	퓨텍스	1,820	▼	-100	-5.21%
모바일원	650	▲	35	5.60%	라셈덱	960	▼	-50	-4.95%
블루코드	2,430	▲	130	5.66%	프로칩스	495	▼	-25	-4.81%
서울일렉트론	580	▲	25	4.5%	유니셈	2,360	▼	-90	-3.67%
케이씨텍	5,150	▲	210	4.25%	에쓰에쓰아이	510	▼	-10	-1.92%
아토	4,230	▲	145	3.56%	이오테크닉스	3,930	▼	-60	-1.5%
아큐텍반도체	2,390	▲	50	2.14%	광전자	3,970	▼	-60	-1.49%
피어스케이	4,340	▲	90	2.12%	씨앤에스	1,445	▼	-20	-1.37%
삼우이엠씨	2,340	▲	40	1.74%	삼성전자	407,500	▼	-5,500	-1.33%
KEC	45,900	▲	700	1.55%	미래산업	1,640	▼	-20	-1.2%
넥사이언	2,175	▲	25	1.16%	아남반도체	4,620	▼	-50	-1.07%
세보엠이씨	1,460	▲	10	0.69%	파이컴	2,910	▼	-20	-0.68%
네모	760	▲	5	0.66%	디아이	2,380	▼	-15	-0.63%
고텐시	1,980	▲	10	0.51%					
하이닉스	9,600	▲	20	0.21%					
신성이엔지	5,610	▲	10	0.15%					
삼테크	3,810	▲	5	0.13%					

■ 필라델피아 반도체지수와 관련 있는 국내 기업의 주가 추이, 2003년 8월 7일 12시. 앵커스탁 ■

전일 미국 시장의 필라델피아 반도체지수는 *1.08포인트(0.28%)* 하락으로 마감했다. 그 다음날 우리 증시의 반도체 관련 주식의 주가변동 상황이다. 삼성전자 주식은 하락했고 중소형주는 조금 상승했는데, 미국의 필라델피아 반도체지수와 삼성전자와의 관계가 그만큼 크다는 것을 알 수 있다. 투자자는 반도체지수의 오르고 내림에 관심을 가지는 것보다 우리나라에 어떤 반도체 관련주가 있는지, 어떤 사업을 벌이고 있는지를 알아두는 것이 좋다.

 ## 러셀지수

'중소형주'를 중심으로 하는 지수가 따로 있다. 그게 바로 러셀지수다.

러셀지수는 '러셀3000', '러셀2000', '러셀1000지수'로 나뉘어져 있다.

시가총액 1억 달러 이하인 중소형 주식들을 중심으로 하는 '러셀3000지수'가 있고, 이 러셀3000지수에 포함되는 종목 중 시가총액 89%를 차지하는 1000대 기업을 선별해 지수화한 '러셀1000지수', 이 러셀1000지수의 시가총액 35%를 차지하는 800대 기업을 추려 만든 '러셀2000지수'가 있다.

그러니 러셀2000지수가 핵심 중소형주를 대표한다고 할 수 있다. 재미있는 사실은 러셀2000지수의 2000은 중소형 종목 800개를 대상으로 하므로 2000종목이 아니다. 러셀1000지수는 중소형 대표종목 1000개를 대상으로 한 것인데, 러셀2000지수는 그것을 간추린 800종목으로 만든 지수다.

우리나라에서도 중소형주만 거래하는 사람들은 그 이외의 주식은 거들떠보지도 않는다. 이들의 주장은 대형주는 "주식 하는 재미가 없다"며 하루 등락폭이 큰 소형주와 코스닥 종목만을 매매하는 데 혈안이다. "삼성전자와 LG전자가 오를 거 같은데, 왜 그거 안 사세요?"라고 물어보면 대답은 아주 간단하다. "난 중소형주가 좋아" 더 이상의 이유는 없다.

강세장에서는 대형주와 고가 우량주는 상승률에서 아무래도 중소형주를 따라갈 수 없다. 특히 경기가 회복되는 과정에서는 일반적으로 실적 호전이 예상되는 중소형주가 급격히 상승한다. 미국 시장에서도 상승으로 전환되는 시점에서는 러셀3000지수가 다우지수와 나스닥지수를 훨씬 앞지른다.

이외에도 미국 시장에는 아멕스종합지수, 골드만삭스 소프트웨어지수, 골드만삭스 인터넷지수, 모건스탠리 하이테크 35지수, CBOE게임 지수 등이 있다.

Check Point 강세장으로 전환할 때 상승률을 비교해보면 '러셀3000지수 〉 나스닥지수 〉 스탠다드앤푸어스500지수 〉 다우지수' 순으로 나타난다. 우리 시장에서도 비슷한 현상을 보인다. 경기회복 때 자본금이 적은 종목 중에서 성장성을 우선해 선택하는 것이 수익률을 높일 수 있다. 강세장에서는 종목에 대한 연구가 더 필요하다. 반대로 경기가 강한 반등을 보이지 않을 경우 중소형주는 큰 타격을 입게 될 수 있다는 것도 아울러 기억해야 한다.

 미국 시장에서 영향력 있는 경제지표에는 무엇이 있나?

 ## 경제지표에 민감한 미국시장

'지표에 실망, 다우 9200선 붕괴, 나스닥 1% 하락.'

'7월 일자리가 예상 밖으로 줄어들면서 하반기 경기회복에 대한 의구심이 제기됐다. 다우와 나스닥지수는 실업지표에 실망, 큰 폭으로 떨어졌다. 다우지수는 전날보다 79.34포인트 떨어진 9154.46, 나스닥은 19.14포인트 떨어진 1715.88로 마쳤다.'

2003년 8월 1일 미국 시장에 대한 우리나라 뉴스의 코멘트이다.

'일자리가 줄었다'고 해서 주가가 하락하다니 선뜻 이해가 가지 않는다. 그것도 '경기가 회복되고 있다'는 기대감이 날마다 보도되고 있는 가운데서, 주가가 큰 폭으로 하락한 이유가 겨우 '일자리'라니. 뭐 '폭탄테러'나 '실적악화' 때문이라면 모를까.

'고용시장 회복에 제동이 걸렸다'는 보도가 '경기회복에 불안감을 느꼈다'니 사실 맞는 말이다. 경기회복에 대한 선결조건을 '고용의 확대'로 보는 시각은 원론적인 경제이론이긴 하다..

"경기가 회복된다고 해도 일자리가 없는 상황에서는 불안하다."

"고용 확대를 빼놓고서는 확실한 경기회복이 아니다."

"그러므로 경기회복에 대한 전망을 신뢰할 수 없다"

이런 논리는 따지고 보면 틀린 말이 아니다. 말은 분명 맞다. 사실 고용시장이 개선되지 않고는 경기회복이 확실하다고 말할 수 없다.

어디까지 알아야 미국 시장을 알게 될까? '실업률'에 무척 예민하게 반응을 보이고 있는 미국의 투자자의 심리는 무엇일까?

아무리 성장 전망이 기대되고 있는 상황에서라도 "고용시장이 좋아져야 확실한 성장이라고 말할 수 있다"고 판단했기 때문인데, 우리는 여기서 그들의 합리적인 투자기준인 경제지표를 바탕으로 해 시장에 접근하고 있다는 사실을 파악해야 한다.

 ## 경제지표에 둔감한 우리 시장

이와 같은 '실업률' 문제가 우리 투자자에게 전해졌다면 어떻게 받아들일까? 우리나라는 어제도 오늘도 '취업난' 이라는 말에 익숙하다. 경기가 나아졌다고 해도 일자리 부족 현상은 언제나 있는 문제였기 때문에 '일자리가 많아졌냐?' '아니냐?' 에 대해서는 큰 관심이 없다.

우리 주식시장은 '실업률이 예상 밖으로 높아져, 대학졸업자들이 갈 곳이 없다' 라는 뉴스가 나와도 별 감흥이 없다. 그런 얘기는 투자자들의 귀에 잘 들어오지 않는다. '일자리가 줄었다' 는 얘기가 나오면 대부분 '그거 당연한 거 아닌가?' 라고 생각하기 쉽고, 주식시장에도 별다른 영향을 끼치지 못한다.

주식시장에 입문한 이후 우리 주식시장이 그런 당연한(?) 이유로 흔들리는 것을 본 적이 없다. '실업률' 과 '경기회복' 을 연결시키는 머리 복잡한(?) 투자자는 거의 없다.

반대로 미국 시장은 '일자리' 하나로 주가가 들썩거린다. '일자리' 의 의미에 대한 우리나라 투자자와 미국 투자자의 '접근 방식' 의 차이를 보여주는 단면이다.

위의 애기는 경제지표 중 고용지표를 예로 든 것인데, 경제상황을 알려주는 경제지표에는 여러 가지 있다. 한 달에도 여러 종류의 지표가 발표되며, 경제지표는 향후 경제성장의 가능성 여부를 알려준다. 국내산업의 발전 가능성에도 그 경제지표는 영향을 미친다. 그러므로 '경제지표가 주가에 영향을 줄 수 있다' 는 결론에 이르러 보면, 그들이 경제지표에 집착하는 모습에는 충분한 이유가 있어 보인다.

 경제지표의 내용을 설명하면?

 **예상실적과 발표실적의 차이가 주가를 변동시켜**

'경제지표' 와 '실적' 이 미국 시장을 움직이는 주요 요소다. 월별, 분기별로 발표되는 경제지표의 내용에 따라 다우지수와 나스닥지수가 오르내리고, 각 기업의 실적으로 인해 주가가 춤을 춘다. 그리고 발표된 실적이 좋았다고 하더라도 예상실적 기준에 미치지 못하면 주가는 하락한다.

이런 현상은 "실적이 좋아질 것이란 예상, 즉 추정실적이 좋았다면 이미 주가가 상승했을 것이고, 그 예상에 실적이 미치지 못했다면 상승했던 주가는 거품이기 때문에 실제 현실화된 실적 가치만큼 다시 하락해야 한다" 는 논리에 근거한다. 이런 식으로 미국 주가는 이유를 가지고 움직인다. 그냥 오르거나 내리는 법이 없다. '재료', 즉 수치화된 '경제지표' 와 수치화된 '실적(예상실적 대비)' 에 빠르게 반응한다.

미국 시장에 참여하는 투자자는 기본적 경제지식을 가지고 있어야 오래 버틸 수 있으며, 경제지표를 빨리 알아내야 시장의 변화에 대처할 수 있다. 우리나라도 점차 '지표'와 '실적'에 근거하여 투자하려는 경향이 있지만 아직은 대부분 육감이나 경험으로 판단하는 데 익숙해져 있다. 그에 비해 미국 투자자는 어떤 기준을 가지고 사물을 바라보려고 한다. 그들은 우리보다 한 단계 업그레이드된(?) 주식투자를 하고 있는 셈이다. 그것이 틀린 말이라고 하더라도 주식 세계의 전반적인 흐름이다.

'경제지표'로는 경기회복 여부를 판단하고, '기업수익' 발표 내용으로는 기업의 실적호전 가능성 여부를 판단하여 투자하려는 미국식 투자방식을 받아들이려면 우리도 미국 경기에 영향을 주는 경제지표를 알아야 한다. 어떤 경제지표가 주식시장에 영향을 주는지 알아두면 미국 시장에 대한 소식을 접할 때 좀더 쉽게 이해할 수 있다.

'미국 주식이 왜 오르고 내리는가?'의 이유를 알고 싶은 투자자라면 발표되는 경제지표의 내용이 무엇인지, 언제 발표하는지, 어떻게 시장에 반영되는지 천천히 그리고 세밀하게 살펴보면서 미국 시장을 분석하면 된다. 미국 시장을 한꺼번에 알려고 들지 말고 친구처럼 이해하고 친밀하게 느끼도록 말이다.

Check Point

미국에서 발표하는 경제지표의 일정은 증권회사 사이트에 잘 정리되어 있다. 경제지표의 전망치와 발표된 실적치를 서로 비교하여 예상을 밑돌면 주가에 나쁜 영향을 미친다. 기업의 분기 실적 발표는 전체 시장보다 해당 종목의 등락을 결정한다. 하지만 대형주의 실적은 해당 업종 전반에 영향을 미쳐 다른 종목의 주가도 이에 따라 움직인다. 거의 매일 발표되는 여러 경제지표를 다 알기는 힘들다. 경제지표 중 경기변동에 직접적인 영향을 미치는 중요한 몇 개의 선행지표를 알아두면 도움이 된다.

구 분	경 제 지 표
선행지표	소비자신뢰지수(Consumer Confidence Index) 공급자관리협회(ISM)의 제조업지수(Institute for Supply Management Manufacturing Index) 생산자 가격지수(Producer Price Index, PPI) 내구재 수요보고서(Durable Goods Orders Report) 산업생산보고서(Industrial Production Report) 경기변동 선행지수(Index of Leading Indicators) 주택신축 착공과 빌딩공사 허용(Housing Starts and Building Permits)
동행지표	생산가동률보고서(Capacity Utilization Report) 소매 매출보고서(Retail Sales Report)
후행지표	비농업급여대장과 실업률(Nonfarm Payrolls and Unemployment Rate) 소비자물가지수(Consumer Price Index, CPI) 국내총생산(Gross Domestic Product, GDP)

■ 미국의 주요 경제지표 ■

Check Point

미국에서 발표되는 경제지표를 우리의 경제지표와 같은 방식으로 선행지표, 동행지표, 후행지표로 나눠보았다. 특히 선행지표는 주식시장에 직접적인 영향을 미치는 지표다. 그렇다고 다른 지표가 영향이 없다는 것은 아니다. 후행지표인 실업률이 시장에 미치는 영향력도 대단하다. 발표 당시의 시장 분위기에 따라서 경제지표가 크게 충격을 줄 수도 있지만 외적인 요인으로 투자심리가 위축되어 있다면 미미하게 반영될 수도 있다. 기본은 경제지표가 경제상황을 호전시키는 것이면 주가상승을 유도하고, 침체시키는 것이면 시장에 나쁜 영향을 준다는 사실이다.

예를 들어 주가가 정점에서 하락할 경우 경기는 대체로 6~10개월 후에 하강하는 모습을 보이며, 주가가 저점에서 대세 반등에 성공하면 3~6개월 후 경기는 바닥을 치고 회복을 보이는데, 선행지수와 주가의 선행성을 비교해보면 투자방향을 설정하는 데 절대적으로 도움이 된다.

소비자신뢰지수

미국 경제를 최장기 호황으로 이끌어온 주역인 연방준비위원회(FRB) 의장 그린스펀이 금리 등 통화정책을 결정할 때 가장 관심을 두는 경제지표 중 하나가 '소비자신뢰지수(Consumer Confidence Index)'라고 한다.

소비자신뢰지수는 미국의 대표적인 민간경제연구소인 컨퍼런스 보드(Conference Board)에서 집계하는, 소비자가 보는 미국 경기에 대한 기대감을 나타낸 지표로서, 설문자 자신 및 주변 사람의 과거와 현재의 고용 상태, 수입과 소비지출에 대한 내용을 조사한다.

소비자의 낙관 또는 비관은 직접적으로 지출과 경제에 영향을 미친다. 소비자신뢰지수가 소비지출에 대한 선행지수 역할을 하기 때문인데 경기 변곡점에서 투자자들이 유의해서 봐야 할 지표다. 그러므로 소비자신뢰지수는 선행지표라 할 수 있다.

미국에서는 두 가지의 소비자신뢰지수가 발표된다. 하나는 미시간대학의 소비자신뢰지수이고, 다른 하나는 컨퍼런스 보드에서 발표하는 소비자신뢰지수이다. 컨퍼런스 보드에서 발표하는 소비자신뢰지수는 발표한 달에 대한 소비자들의 경기 전망이 아닌 그 전달의 전망치를 나타내며, 선행지수로서의 의미는 그리 크지 않다. 관심 있게 봐야 할 지표는 미시간대학의 소비자신뢰지수이다.

그리고 미국의 소비자신뢰지수는 우리나라 통계청에서 매월 18~20일에 발표하는 소비자기대지수와 성격이 비슷하다. 우리나라의 소비자기대지수는 6개월 후의 경기, 생활 형편, 소비지출 계획 등에 대한 인식을 조사한 것으로 앞으로의 소비동향을 나타낸다.

기업들에 대한 경기전망을 나타내는 기업실사지수(BSI)와 함께 향후 경제동향을 파악하는 데 유용한 지표이므로 기억해둬야 한다.

기업실사지수(BSI, Bussiness Suvey Index) 기업실사지수는 업종별·규모별로 대상 기업을 선정하여 이들 기업의 현재 경제상황과 향후 전망을 설문조사해 분석한 수치이다. 100을 기준으로 해 100을 초과하면 경기호전을 예상하는 기업의 수가 악화를 예상하는 기업보다 많다는 것이고, 100 미만이면 그 반대로 해석한다.

 ## 공급자관리협회의 제조업지수

공급자관리협회(ISM) 제조업지수는 공급자관리협회에서 회원들에게 앞으로 제조업 경기가 좋아질 것인지, 나빠질 것인지 의견을 묻는 제조업 경기의 예상지표이다. 응답자의 100%가 좋다고 말하면 100, 50%가 좋다고

말하면 50, 한 명도 좋아지지 않을 것이라고 답하면 0이 되는데 이 지수가 기준치(50)를 넘어서면 경기확장 국면, 50을 밑돌면 경기수축을 의미한다. 이 역시 경기선행지수이다.

그러나 발표된 수치를 단편적으로 판단해서는 안 된다. 50 이하이면 경기수축이 예상되므로 주가가 떨어지고, 50 이상이면 주가가 상승하는 것은 아니다. 50 이하라도 전월보다 높아졌거나, 월가의 예상보다 높은 경우 경기회복 기대감으로 시장에는 상승 쪽으로 반영된다. 단순 수치로 판단할 것이 아니라 예상치 또는 전월과 비교해서 상승하느냐 하락하느냐에 관심을 가져야 한다. ISM 제조업지수는 소비자신뢰지수보다 앞서 움직이는 선행지표이다. 주식시장에 가장 민감하게 반영되는 중요한 지표이므로 꼭 알아둘 필요가 있다.

그리고 금융, 소매, 건설 경기를 말해주는 공급자관리협회 서비스업(비제조업) 지수가 제조업지수와는 별도로 발표된다. ISM 서비스업지수는 ISM 비제조업지수라고도 하는데, 미국 내 소매업체 · 금융서비스산업 · 비제조업 기업들의 체감경기 정도를 나타낸다. 서비스산업은 미국 경제에서 가장 큰 규모를 차지하지만 제조업지수보다 경기상황을 민감하게 반응하지 못하고 제조업지수의 변동이 있고 난 이후에 변화하는 것이 보통이어서 ISM 제조업지수가 ISM 서비스지수보다 시장에 더 큰 영향을 미친다. 제조업지수와 서비스업지수를 혼동해서는 안 된다.

다만 고용지표의 악화와 금리 급등세 등 다른 요인이 더 크면, 경제지표가 호전되었다고 발표되더라도 시장에 미미한 영향을 미친다. 경제지표에 대해서도 단지 수치의 절대적 개선 여부가 아닌 시장의 기대치 충족 여부가 투자자들의 판단 기준이 된다.

미국 노동시장의 3대 지표에는 '비농업급여대장'과 '실업률', '취업자 평균시간당 임금'이 있다. 비농업급여대장은 새로 생겨나고 있는 비농업 분야의 직업 수와 없어지고 있는 직업 수를 기록한 보고서인데, 비농업 분야의 직업이 많이 생기면 그만큼 경제활동이 왕성함을 알려준다.

실업률은 직업을 구하려는 실업자를 계산한 수치를 전체 노동력 대비 퍼센트로 나타낸다. 경기가 활성화되었다면 실업률이 낮아져야 정상이다. 취업자 평균시간당 임금은 평균시간당 임금의 수치 변화를 통해서 임금 상승은 소비심리를 불러일으킬 수 있는 지표로 판단할 수 있다. 이러한 노동시장의 지표도 경기의 활황과 침체를 이해하는 데는 도움이 된다. 미국 증시에 큰 영향을 미치고 있는 지표이므로 관심을 가지고 볼 필요가 있다.

그러나 노동시장 지표는 현재의 경제상황에 따라 고용시장 상황을 반영하기 때문에 경기순환에 다소 후행적이라는 성격을 가진다. 그런데도 주식시장에는 상당히 큰 영향을 준다. 왜 그럴까?

비록 이 지표가 경기후행지표이지만 '고용은 경제활동의 결과'라고 생각하면 이 지표가 왜 주식시장에 영향을 미치는지 금방 이해할 수 있다. '경기회복이 얼마나 현실적으로 되고 있느냐'는 실업률과 비농업급여대장을 보고 판단할 수 있다. 고용확대가 되지 않았다면 '경기가 더 확장하지 못하고 하강하고 있다'는 뜻이며, 이런 사실이 투자자로 하여금 경기에 대한 확신을 가지지 못하게 해서 주식시장에 나쁜 영향을 주게 되는 것이다. 매달 첫째 금요일에 노동통계부서에서 발표한다. 또 미국 노동부가 발표하는 주간실업수당 청구건수가 있는데, 실업자들이 증가할 가능성이 있는지의 여부를 판단한다. 일반적으로 40만 건이 넘으면 노동시장이 경직됐다는 것을 의미한다.

 ## 생산자가격지수, 소비자물가지수

생산자 판매가격을 기준으로 작성하는 물가지수가 생산자가격지수(PPI, Producer Price Index)이다. 이는 제1차 도매상의 판매가격에 따라 작성되는 도매물가지수와는 다른 것으로, 생산자 가격의 동향을 측정하는 동시에 현재의 물가를 과거와 비교할 수 있는 지수다. 생산자가격지수는 곡물과 에너지를 빼고 산출하는데, 이들 항목은 계절·시간에 따라 크게 달라지기 때문이다. 생산자의 가격 변화는 소비자의 소비성향에 의해 결정되므로 현재의 경기에 뒤처지는 후행지표가 된다. 노동통계부서에서 매월 중순경에 발표한다.

소비자물가지수(CPI, Consumer Price Index)는 소비자가 구입하는 상품이나 서비스의 가격변동을 나타내는 지수다. 도매물가지수와 함께 일상생활에 직접 영향을 주는 물가 변동을 추적하는 지표 가운데 하나다. 소비자물가지수는 가장 중요한 지표 중의 하나인데 급여, 사회 치안비용, 기타 연금의 산정을 소비자물가지수에 근거를 두고 있기 때문이다. 변동성이 큰 원유, 음식료품 가격을 제외한 소비자물가지수를 핵심소비자물가지수라 하는데 보통 '코어지수'라고 한다. 노동통계부서에서 매월 중순경에 발표한다. 생산자가격지수가 소비재 이외 기업 간에 거래되는 상품의 가격변동에 초점을 맞춰 기업이 구입하는 재화를 모두 포함해 산출한 지수라면, 소비자물가지수는 소비자의 구매력 변화에 초점을 맞춰 가계의 소비지출 품목을 대상으로 하는 점이 차이가 난다.

생산자물가와 소비자물가의 상승은 기업들이 이윤을 확대할 수 있는 여건을 조성해주고 있다는 표시이므로 경기침체기엔 경기회복 가능성을 알려주며, 경기확장 국면에서는 과열 및 냉각 정도를 알려주는 지표로 활용된다. 소비자물가가 급등하면 본격적인 인플레시대로 접어든다는 징후다.

 **국내총생산**

국내총생산(GDP, Gross Domestie Product)은 국내에서 일정기간 내에 발생된 재화와 용역의 순가치를 생산 측면에서 파악한 총 합계액이다. 국내 경기가 활황인지 침체일지를 판가름하는 포괄적인 지표로 활용된다. 다만 현재와 같은 글로벌 경제를 평가하는 데에는 무리가 있다. 국내총생산에 의해 측정되는 경제 추세는 장기적인 성격을 띤다. 미국 통상부는 GDP를 매분기마다 발표하며, 지난 3개월간의 누적분을 계산하는 후행지표이다. 국내총생산이 높은 성장률을 기록하면 경기회복이 가시화되고 있다는 표시다.

 **내구재 수요보고서**

내구재는 승용차·컴퓨터·에어컨·냉장고·무선전화기·가구 등을 말하며, 의류 등은 준내구재, 음식료품 등은 비내구재라고 한다.

내구재 수요보고서(Durable Goods Orders Report)는 기업의 설비투자 심리를 나타내주는 것으로 소비자의 내구재 수요가 늘어나면 기업은 이에 따라 생산량을 늘린다. 그래서 내구재 수요가 늘어나면 경기회복이 진행되고 있다는 표시다. 미국의 제조업 경기 및 기업 투자와 관련해서 매우 중요하며 선행지표로 활용된다. 특히 자동차를 포함한 운수장비업종과 pc부품 등의 IT산업, 전기전자업종의 회복을 기대할 때 참고로 하면 유용하다. 특히 내구재 수요 중에서 비국방자본재(non-defense capital goods)에 대한 수요가 중요하다. 국방에 필요한 내구재 수요는 직접적으로 경기상황에 무관하기 때문이다. 미국 통상부에서 발표하는데 3개월 연속 상승해야 신뢰할 수 있다. 소비자신뢰지수, 고용지표와 함께 주식시장에 영향을 주는 지표다.

나스닥선물은 어떻게 보나?

나스닥100선물과 스탠다드앤푸어스500선물

우리 증시가 열리고 있는 시간 내내 투자자의 시선을 붙잡아두는 것이 있다. 나스닥선물지수다. 투자자들은 미국 시장이 마감되고 난 이후 시간에도 거래되는 나스닥선물지수에 관심이 많다. 나스닥선물은 다음날 나스닥지수에 영향을 미치므로 나스닥선물이 크게 오르거나 내리면 다음날의 미국 시장을 유심히 관찰해야 한다. 나스닥선물이 큰 폭으로 올라 이를 믿고 우리 시장에서 콜옵션을 대량 매수한 어느 투자자는 이런 말을 한 적이 있다.

"나스닥선물이 크게 올라 다음날 미국 시장의 상승을 기대했다. 그럴 경우 우리 시장도 상승으로 시작할 것으로 보고 옵션을 대량으로 매수했는데, 개장한 후 큰 폭으로 오르던 나스닥지수가 장 마감 무렵 곤두박질쳐 큰

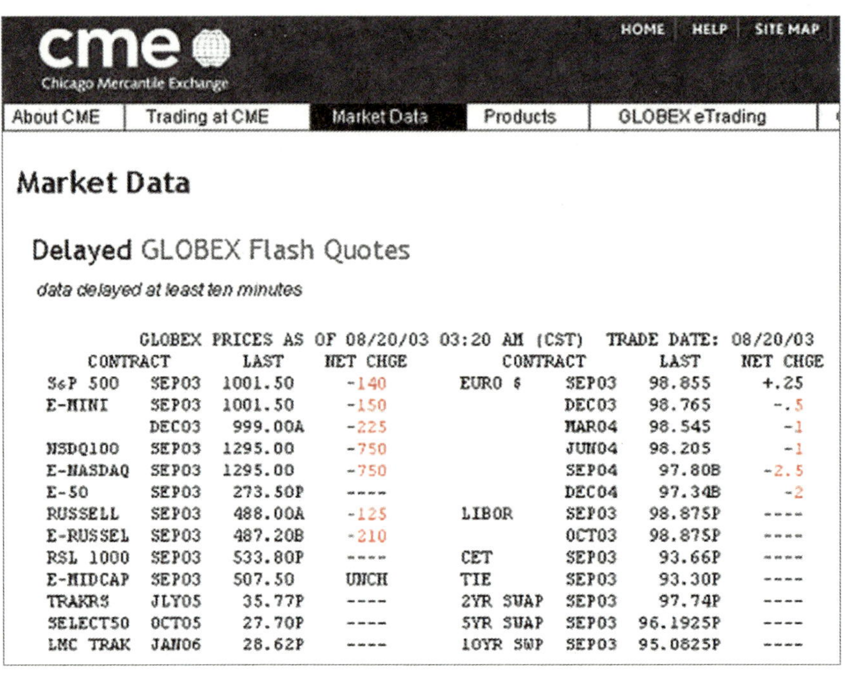

■ CME (www.cme.com)에서 거래되는 S&P500선물과 나스닥100선물, 2003년 8월 23일 한화증권 ■

폭으로 하락했다. 참 허탈했다. 물론 오르긴 올랐지만 그것이 장이 끝날 때까지 지속되는 것은 아니더라"며 푸념 섞인 얘기였다. 매수했던 콜옵션은 미국 시장의 종가(?) 영향으로 반토막이 났다. 나스닥선물을 너무 믿지 말라는 뜻에서 실제 경험을 예로 들었다. 그렇지만 나스닥선물을 무시할 수도 없다. 다만 "나스닥선물이 다음날 미국 시장에 영향을 주기는 하지만 완전한 것은 아니다"라는 정도로 이해하자.

시카고선물거래소에서 거래되는 것에는 스탠다드앤푸어스500 주가지수선물, 나스닥100 주가지수선물이 있다. 다우지수선물은 없으니 유의하자.

우리와 거래 시스템에서 차이가 나는데, 실시간거래라 해서 오전 8시 30

분부터 오후 3시 45분(미국 시간)까지는 장중에 나스닥100선물과 스탠다드 앤푸어스500 주가지수선물이 거래된다. 장 마감 후에는 글로벡스$_2$가 전자 거래시스템으로 오후 3시 15분부터 오전 8시 15분(미국 시간)까지 다시 거래된다. 우리나라에서는 선물거래가 장중에만 가능하지만 미국에서는 장 종료 후에도 거래되는데 실제로는 24시간 내내 이뤄진다.

우리가 장중에 볼 수 있는 스탠다드앤푸어스500 주가지수선물과 나스닥 선물은 미국에서 장 마감 후에 거래되고 있는 스탠다드앤푸어스500 주가 지수선물과 나스닥100 주가지수선물이다.

이것들은 만기일이 3/6/9/12월 셋째 주 목요일로 우리나라 3/6/9/12월 둘째 주 목요일과 차이가 난다. 거래단위를 보면 스탠다드앤푸어스500 지 수선물은 1계약에 250달러이며, 나스닥100 지수선물은 1계약에 100달러이 다. 나스닥100선물은 편입종목의 51%가 컴퓨터 업종, 22%가 이동통신업 체, 9%가 바이오테크 업종으로 전체 구성 종목의 82%가 첨단 기술주며, 마 이크로소프트 · MCI · 인텔 · 시스코 · 오라클 · 델 등 첨단기술업종의 대표 주를 모두 포함하고 있어 우리 시장과 관련성이 크지만 전체 시장의 흐름은 스탠다드앤푸어스500 주가지수선물로 파악하는 것이 낫다.

글로벡스와 RTH 미국의 양대 선물거래소의 하나인 시카고 상업거래소(CME)에서 당일 장 마감 30분 후부터 계속해 야간과 다음날 아침까지 전산매매로 거래하는 시장을 개설했는데 이것을 글로벡스(Globex)라 하고, 이 시스템이 글로벡스$_2$(Globex$_2$)다. 글로벡스란 'global exchange'를 줄인 합성어다. CME에서 정규 시장(08:30~15:15)인 낮의 거래는 가락동 농수산물시장처럼 사람들이 직접 손동작으로 매매(Out-Cry)하고, 밤에는 글로벡스$_2$에 의해 거래된다. Globex$_2$가 끝나고 RTH 시작 전 08:15~08:30의 15분간, RTH가 끝나고 Globex$_2$가 시작되기 전 15:15~15:45의 30분간 거래가 없다. 오후 3시 15분이 되면 일단 선물지수 종가가 확정돼 다 음 Globex$_2$ 거래 때 등락의 기준가격 역할을 한다.

마치는 글

"주식의 세계는 우주처럼 오묘하다"고 한다. 또 "아무리 겪어도 깊이를 다 알 수 없는 또 다른 인생살이 같다"고도 한다. 그런 세계를 어찌 다 알 수 있으랴?

책 몇 권 읽었다고 전문가가 되는 것은 결코 아니다. 주식 관련 책을 읽는 것은 첫 걸음마에 지나지 않을 뿐이다. 또한 한두 번 매매에 성공했다 하더라도 지속적으로 수익을 내는 일은 고수가 아니라면 힘들다.

주식투자를 처음 시작하는 사람이나 이미 하고 있는 사람의 소망은 늘 한결같다. '나도 잘할 수 있을까?', '어떻게 하면 나도 고수가 될 수 있을까?' 하는 것이다. 늘 더 잘하고 싶은 마음을 가지는 것은 인지상정이다. 그래서 수익과 연결되는 돈 되는(?) 정보에 목말라 한다. 그리고 자신의 능력이 부족하다고 느끼면서 뭔가 새로운 것이 없나 기웃거리게 된다.

그런데 한 가지 알아둘 것은, 성공한 사람들은 어딘가 달라도 다르다는 점이다. 부자가 되고 싶다면 부자들의 '습관' 이나 '사고방식' 을 배우는 것이 가장 빠른 지름길이다. 마찬가지로 주식투자를 잘하고 싶다면 주식으로 성공한 사람들의 얘기를 귀담아들을 필요가 있다. 주식투자로 수익을 낸 투자자를 보면서 '아무런 도움도 안 될 텐데 시간만 낭비하는 것 아닌가' 라는 생각을 가지고 있다면, 한번쯤 생각을 달리해 성공한 투자자의 행동을 분석해볼 일이다. 그들의 시장 접근방법뿐 아니라 이른바 비법(?)이라고 주장하는 말들을 결코 무시하지 말라는 뜻이다. '그냥 하늘에서 떨어진 것은 아니겠지' 라고 생각하면서 인정하는 자세를 갖는다면 얻는 바가 반드시 있을 것이다. 그 이야기들이 모두 그들 나름대로의 경험을 토대로 하여 나온 것들이기 때문이다.

일본 최고의 투자자 고레카와 긴죠의 얘기로 마무리하겠다.
"주식투자로 성공하려면 끊임없이 공부하는 길밖에 없다. 그것을 겁내는 사람은 주식투자를 해서는 안 된다는 것이 나의 지론이다. 그리고 부단히 공부하는 사람은 조금의 실패가 있다 해도 최후에는 반드시 성공을 거두기 마련이다."

평택에서

김 상 범

은행 이자 10배 버는 왕초보의 주식투자

초판 1쇄 인쇄 __ 2004년 2월 20일
초판 1쇄 발행 __ 2004년 2월 25일

지은이 __ 김상범
펴낸이 __ 박종홍
펴낸곳 __ 이코북
　　　　주소 / 서울시 마포구 서교동 356-2호(등록 제10-2551호)
　　　　대표전화 / 02)335-6936
　　　　팩스 / 02)335-0550
　　　　이메일 / ecobook@msn.com
본문 삽화 __ 배철웅
본문 편집 · 디자인 __ 裏·柳·書·家 아름다운 집

값은 표지 뒷면에 표기되어 있습니다.
잘못된 책은 구입하신 서점에서 바꿔드립니다.

ISBN 89-90856-05-1(13320)